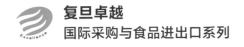

上海市属高校应用型本科
试点专业建设项目

国际采购与供应环境

主　编　蒋君仙
副主编　黄　春

复旦大学出版社

丛书编写委员会

主　任　齐晓斋
副主任　沈　瑶　汪遵瑛
编　委（按姓氏笔画为序）
　　　　　朱　昊　仲　臻　沈建军　宋彦安　陈仙丽
　　　　　金缀桥　黄　春　曹建红　蒋君仙

总　　序

"复旦卓越·国际采购与食品进出口系列"在上海杉达学院与兄弟院校教师的共同努力下终于出版了。该系列教材包括《寻源采购基础》《国际采购与供应环境》《采购与供应中的谈判与合同》《采购策略与管理》《采购合同与关系管理》《食品进出口标准与法规》《食品进出口风险与防范》《食品进出口包装与标签设计》等8部。本系列教材由上海杉达学院国际经济与贸易系与复旦大学出版社共同组织和策划。在编写过程中还得到上海现代物流科技培训指导服务中心、上海元初国际物流有限公司、中国食品协会、上海进出口商会、上海良友（集团）有限公司进出口分公司等单位的大力支持，它们为本系列教材提供了许多鲜活案例和习题。"复旦卓越·国际采购与食品进出口系列"的成功推出，是校企合作、产教融合的实践结晶，是"1+M+N"应用型人才培养模式的探索收获，是上海市属高校应用型本科国际经济与贸易专业建设的一次成果展示。

本系列教材的编写出版主要有三个目的。

（1）**契合社会需求**。党的十九大报告第一次写入了"现代供应链"，强调"价值链"，将现代供应链提升到国家发展战略的高度，冠以"现代"则为供应链创新与实践赋予了划时代特征。依托自由贸易试验区、国际商贸建设、跨境电商，以及"一带一路"倡议的实施，积极参与全球供应链的构建，也是我国新经济发展格局下的题中之义。

目前，我国已成长为世界第一制造和贸易大国，但还不是制造和贸易强国，其中供应链发展短板是一个重要的制约因素。2017年印发的《国务院办公厅关于积极推进供应链创新与应用的指导意见》（简称《指导意见》），是我国首次就供应链创新发展出台的纲领性指导文件。《指导意见》提出了我国供应链发展的具体目标，是要形成一批适合中国国情的供应链发展新技术和新模式，基本形成覆盖中国重点产业的智慧供应链体系，培育100家左右的全球供应链领先企业，使中国成为全球供应链创新与应用的重要中心。这些目标的实现,对于提升中国在全球产业价值链中的地位,提升国家整体竞争力,提高国民经济运行效率,推动经济结构调整和发展方式转变,扩大内需和市场繁荣,保障民生等方面,都具有重大战略意义。

目前,中国已经成为国际最大的进口食品市场之一,食品来自143个国家和地区,进口食品种类有5万～6万种,品牌超过15 000个。在此背景下,围绕国际生鲜食品市场扩张,构建现代生鲜食品供应链体系,一方面是挑战,另一方面更是机遇。食品行业急需一批有进出口业务技能和良好的英语沟通能力,熟知国际贸易惯例,通晓食品进出口法律法规,熟悉各国食品进出口标准,会处理跨境电商业务,熟悉食品贸易所特有的进出境手续,有较强分析解决实际问题的能力,同时具备协作与创新精神的复合型、应用型国际贸易专业人才。

随着供应链创新与应用上升为国家战略,未来对供应链管理人才的需求会进一步增加。供应链管理涵盖了企业运营管理几乎70%的功能,外贸出口、生鲜冷链无处不显示着供应链的重要性。随着食品进出口规模不断扩大,其供应链日趋复杂性,相关专业管理人员目前仍极为匮乏,这就对专业管理人才的培养提出很高的要求。

(2)探索"1+M+N"培养模式。如何培养高质量的应用型人才,满足社会需求,是专业建设必须解决的问题。应用型本科院校需要面对实际问题,培养出具有多专业复合知识和多元实践能力的人才。2021年,结合人才培养方案的修订工作,上海杉达学院提出了"1+M+N"的应用型人才培养模式,其中"1"是主修专业,通识课程与专业核心能力;"M"是辅修,跨专业拓展,通过辅修专业、辅修模块、选修课程实现;"N"是毕业证(学位证)+职业资格证、技能证书、学校颁发的组织能力证书、社会服务证书。

"复旦卓越·国际采购与食品进出口系列"就是针对食品进出口及其供应链管理对专业人才的需求,并依据"1+M+N"人才培养模式编写的高等院校专业课程教材。本系列教材的编写宗旨是:按照理论与实践相结合的指导方针,以专业理论为引导、以实践流程为支撑、以企业案例为依托,体现融合教学、实践、实务为一体的特点。我们尝试探索在国际经济与贸易专业主修课程的基础上,开设专业特色课程模块:食品进出口+供应链管理,课程内容对接英国皇家采购与供应学会(chartered institute of procurement and supply,CIPS)颁发的 CIPS 4 级(采购与供应文凭),做到"双证融通",从而培养国际经济与贸易专业擅长食品进出口及其供应链管理的复合型、应用型人才。

(3)**促进教材建设改革**。在面向国际经济与贸易专业人才的"1+M+N"培养模式下,针对食品进出口及其供应链管理人才的需求,教材建设方面的现状是:首先,目前国内食品进出口方面的专业教材还是一个"空白";其次,随着全球经济的发展,越来越多的企业将食品供应链拓展到海外,在全球范围内进行供应链布局,这也赋予了采购与供应部门新的机遇及挑战。新冠肺炎疫情暴发以来,国际供应链的稳定性问题越发凸显,相对于传统的国内供应链,国际采购与供应涉及的手续多,交易流程更复杂,能否高效、准确、专业地完成采购与供应工作,直接影响到企业运营和财务状况。

本系列教材不仅注重相关专业理论知识的学习和实际操作能力的培养,也借鉴融入了 CIPS 5 级(采购与供应高级文凭)所要求的课程,同时吸收并改进了其学习体系的内容,具有较为完整的知识体系,从而培养学生从事食品国际采购和供应链管理职业的能力,并提升我国企业在国际市场的竞争力。

本系列教材具有以下特点。

(1)**注重学科基础理论知识的学习**。根据培养应用型本科专业人才的目标定位,本系列教材突出专业知识的学习和应用,通过基础理论的引领,明确知识应用的目标。本系列教材要求每门课程对基本概念和原理进行梳理和界定,强调基础理论知识的阐述做到深入浅出,通俗易懂。

(2)**强调学科发展的前沿意识**。本套教材突出国际采购和食品进出口发展需要,引入最新理论观点和实践案例,着重介绍近年来国际采购和食品进出口发展趋势和企业独创性案例,提升师生对学科发展和行业发展的前沿意识。

（3）**突出教材改革的创新建设。**本系列教材对内容、结构、版式都做了改革创新，以学生为本，从提升学生能力出发，希望能够帮助学生更好地理解、掌握和运用专业理论知识。同时，本套教材设计了"案例与思考""拓展阅读""实践指导""练习与思考"等栏目，体现理论知识与拓展阅读、专业知识与案例研究、课堂导学与练习思考相融合，每本教材都统一设计"学习目标"，明确了对知识了解、熟悉、掌握的具体要求，指导学生有效学习。

"复旦卓越·国际采购与食品进出口系列"不仅是上海杉达学院国际经济与贸易专业的特色教材，也可用作普通高等院校国际经济与贸易、国际商务、供应链管理等相关专业的教材或参考书，亦可作为高职高专院校相关专业的教材，还可作为从事国际采购与供应工作人员的培训教材，对参加 CIPS 4 级（采购与供应文凭）考试的人员也具有较大的参考价值。我们希望这套系列教材的推出，能够锻炼"双师型"教师队伍，提高教师教学水平；同时，我们也希望通过这套教材的使用，推动应用型本科专业建设，探索一流本科课程教学的新路子，为本科应用型复合型人才培养做出更大的贡献。

由于我们理论水平和实践能力的局限，本系列教材还存在许多不足，恳请广大读者批评指正，期待同行与研究者帮助我们一起完善这套教材，共同为高校教材建设添砖加瓦。

丛书编写委员会
2021 年 10 月

前　　言

  2020年新冠肺炎疫情突然暴发，给全球商品与服务的采购与供应带来了前所未有的冲击。加上中美贸易摩擦、发达国家贸易保护主义加剧等因素的叠加，全球供应链向近岸化、多元化、区域化的方向演变。在复杂多变的全球采购与供应环境下，如何采取科学合理的应对措施，切实维护中国产业链、供应链安全稳定，不断夯实和提升中国在全球供应链中的优势地位和竞争力，成为中国各行各业及众多组织与企业亟待解决的问题。

  关注国际采购与供应环境，了解当前VUCA（volatile, uncertain, complex, ambiguous）时代各企业所面临的复杂局面与全新挑战，合理评估全球采购与供应环境的新特征与新风险，意义重大。原因在于：①国际采购与供应环境日益复杂。包括政治关系、恐怖主义事件、关税政策、外国文化、管制政策和自然灾害在内的诸多环境要素，已经日益成为采购风险的重要来源。②国际采购风险涉及面在扩大。采购风险的范围已从单一供应商扩展到供应链、供应网络、业务系统，包括了其他看似不相干的行业。③国际采购与供应的不确定性被不断放大。不确定性沿着供应链、供应网络被放大，专业化的劳动分工和广泛的企业联系加剧了这种危险。④国际采购与供应风险测度变得越来越困难。采购商品的构成变得多样和复杂，尤其是服务和无形产品的广泛采购，使采购风险越来越难以衡量。⑤国际采购与供应风险管理不当导致的后果越来越严重。国际采购与供应的风险事件造成的损失，从财务损失扩展到系统故障，从短期损失延伸到长期损失，从区域危机传递到全球市场。

  未来有志于从事国际采购与供应的专业人员，首先应当理解国际采购与供应工作所处的周围环境，如国际国内宏观经济环境、行业环境、本组织内部的环境等。《国际采购与供应环境》作为高等院校学生的专业拓展课程系列教材之一，以国际采购与供应环境涉及的基本概念及相关理论知识为支撑，穿插实际案例，采用理论紧密联系实际的思路编写，具有注重基础理论、引入最新典型案例、突出实践性的特点。总体上来说，本教材的特色如下：

(1) **注重基本概念与基础理论**。每个章节开篇就明确这一章的学习目标，列明本章涉及的基本概念、分析方法与理论模型，这样可以帮助学生清晰地把握每一章的学习要点，明确章节的重要知识点，便于检验学习效果，提高预习和复习的效率，最终方便学生建立国际采购与供应环境系统化的知识理论体系。

(2) **案例新颖，紧跟时代**。每个章节中，都穿插了最新最相关的企业采购与供应案例，启发学生深入思考，培养学生理论联系实际的思维能力。通过案例的学习与讨论，学生可以了解企业实际面临的各种采购与供应环境，感同身受地体会企业面临的各种困难、挑战与问题，明确问题与困难产生的起因、经过与结果，这样才能运用所学知识和模型，有效分析问题的根源，提供针对性的解决方案或建议。

(3) **提供实践指导**。每章节后面都设计了实践指导，目的是让学生学以致用。首先提出实践任务，接着列出实践步骤，然后清晰列出实践要求，摆出实践内容，最后提供实践范例。这样一个轮回的操作，学生就知道在实际工作中如何对各种问题展开分析，了解解决问题的科学方法与步骤。

(4) **配备最前沿的拓展阅读材料**。在每一章的后面，都配有拓展阅读材料，这些材料基本来源于国际采购与供应领域的专业期刊或机构官网，内容体系完整，专业术语运用恰当，表达规范，论证严谨。无论是国际采购与供应的理论发展，还是企业这方面的实践经验，这些对于学生扩展视野、提升专业前沿知识都很有帮助。

(5) **有配套练习启发学生思考**。每章最后提供了配套的练习与思考题，这些题紧紧围绕对应章节的相关概念、分析工具和理论知识点，设置名词解释、选择题、简答题和思考题或论述题等不同题型，对难度进行了分层，检查学生学习掌握的情况。

本课程的目的是让学生理解具体组织机构在国际采购与供应中可能面临的各种境况，如各种利益相关者、各种组织流程和基础构架、各种不同经济和行业领域等。总体上本课程由四部分内容组成：采购与供应链管理可以创造的增值、采购流程及其各个阶段、采购与供应链职能的组织基础构架、不同行业领域采购供应的特点。

本书由蒋君仙主编，副主编为黄春老师。在教材的编写过程中，汪遵瑛老师提供了许多宝贵意见，在此表示衷心感谢。北京中交协物流人力资源培训中心组织翻译的《采购与供应的组织环境》给予编者很多启发与参考；同时本书参阅了大量的国际采购与供应方面的论文及案例，在此不能一一列举。这里谨向这些论著的作者表示由衷的感谢和深深的敬意！

由于理论水平与编写能力有限，书中纰漏之处在所难免，恳请广大读者对本书提出宝贵的意见和建议，使之更趋完善。

目 录

第一章　公司战略　001
　　第一节　公司战略制定流程概述　001
　　第二节　评估市场与经营环境　008
　　第三节　分析企业的竞争能力及提供的产品或服务　016
　　实践指导　019

第二章　采购与供应链管理概论　030
　　第一节　建立采购供应职能的目标与战略　030
　　第二节　波特的价值链　035
　　第三节　从物料管理与实物配送到供应链管理　038
　　实践指导　042

第三章　采购类别　054
　　第一节　采购、供应以及采购的范围　054
　　第二节　采购的各种分类　060
　　第三节　外部支出的细分　070
　　实践指导　072

第四章　采购与供应中的增值　083
　　第一节　采购的运作目标：增值　083
　　第二节　采购的"五个合适"　088
　　第三节　其他考虑因素　098
　　实践指导　101

第五章　采购与供应链管理　　　　　　　　　　109
第一节　采购、物料管理与物流　　　　109
第二节　供应链、供应网络及构建供应链　　　115
第三节　从采购到供应链管理　　　120
实践指导　　　123

第六章　采购与供应链管理中的利益相关者　　　133
第一节　利益相关者　　　133
第二节　采购与供应链职能的利益相关者及其管理　　　134
第三节　企业社会责任　　　140
实践指导　　　141

第七章　采购过程　　　　　　　　　　149
第一节　采购过程和结构化过程　　　149
第二节　识别定义和需求　　　153
第三节　合同制订与管理　　　157
第四节　供应商选择与管理　　　164
实践指导　　　166

第八章　电子采购　　　　　　　　　　171
第一节　采购过程中的电子系统　　　171
第二节　电子采购到付款　　　176
实践指导　　　180

第九章　组织环境　　　　　　　　　　187
第一节　采购的公司治理与职业道德　　　187
第二节　组织的问责与报告　　　194
第三节　采购在组织中的地位　　　196
实践指导　　　203

第十章 组织中的采购职能 209
第一节 采购与供应链的职能及其运作 209
第二节 采购活动的外包及联合采购 215
实践指导 217

第十一章 信息与通信技术系统 227
第一节 信息通信技术对采购与供应链管理的广泛影响 227
第二节 库存管理系统与企业资源管理 228
第三节 通信系统 231
实践指导 232

第十二章 部门与行业环境 239
第一节 经济部门及其对采购的影响 239
第二节 行业部门的分类及主要产业环境与特点 244
实践指导 249

第十三章 公共部门中的采购 258
第一节 公共部门组织及其采购的职责 258
第二节 公共部门采购的有关法规及其特点 259
实践指导 263

第十四章 私营部门的采购 272
第一节 私营部门组织的目标 272
第二节 私营部门采购的相关法规及其特点 275
实践指导 276

参考文献 284

第一章

公 司 战 略

📚 学习目标

1. 了解公司战略制定流程
2. 理解分析企业竞争力的关键因素
3. 掌握评估市场与经营环境的方法

✏️ 基本概念

公司战略；SWOT分析法；STEEPLE模型；BCG矩阵分析；价值链分析（"五力分析"方法）

第一节　公司战略制定流程概述

一、制定战略的重要性

制定和执行战略是公司首要的管理任务，这出于一个非常重要的原因。一个清晰合理的战略是经营业务的良方，是获取竞争优势的指引图，是满足顾客需求的行动计划，是提升公司业绩的方案。成就卓越的公司必须拥有一个敏锐的、有创造性的、积极主动的战略。那些无法达到行业排名前列或长期保持在某个位置的公司，是因为有一个不合理的、简单复制的战略，或缺乏做得更好的大胆尝试。只有屈指可数的公司因为运气好，或碰巧在对的时间进入对的市场、生产对的产品而获得成功。即使如此，还需要实施一个能够利用它们的运气、确定什么时候奏效而什么情况应舍弃的战略，否则这种成功将是稍纵即逝的。所以，公司的战略很重要——相当重要，这个观点一般不存在任何争议。

一个成功公司的首席执行官说得很好："主要来说，我们的竞争对手也熟悉我们采用的一些基本概念、技巧和方法，他们可以像我们一样自由地追求这些。他们和我们成功程度的差异，往往在于贯彻未来战略的彻底性和自律性。"

好的战略 + 好的战略执行 = 好的管理

制定和执行战略是核心的管理任务。在管理的所有方面，没有什么比决定公司的方向，发起具有竞争效率的战略行动和运营模式，以及探索应该采取哪些措施来实现良好的战略执行和卓越的运营，更能从根本上影响公司的最终成败。事实上，好的战略和好的战略执行就是好的管理的最佳象征。如果制定了具有潜力的英明战略，但不能有组织地、高水准地实施，这个管理者也不值得称赞。一个平庸战略的有效执行同样无法让管理者换来热烈的掌声。用好的战略制定和好的战略执行这两个标准来确定一个公司是否管理良好是令人信服的：公司战略设计得越好，执行得越彻底，公司就越可能成为市场中的佼佼者；相反，一个公司如果缺乏清晰的方向，战略存在缺陷，或者不能彻底地贯彻公司战略，这个公司的财务表现就可能很糟糕，业务可能存在长期的风险，管理也存在严重缺陷。

*战略制定*是指确定企业任务，认定企业的外部机会与威胁，认定企业内部优势与弱点，建立长期目标，制定供选择战略以及选择特定的实施战略。战略制定是企业基础管理的一个组成部分，是科学化加艺术化的产物，需要不断完善。在战略制定过程中必须考虑技术因素所带来的机会与威胁。对于战略制定而言，体系为王，或者是"体系统领战略制定的全局"。当然，对于不同客户而言，定制化需求各异，在进行战略制定之前需要"弄透"客户的真正问题所在、真正想要的东西是什么，在此基础上确定战略制定体系的具体内容。

案例与思考

解决企业供应链四大困局

企业物流总监张总接手物流部以后,摆在他面前的现实问题很多。归纳起来主要有以下几点:①运输管理混乱,没有固定模式,自有车辆和外包车辆服务水平参差不齐,费用统计不清。②财务不断在质疑库存投资的效益和物流成本的居高不下的问题。③库存水平无人管控,同时面临有些产品爆仓和另外的缺货的局面。内外客户抱怨很大。④面临老市场的巩固和新市场的开拓的现状,需要对新的分拨中心的选址和建设,但是企业内支持和反对的意见参半。

经过一段时间的梳理,他发现需要解决的问题还有不少,而不解决这些问题,他就无法开展他的年度预算工作,也就无法支撑企业的战略目标。

物流战略制定从哪里入手呢?经过一番思考,张总决定从以下三个方面着手。

一是降低成本。针对可变成本的降低和优化,采用储运联动模式。

二是提高利润水平。解决运输自营还是外包问题以及仓储自建还是租赁问题;提高客户服务水平以扩大营业额还保持现有水准降低物流活动成本。

三是改进服务。是否有别于竞争对手的差异化服务模式?是否提高服务水平从而能带动收入的增长超越成本的上升?

一般来说,启动物流网络规划有五个核心要素。①需求分析:为何做?在哪里?做什么?何时做?如何做?②客户服务:现货率、送货速度、订单履约速度、准确性、安全性。③产品特性:特征特性、重量、数量、价值。④物流成本:不同行业成本率的决定因素,高附加值产业与低附加值产业。⑤定价策略:产品销售定价策略决定各自承担费用的划分,出厂价还是到厂价?

案例中,请结合启动物流网络规划的五个核心要素思考分析,张总面对所在公司的物流困境，该如何针对性地克服？该如何制定并落实物流战略？

二、战略制定的两个重要关键点：体系和创新

战略制定的体系可以包含四个层面：基础分析、企业战略、业务战略以及职能战略，这四个层面并未脱离经典的战略制定框架。基础分析指的是内外部环境分析，企业战略指的是企业层面的整体战略，业务战略指的是业务层面的总体战略和进一步细分层面的战略，职能战略指的是职能管理层面的战略。这四个层面相互关联、自成逻辑体系。

基础分析的内容是战略制定的基石。在基础分析中，需要对企业的内外部环境进行必要的、详略得当的研究和阐述。对于基础分析中的内部分析、外部分析两部分而言，同样也有研究层面的划分以及内在逻辑体系的考虑。这里尤其需要消除一种误解，即认为基础分析仅只是"分析员层次的工作"。基础分析（哪怕是其中的行业分析）的所有内容还需要考虑与整个战略制定体系后三个层面的逻辑联系，这其实是一个相当高的要求。内外部环境分析的框架和方法也是相当定制化的，虽然有共通之处，但是务必要根据客户的特定需求来设定，从来没有一成不变的分析思路和模式。需要强调的是，切勿将一堆资料和数据进行堆砌，这样导致的结果是基础分析没有逻辑或逻辑混乱，并且与后面的其他内容形成"两张皮"，互不关联。

完成基础分析之后，接着进行企业战略的制定，这里指"企业层面"的战略。它包括了传统的战略框架中的愿景、使命、目标、在行业中的地位等因素，同时也可以考虑企业自身的运营模式、经营领域的选择等。这些都是对整个企业的通盘考虑，是真正属于企业的董事长或总经理层面需要考虑的问题，当然这些内容之间也需要极强的逻辑性，并且要以基础分析为依托。在具体的内容安排上，结合客户实际需要可简可繁、可多可少。另外，要慎重对待国内外各咨询公司的战略培训教材、战略咨询报告，更要慎重对待战略相关的各指标和概念的范围以及界定。既不要望文生义地理解，更不要僵化地去记忆和搬用。事实上，战略管理的理论以及

实践经验本来就在不断推进和变革，千万不要做"枷锁"的奴役者。

随后进行业务战略的制定，它涵盖了企业选定业务领域的战略考虑。毋庸置疑，业务战略既要依托于基础分析，同时又要基于企业层面的战略来进行制定。它需要进一步切实明晰企业战略所确立的竞争优势是什么，这是企业战略和业务战略之间的一座桥梁。以实现这些竞争优势为目的，接着引出业务的总体战略和各业务的具体战略（注意，除非是业务单一的情况，业务战略也有总体战略和各业务具体战略两部分的内容）。业务的总体战略绝不是业务选择和组合的代名词，它包含了更多的内容，如业务协同的分析。另外，业务的总体战略和各业务的具体战略之间存在紧密的逻辑联系，它们也同样构成一个系统的体系，并且内部还分别自成体系。这里并非刻意追求"体系"，而是因为业务战略的体系化不仅能够确保整个战略制定的逻辑严谨，而且对于挑剔求细的客户而言也有说服力。很多时候，对于在某些行业沉浸几十年的客户而言，它可以容忍咨询师在对客户的业务或行业知识上存在一定的偏差甚至是误解，但是客户对于业务战略分析框架的不完备会非常愤怒。

最后是职能战略的制定。这里仍需强调是从"战略"来围绕职能层面分析需要做什么，不能和所谓的"管理提升"或"组织架构调整"等混同在一起。在企业层面、业务层面的战略确定之后，职能层面要相应进行重新设计和调整。这里同样也自成一个内在的分析体系，同时职能战略所涉及的范围、重点以及内容深度都需要结合前面企业层面、业务层面的战略内容以及客户的需要加以细细考量。制定职能战略时，需要不断地追问：这样的职能战略是否有助于实现企业层面的战略目标、是否有助于促进业务层面的战略施行？

对于战略制定而言，创新为魂，或者是"创新决定战略制定的内涵与分量"。创新并非战略制定的独有要求，整个中国的各个领域都在强调创新。具体到战略制定，创新可以分为理念创新、工具创新、方法创新等等。理念创新指的是在战略制定中提出客户所不曾意识到或接触过的理念；工具创新指的是在战略制定中创造性地运用原有的分析工具和模型，或者创造新的分析工具和模型；方法创新指的是当传统的工作方法（注意：不是分析工具或模型）无助于战略制定时，寻求新的方法来为客户谋求战略。对于战略制定而言，创新并不止这些，同时每一次的战略制定也无需在这些方面都要苛求创新。

仍旧以上面列举的三种创新继续讨论。理念创新实际上是最难的。虽然看起来理念创新似乎比较简单、容易，但是理念创新的实质是对客户做人做事原则的一种升华或颠覆，因此难度极大。战略制定要使客户理解并考虑接受生存方式或运营模式的变革，客户即使接受了项目组的建议，也会面临痛苦的自我批判与革新。理念创新绝不是国内小品中的流行词"忽悠"。如果项目组中没有人对人生、对组织、对世界有比较透彻的领悟，那么实现理念创新的可能性极小。

工具创新看起来复杂，但是它所针对的问题是明确的，最终要达到的目的也是确定的，因此重要的在于如何去"操作"，把工具做出来。战略制定的每一种工具或模型，都有着自身的前提和假设，并且都是一定商业时代与历史的产物，照搬照用这些工具会与实际脱离，更重要的是，客户面临的具体问题多种多样，需要具体问题具体分析。而咨询顾问所提出的结论、所针对的客户问题这两者之间需要工具和模型的衔接。这既体现了专业性，又能授人以渔。

技术的进步对于战略制定而言，"体系为王"，或者是"体系统领战略制定的全局"。当然，对于不同客户而言，定制化需求各异，在进行战略制定之前需要"弄透"客户的真正问题所在、真正想要的东西是什么，在此基础上才能确定战略制定体系的具体内容。

三、企业战略制定的流程

企业对于战略规划的正确制定，可以帮助企业更加快速地完成自身的发展目标。对于中小企业来说，需要明确企业战略规划的制定要点有哪些，进而制定出更加完善的战略规划体现。

企业在制定自身的战略规划时，往往对其制定的步骤不了解，从而导致其战略规划有误区的存在。企业战略规划人员需要清晰地了解制定科学战略规划的正确步骤。

1. 企业外部环境分析

分析和预测宏观环境因素变化，可以使企业战略管理者获得分析行业和企业的背景知识，宏观环境分析的目的是要确定影响企业和行业的关键因素，预测这些因素未来的变化。企业所处行业及竞争对手的分析主要是分析行业的竞争结构的五种因素变化、分析竞争对手实力等。

2. 企业内部分析

企业价值链的分析主要是分析企业内部在进货后勤、生产作业、发货后勤、营销及售后服务等基本活动中存在的优势和劣势。另外，企业战略规划还要分析采购、技术开发、人力资源管理及企业基础职能等活动。

3. 确定企业的使命与愿景

企业使命与愿景是对企业存在的意义及未来发展远景的描述，除了表明企业存在的合理性外，还要和企业主要利益相关者的价值观及希望保持一致。它应富有想象力，对企业员工具有感召力，并能得到社会公众的认可，应用简单、精练的语言来表达。

4. 确定企业战略目标

企业战略目标通常是与企业使命和愿景相一致的，对企业发展方向的具体描述。一般情况下，企业战略目标是定量的描述。

5. 企业战略方案的评价与选择

企业高层领导在做战略决策时，应要求战略制定人员尽可能多地列出可供选择的方案，因为战略涉及的因素非常多，有些因素的影响往往不那么明显。因此，企业战略规划在战略选择过程中形成多种战略方案是战略评价与选择的前提。

6. 企业职能部门战略

根据前述确定的企业战略，进一步具体地做出企业的组织结构策略、市场营销策略、人力资源管理策略、财务策略等。这样才能使企业总体战略真正落实。企业战略规划还要求各职能部门策略与企业战略保持一致。

7. 企业战略的实施与控制

企业战略实施要遵循三个原则，即适度合理性的原则、统一领导与统一指挥的原则、权变的原则。为贯彻实施战略要建立起相关组织结构，配置资源，建立内部支持系统，发挥好领导作用，使组织结构、企业文化均能与企业战略相匹配，处理好企业内部各方面的关系，动员全体员工投入到战略实施中来，以保证战略目标的实现。

第二节　评估市场与经营环境

一、市场营销环境的分析方法

市场营销环境分析常用的方法为 SWOT 法，它是英文 strength（优势）、weak（劣势）、opportunity（机会）、threat（威胁）的缩写。

1. 外部环境分析（机会与威胁）

环境机会的实质是指市场上存在着"未满足的需求"。它既可能来源于宏观环境，也可能来源于微观环境。随着消费者需求的不断变化和产品寿命周期的缩短，旧产品不断被淘汰，市场要求开发新产品来满足消费者的需求，从而市场上出现了许多新的机会。

环境机会对不同企业是不相等的，同一个环境机会对这一些企业可能成为有利的机会，而对另一些企业可能会造成威胁。环境机会能否成为企业的机会，要看此环境机会是否与企业目标、资源及任务相一致，企业利用环境机会能否比其竞争者有更大的利益。

环境威胁是指对企业营销活动不利或限制企业营销活动发展的因素。这种环境威胁，主要来自两方面：一方面，是环境因素直接威胁着企业的营销活动；另一方面，企业的目标、任务及资源同环境机会相矛盾，如人们对自行车的需求转为对摩托车的需求，给自行车厂的目标与资源同这一环境机会造成矛盾。自行车厂要将"环境机会"变成"企业机会"，需淘汰原来的产品，更换设备，必须培训、学习新的生产技术，这对自行车厂无疑是一种威胁。摩托车的需求量增加，自行车的销售量必然减少，给自行车厂又增加一分威胁。

2.内部环境分析（优势/劣势分析）

识别环境中有吸引力的机会是一回事，在机会中拥有成功所必需的竞争能力是另一回事。每个企业都要定期检查自己的优势与劣势，这可通过"营销备忘录优势/劣势绩效分析检查表"的方式进行。管理当局或企业外的咨询机构都可利用这一格式检查企业的营销、财务、制造和组织能力。每一要素都要按照特强、稍强、中等、稍弱或特弱划分等级。

公司不应去纠正它的所有劣势，也不是对其优势不加利用。主要的问题是公司应研究清楚，它究竟是只局限在已拥有优势的机会中，还是去获取和发展一些优势以找到更好的机会。

有时，企业发展慢并非因为其各部门缺乏优势，而是因为它们不能很好地协调配合。例如，有一家大型电子公司，工程师轻视销售，视其为"不懂技术的工程师"；而销售则瞧不起服务部门的人员，视其为"不会做生意的销售"。因此，评估内部各部门的工作关系作为一项内部审计工作是非常重要的。

波士顿咨询公司的负责人乔治·斯托克提出，能获得成功的公司是取得公司内部优势的企业，而不仅仅是只抓住公司核心能力。每一个公司必须管好某些基本程序，如新产品开发、原材料采购、对订单的销售引导、对客户订单的现金实现、顾客问题的解决时间等。每一个程序都能创造价值并需要内部部门协同工作。虽然每一部门都可以拥有核心竞争力，但如何管理这些调子中的优势能力开发仍是一个挑战。斯托克称之为能力基础的竞争。

此外，近年来还有 STEEPLE 模型、PEST 分析法等。STEEPLE 框架模型比较全面，包括 7 个要素。

（1）社会文化因素（social/demographic），包括：人口统计特征（年龄、性别、地理分布、人口密度和流动、教育和就业趋势等），文化习惯、价值观，新出现的价值观（如"绿色环保"的消费主义），工作态度、工作与生活的平衡，生活方式和时尚潮流，消费者购买偏好等。

这些因素反映了组织目标市场的需要和期望，有助于组织预测产品和服务需求，并发现可以用来瞄准并建立竞争优势的市场细分。

■ 国际采购与供应环境

（2）技术因素（technological），即信息与通信技术的作用：提高信息收集、处理和通信的速度和能力；促进新产品和新的业务流程，供应链必须适应这些新进展；由于需求变化、老化和改良的速度越来越快，缩短了产品的货架期（产品生命周期），迫使人们进行产品创新，并要求快速、灵活的供应链提供支持；促使小型竞争者面向全球市场提供差异化的或定制的、小批量的产品与服务，激化了竞争，扩大了选择，提高了供应链多样性；建立"虚拟"团队和组织，其中人们共享主要由ICT技术联系起来的数据，并且开展合作。

（3）经济因素（economic）。行业分析研究下列一些问题：该行业的基本经济特征是什么？行业集中度与竞争水平如何？行业销售与需求之间有什么显著关系或相关性？经济因素和变化对供应链决策可能引发什么后果？

（4）环境因素/生态因素（environmental/natural），包括如下因素：立法、国际义务（如《联合国气候变化框架公约的京都议定书》）和政府在环境保护和可持续发展方面的目标；消费者和压力团体对生态友好型产品和商业流程的要求；污染、废弃物管理、处置和再循环问题；不可再生自然资源的耗尽；保护原住民和生态多样性免受工业和城镇化的影响；降低碳排放；自然力量影响供应的风险（如天气）等。

（5）政治因素（political），包括：经济与社会目标；政府作为雇主、消费者或供应商的角色（在公共部门）；行业支持（形式包括融资、区域资助、小企业扶持、专家服务等）；工会的优劣势以及公司中雇员关系的稳定性；游说集团和公众舆论对政府政策和公司实践的影响；政治体制的稳定性和其他形式的政治风险（尤其是在国外市场上）。

（6）法律因素（legal），包括法律体系（法律及司法）的运转和组织与各方建立的合同关系（包括供应商）。例如，法律规定（如经济合同中规定的各方权利）；就业关系中雇员和雇主的权利与义务；职业健康与安全问题；消费者保护；环境保护；数据保护等。除了法律规定的原则之外，还有法庭判决引出的原则，它表明了人们是如何解读法律的。

（7）道德因素（ethical），包括许多与公司社会责任（CSR）和商业道德有关的问题。例如，公平地对待供应商；公平地和人道地对待雇员（超过法律最低要求）；支持当地的社区（投资和就业等方面）。

二、市场机会分析

市场机会是指在某种特定的营销环境条件下，企业可以通过一定的营销活动创造利益。市场机会可以为企业赢得利益，利益的大小表明了市场机会的价值，市场机会的价值越大，对企业利益需求的满足程度也越高。市场机会的产生来自营销环境的变化，如新市场的开发、竞争对手的失误以及新产品新工艺的采用等，都可能产生新的待满足需求，从而为企业提供市场机会。了解市场机会的特点，分析市场机会的价值，有效地识别市场机会，对于避免环境威胁及确定企业营销战略具有重要的意义。

1. 市场机会的特征

市场机会作为特定的市场条件，是以其针对性、利益性、时效性、公开性四个特征为标志的。

（1）针对性。特定的营销环境条件只对那些具有相应内部条件的企业来说是市场机会。因此，市场机会是具体企业的机会，市场机会的分析与识别必须与企业具体条件结合起来进行。确定某种环境条件是不是企业的市场机会，需要考虑企业在行业中的地位与经营特色，包括企业的产品类别、价格水平、销售形式、工艺标准、对外声誉等。例如，打折销售方式的出现，对生产价低量大产品的企业来说，是一个可以加以研究利用的市场机会；对在顾客心目中一直是生产高质高价产品的企业来说，就不能算是一个市场机会。

（2）利益性。可以为企业带来经济的或社会的效益，是市场机会的又一特性。市场机会的利益特性意味着企业在确定市场机会时，必须分析该机会是否能为企业真正带来利益、能带来什么样的利益以及利益的多少。

（3）时效性。对现代企业来讲，由于其营销环境的发展变化越来越快，市场机会从产生到消失的过程通常也是很短暂的，即企业的市场机会往往稍纵即逝。同时，环境条件与企业自身条件最为适合的状况也不会维持很长时间，在市场机会从产生到消失这一短短的时间里，市场机会的价值也快速经历了一个价值逐渐增加、再逐渐减少的过程。市场机会的这种价值与时而变的特点，便是市场机会的时效性。

（4）公开性。市场机会是某种客观的、现实存在的或即将发生的营销环境状况，是每个企业都可以去发现和共享的。与企业的特有技术、产品专利不同，市场机会是公开化的，是可以为整个营销环境中所有企业所共用的。市场机会的公开化特性要求企业尽早去发现那些潜在的市场机会。

市场机会的上述四个特性表明，在市场机会的分析和把握过程中，必须结合企业自身的内部、外部环境的具体条件，发挥竞争优势，适时、迅速地做出反应，以争取使市场机会为企业带来的利益达到最大。

2. 市场机会的价值分析

不同的市场机会可以为企业带来的利益大小也不一样，即不同市场机会的价值具有差异性。为了在千变万化的营销环境中找出价值最大的市场机会，企业需要对市场机会的价值进行更为详细具体地分析。

市场机会的价值大小由市场机会的吸引力和可行性两方面因素决定。

（1）市场机会的吸引力。市场机会对企业的吸引力是指企业利用该市场机会可能创造的最大利益。它表明了企业在理想条件下充分利用该市场机会的最大极限，反映市场机会吸引力的指标主要有市场需求规模、利润率和发展潜力。

① 市场需求规模。市场需求规模表明市场机会当前所提供的待满足的市场需求总量的大小，通常用产品销售数量或销售金额来表示。事实上，由于市场机会的公开性，市场机会提供的需求总量往往由多个企业共享，特定企业只能拥有该市场需求规模的一部分，因此，这一指标可以由企业在该市场需求规模中当前可能达到的最大市场份额代替。尽管如此，若提供的市场需求规模大，则该市场机会使每个企业获得更大需求份额的可能性也大一些。因此，一般说来，该市场机会对这些企业的吸引力也在不同程度上更大一些。

② 利润率。利润率是指市场机会提供的市场需求中单位需求量当前

可以为企业带来的最大利益（这里主要是指经济利益）。不同经营现状的企业其利润率是不一样的。利润率反映了市场机会所提供的市场需求在利益方面的特性。它和市场需求规模一起决定了企业当前利用该市场机会可创造的最高利益。

③ 发展潜力。发展潜力反映市场机会为企业提供的市场需求规模、利润率的发展趋势及其速度情况。发展潜力同样也是确定市场机会吸引力大小的重要依据。即使企业当前面临的某一市场机会所提供的市场需求规模很小或利润率很低，但由于整个市场规模或该企业的市场份额抑或利润率有迅速增大的趋势，则该市场机会对企业来说仍可能具有相当大的吸引力。

（2）市场机会的可行性。市场机会的可行性是指企业把握住市场机会并将其化为具体利益的可能性。从特定企业角度来讲，只有吸引力的市场机会并不一定能成为本企业实际上的发展良机，具有大吸引力的市场机会必须同时具有强可行性才会是企业高价值的市场机会。例如，某公司在准备进入数据终端处理市场时，意识到尽管该市场潜力很大（吸引力大），但公司缺乏必要的技术能力（可行性差，市场机会对该公司的价值不大），所以开始并未进入该市场。后来，公司通过收购另一家公司具备了应有的技术（此时可行性已增强，市场机会价值已增大），这时公司才正式进入该市场。

市场机会的可行性是由企业内部环境条件、外部环境条件两方面决定的。

① 内部环境条件。企业内部环境条件如何是能否把握住市场机会的主观决定因素。它对市场机会可行性的决定作用有三个方面。首先，只有适合企业的经营目标、经营规模与资源状况，市场机会才会具有较大的可行性。例如，一个具有很大吸引力的饮料产品的需求市场的出现，对主营方向为非饮料食品的企业来说，可行性就不如对饮料企业的可行性大。同时，即使是同一行业的企业，该市场机会对经营规模大、实力强的企业与对经营规模小、实力弱的企业的可行性也不一样。一个吸引力很大的市场机会很可能会导致激烈的竞争，所以，它对实力较差者来说，可行性可能并不大。其次，市场机会必须有利于企业内部差别优势的发挥才会具有较大的可行性。所谓企业的内部差别优势，是指该企业比市场中其他企业更

优越的内部条件，通常是先进的工艺技术、强大的生产力、良好的企业声誉等。企业应对自身的优势和弱点进行正确分析，了解自身的内部差别优势所在，并据此更好地弄清市场机会的可行性。此外，企业还可以有针对性地改进自身的内部条件，创造出新的差别优势。最后，企业内部的协调程度也影响着市场机会可行性。市场机会的把握程度是由企业的整体能力决定的。针对某一市场机会，只有企业的组织结构及所有部门的经营能力都与之相匹配时，该市场机会对企业才会有较大的可行性。

② 外部环境条件。企业的外部环境从客观上决定着市场机会对企业可行性。外部环境中每一个宏微观环境要素的变化都可能使市场机会的可行性发生很大的变化。例如，某企业已进入吸引力很大的市场。在前一段时间里，由于该市场的产品符合企业的经营方向，并且该企业在该产品生产方面有工艺技术和经营规模上的优势，企业获得了相当可观的利润。然而，企业当前许多外部环境要素已发生或即将发生一些变化。随着原来的竞争者和潜在的竞争者逐渐进入该产品市场，并采取了相应的工艺革新，使该企业的差别优势在减弱，市场占有率在下降。该产品较低价的替代品已经开始出现，顾客因此对原产品的定价已表示不满，但降价意味着利润率的锐减；环保组织在近期的活动中已经把该企业产品使用后的废弃物列为造成地区污染的因素之一，并呼吁社会各界予以关注；政府即将通过的一项关于国民经济发展的政策可能会使该产品的原材料价格上涨，这也将意味着利润率的下降。针对上述情况，该企业决定逐步将一部分的生产能力和资金转投其他产品，即部分撤出该产品市场。这表明，尽管企业的内部条件即决定市场机会可行性的主观因素没变，但由于决定可行性的一些外部因素发生了重要变化，也使该市场机会对企业的可行性大为降低。同时，利润率的下降又导致了市场吸引力的下降。吸引力与可行性的减弱最终使原市场机会的价值大为减小，以致企业部分放弃了当前市场。

3. 市场机会价值的评估

确定了市场机会的吸引力与可行性，就可以综合这两个方面对市场机会进行评估。按吸引力大小和可行性强弱组合可构成市场机会的价值评估矩阵，如图 1-1 所示。

图 1-1　市场机会价值评估矩阵

区域Ⅰ为吸引力大、可行性弱的市场机会。一般来说，该种市场机会的价值不会很大。除了少数好冒风险的企业，一般企业不会将主要精力放在此类市场机会上。但是，企业应时刻注意决定其可行性大小的内外环境条件的变动情况，并做好当其可行性变大进入区域Ⅱ迅速反应的准备。

区域Ⅱ为吸引力、可行性俱佳的市场机会，该类市场机会的价值最大。通常，此类市场机会既稀缺又不稳定。企业营销人员的一个重要任务就是要及时、准确地发现有哪些市场机会进入或退出了该区域。该区域的市场机会是企业营销活动最理想的经营内容。

区域Ⅲ为吸引力、可行性皆差的市场机会。通常，企业不会去注意该类价值最低的市场机会。该类市场机会不大可能直接跃居到区域Ⅱ中，它们通常需经由区域Ⅰ、Ⅳ才能向区域Ⅱ转变。当然，有可能在极特殊的情况下，该区域的市场机会的可行性、吸引力突然同时大幅度增加。企业对这种现象的发生也应有一定的准备。

区域Ⅳ为吸引力小、可行性大的市场机会。该类市场机会的风险低，获利能力也小，稳定型企业、实力薄弱的企业通常以该类市场机会作为其常规营销活动的主要目标。对该区域的市场机会，企业应注意其市场需求规模、发展速度、利润率等方面的变化情况，以便在该类市场机会进入区域Ⅱ时可以立即有效地予以把握。

需要注意的是，该矩阵是针对特定企业的。同一市场机会在不同企业的矩阵中出现的位置是不一样的。这是因为对不同经营环境条件的企业，市场机会的利润率、发展潜力等影响吸引力的因素状况以及可行性均会有所不同。

在上述矩阵中，市场机会的吸引力与可行性的具体确定方法一般采用加权平均估算法。该方法将决定市场机会的吸引力（或可行性）的各项因素设定权值，再对当前企业这些因素的具体情况确定一个分数值，最后加权平均之和即从数量上反映了该市场机会对企业的吸引力（或可行性）的大小。

第三节　分析企业的竞争能力及提供的产品或服务

一、企业竞争力及其分析方法

企业竞争力是指：在竞争性市场条件下，企业通过培育自身资源和能力，获取外部可寻资源，并综合加以利用，在为顾客创造价值的基础上，实现自身价值的综合性能力；在竞争性的市场中，一个企业所具有的，能够比其他企业更有效地向市场提供产品和服务，并获得赢利和声望。

企业竞争力是企业在市场竞争中谋求并保持最大收益的能力，获利能力越强的企业，其生存能力也必然越强。企业如何在一定时期内，不断适应外部环境变化，合理运用各种资源、提供产品与服务的过程中建立其生存与发展能力并形成竞争优势，显得尤为必要。竞争分析是使企业充分利用自身优势和环境机会，实现对自我认识的手段。研究企业竞争的方法颇多，如总体环境分析（PEST 分析）、BCG 矩阵和价值链分析、基准分析、竞争者档案研究等，但其中最为经典的方法，当推 SWOT 分析法与"五力分析"方法。SWOT 分析是将对企业内外部条件各方面内容进行综合和概括，进而分析企业的优劣势、面临的机会和威胁的一种方法。其中，优劣势分析主要着眼于企业自身的实力及竞争者，而机会和威胁分析将注意力放在外部环境的变化及对企业的可能影响上，但同样外部环境的变化给具有不同资源和能力的企业带来的机会与威胁却可能完全不同，故而两者之间又有紧密的联系。

"五力分析"方法是美国著名战略专家波特教授提出的企业竞争优势

理论。该理论认为在任何产业都有五种竞争力量控制着产业的竞争规则，它们从整体上决定着产业的盈利能力。这五种力量分别是产业新进入的威胁。供货商的议价能力，买方的议价能力。替代品的威胁及现有企业的竞争。由于任何一个产业中普遍存在着上述五种竞争力量，企业为在行业竞争中占据有利位置，管理者必须对本企业的优势和竞争对手的劣势进行分析，然后选择一种对自己有利的竞争战略。波特为此提供了三种可供选择的方案，分别为总成本领先战略、别具一格战略和专一性战略。

SWOT分析法与"五力分析"方法各有所长。前者能较客观而准确地分析研究一个企业或组织的现实情况，有利于领导者和管理者在企业的发展上做出较正确的决策和规划，后者则有助于从产业的角度分析企业的竞争优势，并可帮助其选择对已有利的竞争战略。然而，两者的缺陷也是显而易见的，其共同点在于，由于强烈的目标性与功利性而只是关注企业的几个侧面，在不同程度上忽略了整体，便不能实现对其资源的全面认知。但对于具体的企业而言，它需要对自己各个侧面的竞争力的把握一目了然。在现代社会里，倘若一个企业不能从整体上全面认识已有资源并实现有效整合，那么对于其任何决策与行动而言，显然是极其不利的。

从一个较长的时间跨度采考察企业的综合竞争力，应采用辩证的方法，在全面考虑到其外部环境和内部属性的基础上，不仅考察其现实的、既有的竞争力，也考察其潜在的、发展的竞争力；不仅考察其产品、技术和规模上的竞争力，也考察其机制、决策、管理上的竞争力。对于现代企业的生存与发展，竞争力应是一种资源。首先，这种资源是企业的内部属性在其外部环境中创造出来的；其次，它能整合企业外不同资源对企业内在属性发展产生反作用，是一种动态资源，能像资本一样在运营过程中实现增值。

二、九力分析模型

将竞争力作为企业资源的基本观点，为对企业竞争力进行整体分析提供了基础，这是构建"九力分析模型"的前提。此种整体分析应能明确描述企业较为稳定与静态的内部属性，同时也能体现企业外部变动不居的动态属性；当然，根据系统论的观点，我们还必须注意到这种内部属性与外部属性之间的相互作用，即两者之间的关系。

具体而言，属于企业外部属性的竞争力包括品牌力（power of brand）、研发力（power of researching）、营销力（powor of marketing）、制造力（power of producing）和产品力（power of product）。

所谓品牌力，是对企业所拥有的各个品牌在市场上的稳定性、在同行业中的地位，所受到的支持度、受保护的程度及其发展趋势的综合评价；所谓研发力，即企业在研究与开发新产品的时间、资金、技术、人员等方面所拥有的相对优势；所谓营销力，指企业营销的体系、范围、人员、潜力等方面的综合实力；所谓制造力，是企业制造产品的技术、设备、厂房、人员等方面的整体力量；所谓产品力，则是其产品在质量、外观、价格等方面为消费者所赞誉的程度。此五大外在竞争力，所对应的是企业竞争力的外部属性，是企业参与市场竞争的，动态的外在力量，相对于企业的内部属性，这些竞争力的可变性更强。企业能够在相对较短的时间内予以控制。

属于企业内部属性的竞争力包括资源力（power of sources）、决策力（power of decision-making）、执行力（power of executing）、整合力（power of integrating）。所谓资源力，即企业所拥有的自然资源、资金资源、政府资源。人力资源的多寡与程度；所谓决策力，是企业的领导人、中高层管理者在日常企业管理中作出重大决策时的速度与效度；所谓执行力，指企业管理机构信息传达的通畅程度与决策执行的有效程度；所谓整合力，是企业在建立其整体形象、整合其各种资源方面的能力。此四大内在竞争力，是企业参与市场竞争的，相对静态的内在力量，对应的是企业竞争力的内部属性。

以上所述企业的品牌力、研发力、营销力、制造力、产品力、资源力、决策力、执行力、整合力，这九大竞争力共同构成了九力分析模型中的基本要素。

九力分析的具体方法，采用的是量化取向的分析。其操作方法借用的是社会科学研究中常用的利克特量表，采用来评分的量表可以是5级，也可以是7级、11级等，或者可以采用百分制，具体采用何种方法，可视分析的需要而定。由以上的分析，我们事实上已将"九力"做了逐一分解，这些被分解出来的具体要素，构成了最终评分的具体指标。譬如，分析某企业的研发力，若采用5级利克特量表，总分应为5分，便可对企业在研究与开发新产品的时间、资金、技术、人员等方面所拥有的相对优势进行评价。若其研发力相当强，居于同行业内之首，则可评为5分，若完全没有任何研发力可言，对应的是1分；若处于中等水平，则为3分；若被评为4分，则表明该企业的研发力处于中上游的位置。依此类推，对于九大竞争力的分析。

实践指导

一、实践任务

通过本章学习，引导学生进一步了解公司战略制定的重要性及其流程，要求学生掌握评估市场与经营环境的主要分析方法，理解影响企业竞争力的关键因素。通过案例的学习与讨论，加强对公司战略重要性的认识，从而更好地实现本章学习目标。

二、实践步骤

（1）分组讨论并进行交流，找到案例中的关键问题。
（2）确定是否还需要查找与关键问题相关的背景资料。
（3）筛选并优化分析此案例的答题思路。
（4）明确小组分析案例的逻辑与依据，展开思路整理。
（5）小组形成文字报告并进行演示汇报。

三、实践要求

（1）认真读懂案例。当小组分到或找到一篇案例时，成员需要对案例进行反复阅读，对案例中的重要信息进行消化理解。在阅读过程中对案例中的背景资料、主要事实、面临的难题及难点、重要论点、重要结论和针对性的对策建议等内容进行一一记录，以方便后面的讨论与分析。

（2）分组交流讨论，大胆提出自己的看法。对案例中的主要角色或者问题进行分析，尝试对案例所给的背景资料进行仔细阅读、筛选分类和归纳总结，若需要引证资料佐证个人观点，可以通过电子资源、图书馆资源等，获取相关领域的多方面知识，保证分析的科学性与合理性。

（3）全面正确地概括问题。在对案例认真阅读分析后，小组尝试根据案例的相关资料找出问题的症结所在，对需要解决的问题进行概括与凝练，注意概括的逻辑性与针对性。

（4）撰写分析报告。报告中小组成员要对资料分析到位，依据所学理论，采用所学分析工具，全面合理地展开案例资料的客观分析。要求紧扣主题，结构清晰，层次分明，中心突出。除此之外，提交的报告要注意格式规范，用词准确，表达通顺。

四、实践内容——基于低成本战略的航空公司竞争力提升策略

从世界范围内低成本航空公司的分布来看，欧洲低成本航空公司约占全球的45%，美洲航空公司约占25%，亚洲航空公司占20%左右。从这一系列数据中可以看出，亚太地区低成本航空的发展和起步晚于欧美地区。特别是在我国，航空运输行业已经进入一个高速发展的阶段，民航的发展与经济增长日益密切，自民航局放开新航空公司准入审批以来，大批量航空公司涌入，行业竞争也日趋激烈，航空企业也迎来了更大的市场挑战。但与此同时，随着铁路和公路运输的持续建设，强烈冲击着民航运输企业。一些大型国有航空单位对市场价格竞争的敏感性较低，低成本战略没有得到有效地贯彻执行，这使民航企业在面临机遇的同时也需要应对诸多挑战。我国的航空公司要想应对国外航空公司的冲击与挑战，就要真正挖掘我国航空市场的发展潜力，必须充分认识低成本航空的优势，制定切实可行的低成本发展战略，提高我国航空市场的竞争能力。

（一）航空公司的成本构成

1. 固定运营成本

在航空公司经营管理过程中发生的成本费用，75%左右的成本属于固定成本，可见，固定成本在航空公司的成本构成中占有很大的比例。固定成本主要是航空公司购买、租赁、维护和折旧的费用，同时，也包括机组

执行年度飞行任务所需的费用,这一部分费用主要包括机组人员的固定工资、工程管理的费用等。

2. 可变运营成本

可变运营成本主要是指航空公司在短期内支付的与飞行相关的成本,主要包括飞机飞行的燃油费用、机组成员除固定工资之外的补贴或者是奖金福利以及机场使用或者是经停的费用,同时还包括乘客服务等其他费用。在可变运营成本中,燃料费用和除固定工资以外的劳动力补贴费用是可变运营成本中所占比例最大的两个部分,然而航空燃料价格是难以准确预测和不可控制的,因此,需要有效地节省和降低劳动力成本。

3. 间接运营成本

航空业在经营管理过程中,也会产生间接的经营成本。间接性的运营成本主要是指与航线计划或所推出的服务产品有关、需在中期或长期支付的费用,主要包括部分航站及地面的使用费、乘客保险费、向第三方履行代理机构支付的佣金及降低机票价格及折扣促销产生的成本等。

(二)航空公司采取低成本战略的必然性

航空企业之所以要采取低成本战略,其根本原因在于能够有效应对激烈的市场竞争。目前,我国民航市场竞争主体日益增多,并出现了不少廉价航空公司打出价格战,抓住旅客的消费心理,尽可能压低机票价格,将目标群体对准中低收入者和以短途旅游度假为主的旅客群体。此外,航空公司所提供的服务在本质上并无多大差别,航空公司之间存在着可以相互替代的关系,任何一个航空公司都不能完全形成市场垄断。因此,价格就成为航空公司在市场竞争中的主要手段。但如果一味降低机票价格以吸引乘客,就有可能造成收益与成本的不平衡,长期来看也难以支付高昂的固定运营成本费用。所以航空公司有必要采取低成本的运营策略,尽可能地节约成本,增加利润空间。

(三)基于低成本战略的航空公司竞争力提升策略研究

1. 低成本管理

实施低成本战略,提高航空公司的竞争力,首先要从管理层面入手,对其进行全方位、超强度的低成本管理。一是优化和调整航空公司的管理结构和管理模式。减少管理人员,并根据航空公司规模和机组任务的实际需要适当调整飞行员、空服员和相关机组服务人员,减少管理人员所占比例。采用扁平化管理模式,可以减少不必要的人工费用开支。二是实现人力资源效益最大化。进一步加强对乘务员的培训。例如,在对乘务员进行培训时,不仅要让他们掌握在飞行过程中为乘客提供服务的业务知识,还要对他们进行起飞前的检查、起飞后的销售以及降落后的清洁和清洁工作,并通过一定的安全训练和医疗训练,使他们担负起在飞机上担任保安的责任。通过这种方式,可以减少机组人员的数量,有效地降低了人力成本。三是提高旅客周转率。在航空公司经营管理中,固定运营成本占很大比例,而飞机购置支出费用的占比最大。因此,为了尽可能降低航空公司的固定成本,航空公司可以采用相同的机型,通过二手购买或租赁的方式来控制成本。同时,也可以考虑中短途航线的高频率飞行,尽可能减少飞机的使用数量,从而降低飞机采购的成本。四是减少航空公司部分间接运营成本,加强对机票销售渠道的控制。以往在机票销售过程中,往往是委托第三方旅社机构或票务APP进行机票销售,航空公司需要向第三方合作平台或票务机构支付部分佣金,而在实施低成本战略的过程中,可以用网络直销的方式来代替此间接票务APP,航空公司可以推出自己的APP,或直接使用支付宝、微信等软件进行直接售票,这样既方便了机票的直接管理,又能降低间接运营成本。

2. 低成本运营

燃油成本在航空公司可变运营成本中所占比例为30%~40%,而燃油价格的非控制性,进一步加剧了可变成本的不稳定性。为此航空公司应采取一定的节能措施,尽量降低燃油成本,同时也能更好地保护环境。为了最大限度地节省燃料,航空公司一是要选择适合自己的机型,尽量选择能耗低的飞机,综合考虑飞行时间和飞行里程,选用耗油少、载重大的机型。二是要求飞机在飞行过程中,通过采用一定的技术手段,合理规划飞行路线,并控制好飞行高度和速度,尽量降低燃油消耗。要使飞机合理配重,尽量降低内部设备的重量。三是合理利用各地区石油价格差异,在低油价地区多加油量,在不超过飞机配重和确保飞行安全的前提下，采用飞机带油。此外，为了实现低成本运营，还需要不断优化机队组成结构，结合航空公司目标定位人群，对内部设施进行优化调整。一方面，从机队构成上看，大中小型飞机的搭配组合要恰当，要结合航空公司的市场定位，如果航空公司多承担中长程运输任务，就增加中长程飞机数量。相反，如果航空公司多从事短程飞行，就尽量减少小飞机数量，尽量避免飞机闲置。另一方面，从内部设施配置上，结合航空公司定位的目标人群考虑，如果主要旅客是普通旅客，则要减少内部头等舱的数量和豪华配置，多数配置设置为经济舱和商务舒适性配置，避免资源浪费。

3. 业务模式创新

航空业低成本战略的核心和要义，在于不断降低成本的同时，通过商业模式的创新增加其他方面的收益，从而达到收支平衡，实现盈利的目的。一开始，低成本策略会提供很大的价格优惠，乘客可以买到非常便宜的机票，这样有助于航空公司更好地打开市场。与此同时，为了弥补机票价格上的损失，航空公司应该开展更为多样化的业务，从增加的服务项目中获取丰厚的利润。例如，在飞机上为乘客提供的餐饮不再是免费的，可以在飞机上设立快餐店或售票处，供乘客消费。同样，飞机上提供的垃圾袋也不再免费，这样既能增加一部分收入，又能达到节约和环保的目的。除了这些，还可以利用飞机上的视频屏幕做一些游戏广告或做理财广告，增加一部分广告收入。此外，航空公司还可以与某些地区的酒店或租车公司合作，建立综合预订网站，只要有综合一体化的预订服务，航空公司就可以收取一定的利润分成。在实施低成本战略的同时，通过这种多样化的业务探索和创新，可以提高航空公司的利润，从而更好地建立和维持低成本战略。

（四）结语

航空公司要通过实施低成本战略来提高自身的市场竞争力，就必须要从管理、运营和业务创新这几个角度入手，改变传统的管理和服务模式，以更低的成本来获取更大的利润空间，掌握市场竞争中的主动权，实现自身的健康稳定发展。

五、实践范例——企业战略管理常见问题及其改进策略

2021年,企业发展面临着更加错综复杂的外部环境。国际方面,新冠肺炎疫情广泛蔓延,中美战略长期博弈,经济全球化遭遇逆流,世界经济形势复苏不稳定不平衡;国内方面,经济下行压力依然较大,我国经济已由高速增长阶段向高质量发展阶段演进。面对日益激烈的市场竞争,越来越多的企业开始重视战略管理,希望通过加强战略管理不断推动企业由粗放式管理向精细化管理迈进,加快构建核心竞争力,形成竞争优势,实现可持续发展。但是,仍有较多企业对战略管理在认识上仍存在一定偏差,导致在实施过程中出现了诸多问题,未能达到预期效果。

(一)企业战略管理概述

企业战略管理是企业基于外部的市场和竞争环境,以及企业内部自身的实际情况,谋划未来一定时期的发展目标和发展路径并付诸实施,在实施过程中进行控制的动态管理过程。战略管理主要包括战略制定、战略实施和战略控制等环节。在激烈的市场竞争中,企业战略管理能有效帮助企业明确未来发展目标和方向,有利于及时应对内外部机遇和挑战,有助于优化企业资源配置,不断提高企业整体优化水平,使企业各个部分有机整合形成集成效应,从而构建核心竞争力,推动企业实现高质量可持续发展的目的。

(二)企业战略管理常见问题

1. 战略管理意识不强

企业自上而下对战略目标和方向未达成一致认识,战略仅存在于个别高层领导脑中,未将战略意图固化并在全员范围内宣贯;企业高层对战略管理的重要性认识不够,战略管理流于形式,制定与实施脱节,对经营活动缺乏指导性;战略未着眼于长远发展,缺乏发展眼光,以短期利益替代长期战略目的;内部未形成良好的战略管理氛围,员工对战略重视不足,难以推进落实各项工作。

2. 战略管理闭环体系不完善

(1)在战略制定过程中,战略分析不够深入和全面,无法有效识别市场机遇和挑战、优势资源能力等,战略的制定缺乏科学的依据和论证,缺

乏独立的战略思考，导致企业定位不清晰、发展方向和路径不明确、目标不合理等问题。

（2）在战略实施过程中，组织架构、管理体系等与战略管理要求不匹配，目标没有结合各业务部门、职能部门的实际情况进行有效分解，责任未能分解落实到相应的部门和岗位，长期战略规划与短期经营计划未能形成有机衔接，导致日常经营活动与战略目标相偏离，战略目标的落地缺少有效支撑。

（3）在战略控制过程中，未建立起能合理评价企业战略实施的绩效体系，缺少动态监测外部环境变化和内部日常经营情况的相应机制，无法衡量企业实际绩效，难以发现战略差距并实时进行调整优化，导致战略管理对企业实际经营的指导性不强，实效性不足。

3. 信息化水平落后

战略管理信息化是指在战略管理的各个活动环节中，充分合理利用现代信息技术实现对各项工作的管理，实现资源优化配置、提高管理效率和水平，进而提高企业经济效益和竞争能力。

（1）信息化建设缺少系统全面的顶层设计，未从信息化的管理理念、管理模式、管理文化等进行统筹规划，对人力、物力、财力等配置认识不够，与组织环境、组织战略、组织结构和组织文化等不匹配，盲目开展和推进信息化工作，导致后续工作很快陷入无序状态，信息化效果不理想。

（2）基础设施薄弱、投入不足等造成功能上不满足信息化的要求，导致信息化在运营过程中无法保证实时性、稳定性、高效性等，较大程度上影响企业战略管理信息化的使用效果。

（3）在制定信息化方案时，没有对企业原有的低效、无效、重复的业务流程进行梳理优化，或信息化与投资、财务、人力、行政等业务流程关联不紧密，导致信息化对日常经营活动的支撑不够，效率不高。

（4）信息化评价体系不健全，对于信息化工作的技术效果、管理效果和经济效果缺少评价标准，难以对信息化的目标、功能及主要指标的完成情况、信息资源利用程度等作出客观科学的评价，无法根据评价结果找出存在的问题进行优化改进。

（三）策略及建议

1. 提高认识，加强一把手工程

培养企业高层战略管理者的战略眼光，提升战略管理意识，统一战略意图并固化形成文件；企业自上而下开展战略管理的宣贯工作，提高全员对企业战略的认识，加强对战略管理工作的重视程度，明确各自责任，加强协同意识；成立专门的战略管理领导小组，为战略管理工作的顺利开展提供必要的指导和支持。

2. 制定明确、合理的战略定位和目标

做好全面系统的战略分析，通过 PEST 分析、行业周期分析、波特五力分析等管理工具，系统分析宏观环境发展趋势、行业结构及竞争态势等外部环境，结合 VRIO 分析、价值链分析、GE 矩阵等深入研究企业自身经营现状及竞争优势，并利用 SWOT 分析法对企业内外部环境综合分析；结合战略分析，以构建核心竞争力、在未来环境中保持竞争优势实现可持续发展为目的，明确企业的定位和战略目标。

3. 对战略目标进行有效分解，有序推进战略实施

企业在制定战略的过程中战略目标是核心所在，只有具备清晰的战略规划才能为企业未来发展提供方向。如果企业战略在逻辑上存在矛盾，在定位上存在不清晰，必然会对企业战略执行造成干扰。因此，企业在制定发展战略过程中首先必须要明确战略目标。结合企业实际情况，对总体战略目标按业务层和职能层进行有效分解，编制相应战略实施计划，明确重点任务、关键节点、资源分配及责任人等，梳理确定各部门相应职责，确保责任落实到位；根据战略推进进度及实际经营情况编制经营行动计划（一般以年度经营计划等形式），企业员工按照编制的行动计划逐步推进完成战略目标。在实施过程中，可根据麦肯锡公司的 7S 模型，全面考虑结构、制度、人员、风格、技能、战略和共同价值观等要素，统筹、协同各项资源要素，保障企业战略的落地和有效开展。

4. 加强战略实施的管理和控制

为了推进企业战略的实施效果符合战略的预期目标，企业一般可通过

制定绩效标准、建立常态化监测机制、评价绩效结果并根据结果进行纠偏等对战略实施进行管理控制。战略控制要实现较好的效果，企业可从预算控制、财务控制、审计控制等角度有效监控战略实施过程。目前，较有代表性的战略控制方法包括杜邦分析法、平衡积分卡（BSC）、目标与关键成果法（OKR）等。

5. 优化公司组织管控体系

企业战略在实施过程中，无论是前期阶段还是实施过程中，企业都需要结合自身情况进行实时核查和把控，并根据实际状况进行分析来实现战略方案的调整，以保障企业战略的实际性、科学性和时效性。对于企业战略实施模式进行选择和分析后，确定出最符合企业发展状况的实施模式，基于企业战略和业务发展情况，调整优化组织结构（一般为简单结构、职能型结构和多部门结构），明确管控模式，梳理完善新组织架构下的报告关系机制、程序机制、监督和治理机制、授权和决策机制等，保持组织的稳定性和灵活性，确保组织管控体系既能有效发挥当前核心竞争力，也能保证持续获得未来优势的灵活性，从而形成可持续的竞争优势。

6. 统筹谋划信息化建设，完善信息化管理体系

企业要做好信息化顶层设计，编制管理信息化工作的总体规划，并开展自上而下的宣贯工作；梳理优化现有业务流程，对业务流程进行全面系统的分析、研究、重组，加强信息化与业务流程的融合；加大信息化资源投入，确保基础设施实现功能与信息化规划的各项要求相匹配；建立健全信息化动态管理体系，制定信息化工作的评价标准，建立动态评价机制，实时反馈评价结果，并及时调整优化，形成不断优化迭代的正向循环。

（四）结语

综上所述，面对日渐激烈的竞争环境，企业可通过不断提高战略管理意识、完善战略管理体系、创新战略管理手段，从战略制定、战略实施和战略控制等方面持续加强企业战略管理能力，逐步提升核心竞争力，确保在市场竞争中形成竞争优势，实现可持续发展。

■ 国际采购与供应环境

案例分析

扫一扫，查看相关案例。

拓展阅读

扫一扫，查看相关资料。

练习与思考

一、名词解释

公司战略；SWOT 分析法；STEEPLE 模型；九力分析模型

二、选择题

1. 公司战略为什么重要？关于其原因下列哪一项是不正确的？（   ）

   A. 一个清晰合理的战略是经营业务的良方，是获取竞争优势的指引图。

   B. 公司战略是满足顾客需求的行动计划，是提升公司业绩的方案。

   C. 成就卓越的公司拥有一个敏锐的、有创造性的、积极主动的战略。

   D. 那些无法达到行业排名前列或长期保持在某个位置的公司，是因为有一个不合理的、简单复制的战略，或缺乏对做得更好的大胆尝试。

   E. 一些企业碰巧在对的时间进入对的市场、生产对的产品而获得成功。

2. 好的战略和好的战略执行之间是什么关系？下面列说法正确的是（　　）

    A. 好的战略和好的战略执行就是好的管理的最佳象征。

    B. 如果制定了具有潜力的英明战略，但不能有组织地、高水准地实施，这个管理者也不值得称赞。

    C. 一个平庸战略的有效执行无法让管理者换来热烈的掌声。

    D. 用好的战略制定和好的战略执行这两个标准来确定一个公司是否管理良好是令人信服的：公司战略设计得越好，执行得越彻底，公司就越可能成为市场中的佼佼者。相反，一个公司如果缺乏清晰的方向，战略存在缺陷，或者不能彻底地贯彻公司战略，这个公司的财务表现就可能很糟糕，业务可能存在长期的风险，管理也存在严重缺陷。

3. 战略制定的体系包含哪些层面？（　　）

    A. 基础分析　　　　　　B. 企业战略

    C. 业务战略　　　　　　D. 职能战略

4. 市场机会作为特定的市场条件，是以哪四个特征为标志的？（　　）

    A. 利益性　　B. 针对性　　C. 时效性　　D. 公开性

5. 市场机会的价值大小由市场机会的那两方面因素决定的？（　　）

    A. 时机　　B. 吸引力　　C. 可行性　　D. 发展潜力

三、简答题

1. 简述SWOT分析法与五力分析法的区别。

2. 企业的竞争力包括哪些？

四、论述题

请运用合适的市场环境分析法，分析在当前国际国内经济形势下，华为应该制定怎样的战略应对国际国内环境变化？

第二章

采购与供应链管理概论

学习目标

1. 了解采购供应职能的目标
2. 学习制定采购与供应战略的方法
3. 掌握波特的价值链分析法

基本概念

采购与供应战略；价值链分析法；供应链管理

第一节　建立采购供应职能的目标与战略

一、建立采购供应职能的目标

采购与供应管理的目标不仅仅是控制成本和质量，促进企业的现金流动和保持良好的市场形象，更重要的是通过电子化在全球范围内整合供应资源，突破管理的极限，即有效资源的合理利用问题。因此，充分利用信息时代先进、高效的电子手段和技术工具，扩展供应网络成了当代采购管理的新方向。

具体说来采购的目标包括以下几方面。

（1）连续提供物料、供应和服务，使整个组织正常地运转。

（2）选择供应商。一个采购部门必须有能力找到或发展供应商，分析供应商的能力，从中选择合适的供应商并与其一起努力对流程进行持续的改进。只有当最后确定的那个供应商在工作上雷厉风行，而且富有责任感的时候，公司才能以最低的价格得到所需的物资和服务。

（3）降低用来完成采购目标的管理费用和使采购部门正常运作需要耗费企业的资源：员工工资、电话费和邮资、办公用品、差旅费用、计算机费用和其他必需的管理费用。如果采购流程的效率很低，那么采购的管理费用就很高。采购部门应该尽可能有效和节俭地完成采购目标，这就需要采购经理经常对部门的运作情况进行回顾，以确保所有的活动耗费都是有效的。

（4）保持库存投资和损失维持在最低限度。保证物料供应不中断的一个办法是保持大量的库存。但是库存必然要占用资金，这些资金就不可能用于其他方面，持有库存的成本一般要占库存商品价值的20%~50%。如果采购部门可以用价值1 000万美元的库存（而不是原来的2 000万美元）保证企业的正常运作的话，那么在年库存储存成本为30%的情况下，1 000万美元库存的减少不仅意味着多出了1 000万美元的流动资本，而且还意味着节省了300万美元的库存费用。

（5）实现库存物料的标准化，降低库存相关成本。从公司全局的角度出发，采购部门应该去购买就其用途而言市场上所能得到的最恰当的物料。不论何时何地，只要可能，供应部门就应该不断努力将其基础设施、物资、维护修理与辅助物品（maintenance, repairs and operating supplies，即MRO）以及服务采购等活动规范化。在保证服务水平的同时，大批量采购协议和低库存与低成本追踪以及标准化为物资提供低价机会。就基础设施来说，标准化能够带来维修控制库存的缩减，并节省设备运转和维护及培训员工的成本。

（6）尽量以最低的总成本获得所需的物资和服务。在一家典型的企业中，企业采购部门的活动消耗的资金比例最大。尽管"价格购买者"这

国际采购与供应环境

个词由于意味着其在采购时所关注的唯一因素是价格而常被人理解为贬义词,但是当确保质量、发送和服务等方面的要求都得到满足时,采购部门还是应该全力以赴地以最低的价格获得所需的物资和服务。

(7)保持并提高库存的质量。生产所需的产品或服务,每一项物料都要达到必需的质量要求,否则最终产品或服务将达不到期望的要求或是其生产成本远远超出可以接受的限度。

(8)与其他职能部门之间建立良好的工作关系。在一个企业中,如果没有其他部门和个人的合作,采购经理的工作就不可能圆满完成。

案例与思考

全球采购的利益与挑战

全球采购有两个方面的利益:一是降低成本;二是实现差异化,包括提高产品质量、改善服务与交付、开拓研发能力。全球采购是一个阶段性的进程,不同阶段所追求的利益是存在区别的。在全球采购发展的初期,全球采购追求的利益有限,或者是因为国内的生产技术达不到要求,缺乏某些资源性产品,生产设施不足,供应能力不足,或者是因为国内无法保证持续供应。在全球采购发展的高级阶段,企业更倾向于追求战略利益而非成本因素,如总成本的削减、更多的质量改进、更短的循环周期、更多的交付改进,接触更新的技术、更优秀的服务、更多的创新与改造、更快的上市速度。

相比于国内采购,全球采购面临的挑战更多也更复杂。阿尔盖尔等将全球采购面临的障碍分为内部障碍和外部障碍两类。巴特等根据交易成本理论,按照三个维度,即客观(硬)因素与主观(软)因素、企业内部控制因素与企业外部控制因素以及交易的不同阶段,对全球采购面临的障碍进行分析。实施战略性全球采购的企业所面临的障碍与那些不实施战略性全球采购的企业是有很大区别的。随着交易双方距离的增加,经济、文化、政治、社会体制均汇集于全球化市场,采购的战略性被体现得越来越明显,软性成本变得越来越重要。不实施战略性采购的企业更不容易克服所面临的障碍。实施战略性采购的企业面临更多微观管理方面的障碍，不实施战略性采购的企业缺乏对全球采购的基本经验，将面临更多宏观方面的障碍。

1. 全球采购绩效及其影响因素

洛克斯特罗姆等将全球采购绩效的测量指标划分为两类，即效力（effectiveness）指标和效率（efficiency）指标。效力是指预先设定的目标被完成的程度，可采用的指标是产出与名义产出的比率或者其他无形的方面，如良好的供应商关系、提供供应商服务、获得预期质量的货物；效率是指为达到预先设定的目标所需投入的程度，可采用的指标为名义投入与实际投入的比率或成本缩减、订单处理时间等。通过对实施全球采购取得成功的企业和未能成功的企业进行对比，学者们总结出了影响全球采购绩效的一些因素。彼德森等基于问卷调查和路径分析指出，全球采购的组织结构和程序、国际语言能力、高层管理人员对全球采购的承诺对全球采购效益至关重要。施泰因勒等在对低成本全球采购和技术采购进行区分的基础上指出，对于技术采购，成为供应商的重要客户非常有必要，企业和供应商处于同一集群有助于建立与供应商的良好关系。奎恩斯根据资源基础理论提出了影响全球采购决策和绩效的两个先决条件，即与采购有关的资源和与采购有关的能力。洛克斯特罗姆等将影响全球采购绩效的资源划分为五个方面，即有形资源、无形资源、能力、基础外部资源、复杂外部资源。

2. 全球采购对企业创新的影响

有部分文献认为，全球外包对技术创新具有负面影响。科塔贝等认为，企业只有在国内丧失竞争力时，才会选择海外建厂直至海外外包，尽管这可以在短期内改善企业财务状况，但长期来看会恶化企业自身创新能力，最终使企业不得不退出该行业或重新内部化生产。丹卡巴对向低成本国家转移生产的现象进行了研究，认为随着区位距离的拉大，企业不同职能组织也会远离，而某些类型的知识存在对生产制造环节的黏性，这些均会对实施海外外包企业的技术创新造成负面影响。还有文献肯定了全球采购对技术创新的作用。科塔贝的实证研究表明，美国企业的全球采购是效率导向型的，而日本企业的全球采购是效力导向型的，能够有效地协调研发、制造和营销活动，对技术创新能力具有正向作用。莫尔认为，在快速变化的市场中，企业必须建设快速投放新产品的创新能力，且应在网络化环境中与供应商建设一种更为灵活、广泛、庞大的联合研发能力。特劳特曼等[30]阐述了全球采购提高竞争力（包括创新能力）的机制，即规模经济、信息和学习经济、流程经济，其中后面两个机制可能更有利于实现创新。施泰因勒等对通过集聚作用实现创新的机制进行了研究，认为从关系的角度来看，那些技术型的全球采购应争取与关键供应商聚集在同一区位，通过成为它们的优质客户来获取关系租金。

二、建立采购与供应的战略

企业建立战略采购体系的五大步骤。

（1）建立采购成本数据库，对采购品种进行分类。在战略采购中，采购管理者首先应当考虑的是采购品种的分类，即找出占80%采购成本的20%核心A品类，然后考虑这些材料的采购数量、采购需求预测、采购物资的规格、定价因素、供应商地点、供应商的表现等采购管理类别。

（2）针对不同采购类型，制定采购策略，并建立供应商名单，对供应商进行调查。通过深入分析原材料的供应市场，全面收集供应商的数据信息，可以初步拟定原材料的供应商名单，并通过数据分析，检验、调整和比较行业采购成本数据和绩效表现水平，并在此基础上制订采购策略。综合考虑原材料供应市场的复杂度和原材料对企业生产的影响程度，可以确定四种采购类型，并针对这四种不同的采购类型确定不同的采购策略。

（3）确定短期内采购成本下降、供应商绩效提高的目标和策略，以及实施方案。在这个阶段开始谈判并选择供应商，在这个过程中，一般会经历两到三轮的供应商谈判和供应商实地考察。在采购选择通过后，实施采购决定并根据采购管理的类别设计采购绩效评估体系，评价供应商表现。

（4）根据方案实施和供应商反馈情况，建立战略性采购与供应商管理体系，并形成战略采购操作手册。

（5）基于战略性采购与供应商管理体系，建立供应部的采购管理体系，包括：①采购业务流程设计；②供应部组织结构设计与岗位设置；③基于采购流程的内部控制制度设计。

在以上所有工作有效开展的基础上，将战略采购纳入持续的采购流程中，根据供应市场的变化不断改进评估标准，持续改进采购流程、改善采购质量、降低采购成本，建立企业强大的成本控制能力。供应部绩效管理体系和薪酬体系设计。

第二节 波特的价值链

价值链分析法是由美国哈佛商学院教授迈克尔·波特提出来的，是一种寻求确定企业竞争优势的工具。企业有许多资源、能力和竞争优势，如果把企业作为一个整体来考虑，又无法识别这些竞争优势，这就必须把企业活动进行分解，通过考虑这些单个的活动本身及其相互之间的关系来确定企业的竞争优势。

一、价值链的特点

价值链有以下几方面的特点。

（1）价值链分析的基础是价值，其重点是价值活动分析。

各种价值活动构成价值链。价值是买方愿意为企业提供给他们的产品所支付的价格，也代表着顾客需求满足的实现。价值活动是企业所从事的物质上和技术上的界限分明的各项活动。它们是企业制造对买方有价值的产品的基石。

（2）价值活动可分为两种活动：基本活动和辅助活动。基本活动是涉及产品的物质创造及其销售、转移给买方和售后服务的各种活动。辅助活动是辅助基本活动并通过提供外购投入、技术、人力资源以及各种公司范围的职能以相互支持。

（3）价值链列示了总价值。价值链除包括价值活动外，还包括利润，利润是总价值与从事各种价值活动的总成本之差。

（4）价值链的整体性。企业的价值链体现在更广泛的价值系统中。供应商拥有创造和交付企业价值链所使用的外购输入的价值链（上游价值），许多产品通过渠道价值链（渠道价值）到达买方手中，企业产品最终成为买方价值链的一部分，这些价值链都在影响企业的价值链。因此，获取并保持竞争优势不仅要理解企业自身的价值链，而且也要理解企业价值链所处的价值系统。

（5）价值链的异质性。不同的产业具有不同的价值链。在同一产业，不同的企业的价值链也不同，这反映了他们各自的历史、战略以及实施战略的途径等方面的不同，同时也代表着企业竞争优势的一种潜在来源。

二、分析步骤

（一）价值链分析的步骤

第一，把整个价值链分解为与战略相关的作业、成本、收入和资产，并把它们分配到"有价值的作业"中。

第二，确定引起价值变动的各项作业，并根据这些作业，分析形成作业成本及其差异的原因。

第三，分析整个价值链中各节点企业之间的关系，确定核心企业与顾客和供应商之间作业的相关性。

第四，利用分析结果，重新组合或改进价值链，以更好地控制成本动因，产生可持续的竞争优势，使价值链中各节点企业在激烈的市场竞争中获得优势。

波特认为，分析作业成本和成本动因的会计信息，可以优化、协调整个供应链的作业绩效。价值链中的节点企业一旦参与核心企业的完整价值链分析项目，便与核心企业及其伙伴公司一起形成战略合作联盟，共享与价值链有关的作业成本和业绩信息。与单个公司从外部角度对这些企业的作业和成本进行假设而进行分析相比，合作的精确性要高，范围更广。参与完整价值链分析的节点企业具有共同的价值取向，在实现信息共享以后，核心企业不仅能够增加伙伴企业之间的相互信任，提高购货方的收货效率，减少存货滞留，降低供应链成本，还可以提高价值链各节点企业中相同类型的作业的效率，从而有效地协调和管理价值链上节点企业之间的关系，最终提高公司整个价值链的运营效率，并在未来吸引价值链中更多的企业加入合作联盟，使核心企业在更大范围内进行完整价值链分析，在更大程度上提高价值链中所有企业的绩效。

汤普森认为，供应链中作业的相互依赖是连续的，前期发生的作业会影响后续发生的作业，而本身的作业并不受影响，也就是供应链上一层作业会影响下一层资源的消耗。为了提高供应链运行效率，支持企业战略成本管理，核心企业可以采用基准分析、战略分析和趋势分析等成本分析方法，对供应链中的连续作业进行分析，研究供应链中作业成本和作业之间相互依赖水平的影响因素，并利用分析结果帮助节点企业改进和管理作业，协调、控制价值链中各节点企业之间的关系。例如，核心企业对参与价值链分析项目的供应商，提供包括核心企业作业成本在内的部分成本分析结果，如公司与某供应商作业有关的作业成本、所在供应商网络的平均作业成本等。由此，供应商可以用自己的成本加上网络平均费用与网络内平均成本进行对比，通过基准分析了解自己在整个供应链中所处的位置，知道自己是否需要改进作业，控制成本。公司也可以通过关注供应链的分布网络进入公司不同成本库的资源要素即作业成本，及时取得供应链中有关作业成本和成本动因的信息，并利用该数据对不同类型、不同网络的成本库进行作业成本分析。再者，公司储运部门还可以利用供应链中节点企业成本信息的分析结果，与有关供应商就供应链成本业绩及其作业过程中可能存在的问题进行讨论，寻找改进作业、降低成本的方法，最终提高整个供应链的运营效率，实现价值链的增值。

总之，公司价值链分析对核心企业和节点企业之间关系的影响可以从以下方面表现出来。

（1）核心企业与节点企业之间的广泛联系。如核心企业对联盟供应商个体提供价值链中其他联盟企业的有关数据，与供应商就其成本结果与网络平均数的差异进行分析，并对供应商可能的作业过程及其改善，以及改善后的预期结果进行讨论，会增加供应商对相互之间意图、需要和过程的了解，加强价值链中各企业之间的相互影响和凝聚力。

（2）价值链中联盟企业间成本信息的客观透明。当供应链运营成本的变化结果变得透明时，联盟企业就可以自己判断实现价值链增值的可能性以及因提高利润而得到的正常利润分成，有利于核心企业和节点企业之间以及节点企业相互间进行广泛联系、协商和决策，也有利于保证价值链中联盟企业的诚信。

第三节　从物料管理与实物配送到供应链管理

一、现代物流管理的发展三个阶段

20 世纪 60 年代到 70 年代初期为第一阶段，称作"实物配送阶段"，通过对与食物配送有关的一系列活动进行系统管理，以最低的成本确保把产品有效地送达顾客，注重制成品到消费者的环节。

20 世纪 70 年代初期到 80 年代为第二阶段，称作"综合物流管理阶段"，它是在实物配送的基础上，引入物料管理的新概念和新技术，使实物配送与物料管理相结合，改进了物流系统的管理水平，大大提高经济效益和社会效益。

第三阶段出现在 20 世纪 80 年代后期，称作"供应链管理阶段"。

二、供应链的概念

供应链是一种由组织构成的网络，这种组织网络通过上游和下游的连接，涉及不同的过程和服务，这些过程和服务以最终消费者手中的产品和服务来产生价值。

例如，衬衣生产是供应链的一部分，供应链通过纺织的编制者延伸供应链的上游，通过零售商和配送者到达最终消费者延伸供应链下游。

三、供应链管理

对整个供应链进行一种全面协调性的合作管理，不仅考虑制造商企业内部过程的管理，还更应注重供应链中各个环节、各个企业之间资源利用的合作，即对供应商、制造商、物流服务企业、分销商、客户和最终消费者之间的物流和信息流进行计划、协调和控制等。其目的就是让各个企业之间进行一场合作博弈，通过优化所有与供应链相关的过程，最终达到"双赢"，获得更高的效益和效率。

供应链管理竞争的新规则包括：组织的快速反应和需求的柔性化能够提供有力的竞争优势；需求的集中性导致更多大客户越来越有实力要求他们的供应商提供更多的服务需求；产品创新将转变为过程创新；赢得供应链管理竞争优势的方法；建立成功的"联系"；重构组织；将供应链作为一个网络来管理。

四、采购与供应链管理

采购供应链管理是以采购产品为基础，通过规范的定点、定价和定货流程，建立企业产品需求方和供应商之间的业务关系，并逐步优化，最终形成一个优秀的供应商群体，并通过招投标方式实现企业的采购，从而达到降低采购产品价格、提高采购产品质量和提高供应商服务质量的目的。

企业采购供应链是企业供应链系统的重要组成部分，是企业提高质量、节约成本的关键。建立企业采购供应链系统，首先需要将涉及企业采购的各个环节纳入整个系统中，保证采购过程中各个环节之间的信息畅通，提高工作效率。同时，通过信息共享，合理地利用和分配资源，为企业带来最大效益。

(一) 目标

企业采购供应链系统通过标准和规范的业务流程，建立协配件的供应商、事业部之间的业务关系，并逐步优化，最终形成一个优秀的供应商群体，在保证公司协作产品集中采购任务顺利完成的同时，达到规范采购过程、优化供应商群体、共享采购信息、监督采购过程、降低采购成本、提高采购信息化水平、任务分工与业绩考核和与供应商共赢的目标。

建立采购供应链管理系统最大的困难莫过于业务流程的改变，企业需要将自己原有的业务迁移至互联网上。这往往涉及经营观念、人事管理、业务处理过程和工作流的重新定义等，主要是管理理念方面的问题。

(二) 具体任务

从业务角度来看，企业采购供应链系统一般包括：三个流程，即新产品定点流程、产品定价流程和产品订货流程；三个管理，即采购产品信息管理、产品需方管理和供应商管理；三个接口，即 MRP-Ⅱ/ERP 系统接口、PMD 系统接口和财务系统接口；决策分析系统（包括综合查询）和系统维护。故企业采购供应链管理的具体任务为：建立采购产品信息库；建立供应商信息库；明确新产品定点流程；明确产品定价流程，如何通过招投标方式实现产品竞价；明确产品订货流程，如何向供应商下订单，对产品的实际价格进行监督；建立 P-SCM 与 ERP、财务、MRP-Ⅱ 等系统的接口。

(三) 问题与对策

（1）企业已经有很多供应商，还有必要增加更多的供应商吗？

其实企业确实有很多供应商，但不知道现有的供应商中有多少是全国最优秀的供应商。信息网建立后，可吸收全国优秀的供应商来为本企业供货，并通过对供应商的优化，保持每类产品有 2~3 个供应商。所以，企业的供应商数量在信息网建立后是一个由少变成很多，然后再变少的过程。这个过程一方面达到优化供应商的目的，另一方面达到了宣传企业的目的。

（2）企业采购供应链管理应从哪几个方面来对供应商进行评审？

在信息网中，可以从财务方面、生产设备、产品质量认证和开发能力四个方面来对供应商进行评审，通过实际考察后，评审信息进入采购供应链系统。

（3）在企业采购供应链管理中如何实现招投标？

国内的大部分企业都是在第四季度完成下一年的采购招投标任务。在信息网中招投标的过程与现有的方式基本相同，只不过每个过程（标书生成、标书发布、投标、开标等）都是通过计算机完成的。

（4）企业实施采购供应链管理是否可以进一步规范招投标过程？

是的。特别是在投标和评标过程中，因为标书发布时，只对信息网中的供应商发布，并且只有标书发布范围内的供应商才能投标；在开标后，各供应商的报价都是公开的，评标的结果保存在信息网中，便于以后核查。这样就避免了供应商通过各种关系进入招投标。

（5）要求供应商通过 Internet 投标，供应商是否有这个能力？

供应商必须具备这个能力。其实采购信息网对供应商的要求并不高，只需要 1 台可以接入 Internet 的计算机。如果供应商连这个能力都不具备，就更谈不上成为本企业的优秀供应商。

（6）MRP-Ⅱ和 ERP 系统中有采购系统，有必要再建企业采购供应链管理系统吗？

不错，企业现有的 MRP-Ⅱ和 ERP 系统中确实有采购系统，但这个系统只是对采购的事后管理，如对供应商的管理、对价格的管理等；而不是对采购过程的管理，如对供应商的优化、对采购的监控等。而企业采购供应链管理是对 MRP-Ⅱ和 ERP 系统强有力的补充，是对采购过程更深层次的管理，同时又与 MRP-Ⅱ和 ERP 系统相辅相成。比如，采购量、采购时间可由 MRP 系统根据产品的 BOM 和生产计划自动触发，为生产提供及时到位的原材料和零部件。所以企业采购信息网是对企业采购过程完整的管理。

（7）采购是按招投标的方式进行的，并且每次招标都达到了降价的目的，还有必要使用企业采购供应链管理系统吗？

的确，大部分企业采购都是按招投标的方式进行的，也能达到降价的目的。不过只要我们对当前的采购过程做一简单的分析，即可发现现采购中的不足之处。比如，在年底召开供应商大会，提出下一年度采购计划，并通过招投标方式确定各产品的计划价格，即产品计划价。这个过程能有效降低采购成本。假使比上一年降低了5 000万元，企业在需要产品时，参考计划价格向供应商下达月度购货计划，并确定产品的实际价格，当产品的实际采购价格高于计划价格时，那么一年下来，采购所节约的利润可能远低于预计的5 000万元。所以，当前企业招投标采购方式需要进一步地监督和控制。如何保证产品的实际采购价格与计划价格相吻合，甚至低于计划价格，企业采购供应链管理的建设使这种情况成为可能。

（8）当前的采购管理很好，有必要建立企业采购供应链管理系统吗？

建立企业采购供应链管理系统除了能为企业带来利润外，另一个目的就是加强对采购过程的管理，并提高管理水平，就像企业建立的ERP系统一样，系统的信息化管理必然会给企业带来巨大的潜在效益。

（9）企业采购供应链管理系统如何监督子公司的采购。

对于集团公司来说，实现集中采购和统购分销是有效降低采购成本的重要手段。对于子公司的采购，采购产品的供应商不能超出集团公司确定的供应商范围；子公司的实际采购价格不能高于集团公司确定的计划价格；子公司必须将月度采购信息上报给集团公司。集团公司可以通过采购供应链管理系统对子公司采购情况进行监控。

实践指导

一、实践任务

通过本章学习，引导学生进一步了解公司采购与供应管理的重要性，要求学生掌握建立采购供应职能目标与战略的主要方法，理解影响企业采购与供应竞争力的关键因素。通过案例的学习与讨论，加强对公司采购与供应战略重要性的认识，从而更好地实现本章学习目标。

二、实践步骤

（1）分组讨论并进行交流，找到案例中的关键问题。

（2）确定是否还需要查找与关键问题相关的背景资料。

（3）筛选并优化分析此案例的答题思路。

（4）明确小组分析案例的逻辑与依据，展开思路整理。

（5）小组形成文字报告并进行演示汇报。

三、实践要求

（1）认真读懂案例。当小组分到或找到一篇案例时，成员需要对案例进行反复阅读，对案例中的重要信息进行消化理解。在阅读过程中对案例中的背景资料、主要事实、面临的难题及难点、重要论点、重要结论和针对性的对策建议等内容进行一一记录，以方便后面的讨论与分析。

（2）分组交流讨论，大胆提出自己的看法。对案例中的主要角色或者问题进行分析，尝试对案例所给的背景资料进行仔细阅读、筛选分类和归纳总结，若需要引证资料佐证个人观点，可以通过电子资源、图书馆资源等，获取相关领域的多方面知识，保证分析的科学性与合理性。

（3）全面正确地概括问题。在对案例认真阅读分析后，小组尝试根据案例的相关资料找出问题的症结所在，对需要解决的问题进行概括与凝练，注意概括的逻辑性与针对性。

（4）撰写分析报告。报告中小组成员要对资料分析到位，依据所学理论，采用所学分析工具，全面合理地展开案例资料的客观分析。要求紧扣主题，结构清晰，层次分明，中心突出。除此之外，提交的报告要注意格式规范，用词准确，表达通顺。

四、实践内容——供应链环境下中小企业采购管理策略

供应链的概念是从扩大的生产概念发展来的。从彼得·德鲁克倡导的"经济链"开始，通过迈克尔·波特演化为"价值链"，最后发展到享誉全球的"供应链"。目前，学术界普遍观点认为，供应链定义是围绕核心企业，从配套零件开始，制成中间产品以及最终产品，由销售网络把产品送

到消费者手中,将供应商、制造商、分销商直至最终用户连成一个整体的功能网链结构。

供应链管理是一种集成的管理思想和方法,是一种从供应商开始,经由制造商、分销商、零售商直到最终客户的全要素、全过程的集成化管理模式,是一种新的管理策略。供应链管理的目标是用最低的成本,去达成最佳的客户服务,沿着资源的输入端到终端客户的供应网链,在物流、信息流、资金流的获取、转换、传递等过程中所实施的一系列归属于计划、组织、协调、控制等的活动的方式方法,旨在促使链上的各成员之间相互融通。

采购是企业为维持生产经营而从外部获取资源的过程,采购管理是指为确保供应,利用现代化的信息手段全面规划供应链中的物流、信息流、资金流进而对整个企业采购活动的策划、组织、指挥、协调和控制,是一系列管理行为的活动。供应链环境下的采购管理特点:①为订单而采购准时化模式,准时响应用户的需求,提高物流速度和库存周转率;②向外部资源管理转变,采购活动有效改进,实施精细化生产、零库存生产;③买卖关系为战略协作伙伴关系,采购供应计划共同协商,实现准时化采购;④向战略型采购转变,降低采购总拥有成本(TCO)及提高供应链竞争能力。

中小企业采购管理特点及存在问题有以下几方面。

(1) 中小企业采购管理特点。中小企业在国家经济发展中的地位越来越高,在国家的整体经济提升以及社会发展方面占据着主导地位。它们不仅为国民经济向上发展提供了强有力的基础,而且还有利于现代化经济体系的完善,同时是降低失业率、改善人民生活的重要支柱,使高质量经济发展有了保障。中小企业采购的特点包括:①规模小,资金有限,多分散采购;②价格敏感,生存不稳定,注重短期投资回报;③个性化需求,各阶段、各规模企业采购需求不同;④抗风险能力差,供应商关系难维护,难抵抗较大风险;⑤采购权力集中,管理层次较少,采购多为集权控制。中小企业采购主要取决于大型公司需求的变化,并且具有很强灵活性,这也是由于其本身规模有限,生产所需资金不足,并且企业生存环境面临严峻挑战。中小企业的权力相对集中,管理人员在采购过程中具有强烈的风险意识,他们更为看重短期内的投资回报,他们的控制权比大公司要大得多，价格上涨对它们的影响也是其风险意识更为敏感的原因。

（2）中小企业采购管理存在的问题。①采购缺乏计划性，采购成本高。采购部门根据业务计划中的采购需求进行采购。中小企业的生产经营活动不完全按照命令进行，因为缺少活动计划，加之各项能力有限，随机性强，且由于自身条件限制多，采购方式更为传统，不会把利润源与采购相连接，因此缺少对企业采购进行战略分析和规划，导致采购成本居高不下。②供应商管理不够细化。中小企业管理层，甚至业务层都缺乏对采购管理的认识，采购活动看重价格，不维护双方关系；由于采购数量不多、采购周期不稳定、采购资金不足以及声誉低下，中小企业对供应商没有吸引力；缺少科学合理以及实时的数据以供企业进行供应商的选择，也没有及时对供应商开展业绩的评估工作，导致数据更新速度慢，影响企业的采购选择。尚未建立供应商监控体系，致使整体采购风险系数上涨、物资交付拖延等问题的恶化。③采购人员素养较低。在许多中小企业中，一个普遍存在的问题是忽略采购人员素质。在招聘中盲目招入人员以及任人唯亲，采购人员的素质低下，没有经过专业学习，对采购业务的实质并不熟悉，缺乏采购技巧，单纯为完成工作任务，致使自己陷于被动局面，最终采购的物资价格常高于同行业平均水平。④缺乏信息技术支撑。由于中小型企业财务资源有限，尽管诸多公司使用电子计算机进行业务管理，但是大部分都没有引入专业的管理企业资源的系统来进行有效的管理运营，采购信息管理默认为纯手工状态，严重影响采购效率。⑤采购流程模式僵化。中小企业采购流程的常见的特点为各部门职责缺乏严谨的系统的规划，流程简单，手续烦琐，工作效率低。采购团队权力受控，主动性差。在企业的实际工作中，各职能部门多以本职工作为中心，单方处理问题，信息不进行传递，严重影响了采购决策的正确性。公司内部采购监控体系不健全，存在盲目控制点，加之各部门逃避责任，职责不清，矛盾才会反复出现，影响了公司的运营效率。

供应链环境下中小企业的采购管理策略有以下几方面。

（1）加强采购管理。①实施 ERP 系统。作为将信息技术和先进管理理念相结合的 ERP 系统，采购管理是其中较为重要部分。在企业的采购项目里应用这个系统，可以减少人工工作，简化业务流程，保证产品质量的同时提高服务水平，采购部门可以及时地将信息传输到业务管理，整合和共享物流服务，信息透明度提高，从而减少员工挫败感并减少业务失误带来的成本。②完善企业基础管理。中小企业加强基础管理可以从三方面入手：一是调整内部组织结构，明确各部门权责；建立有效的沟通机制，进而保证各部门间能够进行顺畅的沟通。二是健全企业采购管理制度，引入专业的职业经理人进行管理，约定好双方的权力与责任。三是健全企业规章制度，加强企业文化建设，把采购管理的理念融入组织构造、流程中，激发企业凝聚力。③实行"零"库存采购。零库存就是指消除仓库储存功能，使物料一直在周转状态，但不可能完全没有库存。零库存采购通过对不同品类的产品以目录采购方式、签订协议方式等随需随供，降低企业的库存量，减少成本支出，资金流动性增强，保障生产的进行。

（2）制订科学的采购计划。分析需求变动曲线和本身的战略规划，科学预测产品需求，设计采购提前期，在制订采购管理计划时，均衡好企业的生产活动与库存的衔接度，尽量避免停工，降低库存管理成本和人力成本，增加企业流动资金。要加强对采购市场的研究，成立专业小组，不断对市场进行调研、分析和预测，制定完善的应急预案。

（3）供应商管理的优化。①建立战略伙伴关系。建立战略伙伴关系，供应商与企业是进行双向选择的，中小企业由于资金限制，可从市场结构、供需关系、转换成本等方向考虑。企业应及时给供应商提供需求信息、反馈物资使用情况，参与供应商产品设计，加强信息共享及创新能力。②建立供应商选择与评价体系。中小企业设立合理的供应商选择指标（如供应商产品质量、价格、信誉水平、合作意愿等），形成数据库，并不断更新；再建立供应商标准化名单，制定多项适用于不同产品的采购策略，进而根据记录的合作数据对供应商进行评价与分析，不断完善企业系统，加强与供应商的联系。

（4）加强采购人员培养。中小企业也需要遵循选拔采购专业人才的原则，加强采购人员培训和工作人员的管理，企业应该建立一套完善的企业采购培训体系，通过产品知识、法规、网络信息管理方面的培训，使员工掌握专业的采购谈判技巧以提高专业能力;提高采购信息的透明度,不断完善企业人员绩效考核程序。

(5) 推行科学采购管理模式。①应用 JIT 采购管理模式。JIT 采购是目前应用范围较广的采购模式,又名及时采购,可以合理选择供应商,实现单源供应,信息高度共享,以小批量、多批次供应,切实提高交货的准确性,还可以充分利用社会资源,减少自身库存成本,还能满足用户需要,大大提高采购管理效率,消除资源的浪费,实现供应和业务需求的同步。②施行标准化采购。对产品及其品种规格等制定统一的技术标准,发展规模经济,以实现企业降低生产制造技术成本的目的的就是标准化采购。③加快采购的信息化建设。搭建企业采购信息管理网络平台,周期性采集市场信息,并进行系统分析,从而建立基础数据库,实现采购流程的有机协调。同时,不断完善平台的内外部监控,对采购实行规范化、效率化管理,从而降低采购风险。

(6) 强化外部资源管理。为了有效地管理外部资源,首先,企业应该革新原有的采购管理活动,可以从建立资源共享渠道入手,对供应商产品设计及质量控制过程实现有效参与,能够保障供应链条上的正常供应关系。其次,对供应商的供应进行反馈和培训,促使供应商不断完善供应的产品质量。最后,应该建立科学严谨的供应商网络,不断筛选,提升优质供应商等级,并予以一些权力,企业根据规划及需求选择供应商,进一步完善供应商网络。

五、实践范例——电商企业基于价值链分析的成本管理,以京东集团为例

(一) 价值链分析

在如今激烈的市场环境下,行业不同,则运营情况大不一样,尤其当下多元化以及全球化经济日益壮大的情况下,分析价值链显得越发紧要且复杂。所以企业须结合自身的经营特点、管理架构以及企业文化等,合理谨慎选择且运用适宜自身的企业管理会计方法,进而构建较为完善的本企业管理会计体系。而缩减成本、改进业务环节与流程、高速运转对企业应对日益激烈的竞争市场有着重大意义。从整体来看,企业自身、上下游供

应商以及消费者形成了一个完整市场体系。而此体系中，存在着一条较为成熟的价值链，它不仅将三者紧密联系起来，又可以基于价值，减少不必要且不增值的环节，提高企业地位以及促进企业发展。

1. 波特的经典理论

迈克尔·波特在《竞争优势》中认为，企业创造价值的经济活动其实充斥在生产经营活动里的每个环节中，从而构成了一个创造价值的动态过程，称其为价值链。价值链最初的宗旨只是为了确定可以削减成本、降低不必要的费用支出以及提高产品的差异性是在哪一环节。而波特认为企业应该定性与定量相结合，将环节增值部分与企业的竞争优势相结合，通过每一环节的独立增值部分充分了解企业资源的使用与控制现状。分析公司内部资源与能力有效的理论框架中价值链占据重要地位，其也是分析企业的竞争优势的有用观念。价值链分析将企业的生产经营活动分成两大类，分别是基本活动和支持活动。基本活动是指生产经营的实质性活动，是企业的基本增值活动，直接参与到产品实质性加工流转环节中。而支持活动，主要用以支持基本活动，且支持活动内部之间又相互支持的活动。

2. 电商企业价值链分析

在当今互联网的时代，多数公司通过大数据来获取信息以及处理业务，经济环境也更重视信息透明化以及对称性。而价值链中的大数据更深层次且实时地影响企业的核心竞争力。通过对大数据的挖掘和分析，企业还可以发现很多有用的信息，比如增加细分市场、产品差异化、贴合价格敏感度等。亚马逊身为电商行业领跑者，亚马逊站内推荐系统十分强大。这种系统就是利用大数据的深入挖掘和分析，通过追踪顾客的浏览产品信息，准确预测其潜在购买的产品需求，从而精准地提供更贴合顾客需求的产品和服务，增加企业的价值。但同时当电商企业价值链活动为消费者、供应商提供高效、便利的信息流通道，实体价值链活动也必不可少，它们履行了生产、配送以及售后服务等工作。可以看来，电子商务完整业务活动需要实体的进一步推动。而电子商务企业整合实体价值链和互联网价值链是促进企业发展必不可少的工作。

3. 价值链分析与成本管理

价值链分析从整个价值链的角度出发对各个节点上企业的资源进行整合，集中各企业最具优势的资源，塑造价值链整体最优，实现收益最大化。纵向来看，传统价值链活动中，商品的成本会层层叠加，这是由于从生产到消费者使用，这中间不仅要经过直销或者代销的必要环节，还需要多种活动进行效率较低的协作，比如仓储、运输等。而电商价值链管理中，可以通过搭建互联网平台，直接对接供应商以及消费者，从而降低产品成本以及缩短传统商品的周转周期。对于上游供应商之间的协作，可灵活实现供需平衡，即实时根据销售订单情况调整库存，削减仓储等费用支出。这样企业就可以利用多余的资金进行差异化或多元化发展，持续稳固提高企业的核心竞争力。横向来看，传统价值链活动中信息难以实现跨企业，甚至跨部门在同一环节节点内及时有效的信息互换，这样易造成信息不对称，从而降低周转速度以及加大各环节成本。而打破了这种交流屏障正是电子商务价值链，将单纯的信息链改造成网状结构，还改进成多种如B2B、O2O的新型网销模式。企业可以在互联网平台上进行部分或全部业务环节，这样不仅可及时获得价值链纵向信息，还能实现信息的跨企业传递此类的横向交互；利用互联网高速这种模式也同时使信息传递和获取的速度提高，节省了时间以及交易成本。所以进行价值链分析对于更好地控制成本具有重要的意义。

（二）京东集团的价值链全方位成本管理模式

京东是我国知名的综合网络零售商，具有多元化的业务板块，比如家电、数码、电脑、家居百货、服装服饰等。2014年5月，京东集团成功于美国纳斯达克挂牌上市，总结其成功的重要因素有很多，但基于价值链的全方位成本管理模式占据了重要地位。

1. 京东的战略模式

京东的信息数据网是基于价值链的全方位成本管理体系，采用即时库存管理模式和高效率周转的物流体系为核心。京东集团主要聚焦在两个点：一是提高企业价值链效率，二是降低价值链各环节成本，将价值链环节与成本管理紧密衔接，并以不断优化价值链各环节为目标，综合整体地降低成本为宗旨，实现企业利润最大化的战略目标。而京东选择这种战略模式也是从对企业自身的科学定位出发的。京东立足于三个核心要素——产品、价格和服务,旨在及时高效地做到物美价廉。基于此,京东选择了一种可强烈体现在线零售管理和自有物流体系建设的优质模式,即价值链整合模式。

2. 京东在价值链各环节的成本管理

作为我国较大的电子商务平台,京东的价值链组成部分与实体经济企业有明显的区别,基本可概括为采购、销售、配送、支付以及售后环节。京东也旨在将成本管理精准嵌入价值链的各个环节中,全方位降低企业的成本。

(1) 即时库存管理,控制仓储成本。

随着互联网以及网上购物盛行,物流活动日益激增,物流成本占总成本的比例加剧,尤其存在外包物流企业进行物流配送,不仅增加了物流成本,也或许因为第三方服务导致顾客流失。因此,降低物流成本对于企业在整个价值链体系中的降低成本作用尤为重要。对于京东此类自营企业,降低仓储成本这类占据物流成本大比例的成本类型必定会成为企业不可小觑的开源节流项目。不论是自建仓储还是租赁仓储,每年的支出均数额巨大。此外由于大量的订单导致仓储作业、库存管理作业以及人员调配等更加复杂,以上均会加剧此类成本。所以为了削减仓储所耗费的成本,京东采用先进的信息技术,实现零库存——JIT 管理。通过大数据分析后预测销量而合理调整仓储产品的库存管理模式,这样可以确保经营活动正常流转时,同时缩减库存量后降低仓储成本。京东采用高科技库存管理,提高运营效率。京东仓储在部分地区采用自主研发的巡检无人机替代部分人工操作,也提高了人力资源的优化配置。

(2) 自建物流配送平台。

京东抛弃传统的 C2C 物流模式,不经过多次转手的中间商,而是直接从供应商到仓库,再配送至消费者。这样减少商品流转层之后,成本随之降低。京东全国仓库分布众多,宗旨是以最快速度从最近的仓储站点将产品送至客户。京东通过自建物流体系为客户提供优质高效的配送以及售后服务之外,利用规范用语、统一着装、品牌 LOGO 等方式巧妙地将品牌形象塑造工作与物流业务完美结合在一起。长此以往,物流快、服务好成为京东企业形象的好口碑。此外,自建物流体系不仅加强了京东对物流成本的全方位管控，也通过合理规划业务实现物流成本不断降低，还可以弥补自建体系的资金投入。

（3）自有支付体系。

京东商城支付方式多样化，如银联支付、支付宝支付、微信支付、京东白条、京东金融等。京东支付时间也可以选择先付款后发货、他人代付以及货到付款等方式。京东这一系列自有的支付体系不仅能有效控制企业的现金流，加快资金的回流，也通过京东白条等借贷手段加强了消费者的消费力，增加企业的销售收入。

（三）启示与总结

通过京东的成功经验，对于电商企业的价值链管理而言，库存管理是首要环节。高效的库存管理紧密联系价值链的纵向环节运作效率，如配送环节、销售环节等。所以库存管理模式不仅有利于企业有效控制最低储备量的存货，减少仓储成本，同时对于价值链纵向成本优化是必不可少的管理手段。即电商企业应当针对本企业的实际情况而言，准确区分自建物流体系和外包给第三方两种模式的优劣势，慎重选择适合自身体系的物流管理模式，进而降低成本、优化物流以及提高企业核心竞争力。对于电商企业而言，大量的订单以及以顾客满意为导向的需求都需要其信息化程度高，企业通过运用大数据以及云信息等用来处理交易信息，取得商品反馈以及建立自身对于客户的偏好资料库这一系列业务来及时对外界环境做出相应的变化与举措。对于需要简化仓储活动的复杂程度，电商企业应重新配置企业闲置资金和人员调动，大力鼓励科技创新，从而将企业价值链过程保持最低的出错率，并使产品周转速度加快，减少不必要的成本支出。

扫一扫，查看相关案例。

■ 国际采购与供应环境

扫一扫，查看相关资料。

一、名词解释

价值链分析法；供应链管理；采购与供应链管理；企业采购与供应链系统；道德采购

二、选择题

1. 具体说来，采购的目标包括哪些？（　　）

　　A. 连续提供物料、供应和服务，使整个组织正常地运转。选择供应商。降低用来完成采购目标的管理费用和使采购部门正常运作需要耗费企业的资源。

　　B. 保持库存投资和损失维持在最低限度。实现库存物料的标准化，降低库存相关成本。

　　C. 从公司全局的角度出发，采购部门应该去购买就其用途而言市场上所能得到的最恰当的物料。

　　D. 尽量以最低的总成本获得所需的物资和服务。保持并提高库存的质量与其他职能部门之间建立良好的工作关系。

2. 企业建立战略采购体系的步骤主要包括下列哪些？（　　）

　　A. 建立采购成本数据库，对采购品种进行分类。

　　B. 针对不同采购类型，制定采购策略，并建立供应商名单，对供应商进行调查。

C. 确定短期内采购成本下降、供应商绩效提高的目标和策略，以及实施方案。

D. 根据方案实施和供应商反馈情况，建立战略性采购与供应商管理体系，并形成战略采购操作手册。

E. 基于战略性采购与供应商管理体系，建立供应部的采购管理体系。

3. 供应链管理竞争的新规则包括哪些？（   ）

A. 组织的快速反应和需求的柔性化能够提供有力的竞争优势。

B. 需求的集中性导致更多大的客户越来越有实力要求他们的供应商提供更多的服务需求。

C. 产品创新将转变为过程创新。

D. 赢得供应链管理竞争优势的方法，建立成功的"联系"。

E. 重构组织，将供应链作为一个网络来管理。

4. （   ）是实现供应链协调的基础。

A. 成本共担　　　　　　　B. 资源共享

C. 技术共创　　　　　　　D. 信息共享

5. （   ）是指跨国公司通过实施企业行为守则以及负责的采购政策，对供应链生产商的生产行为进行监督和约束，以确保其购买行为对供应国社会和环境等方面产生积极影响的采购形式。

A. 成本控制　　　　　　　B. 社会约束

C. 道德采购　　　　　　　D. 供应链控制

三、简答题

1. 道德采购观念提出的背景是什么？
2. 供应链管理的未来发展趋势是什么？

四、论述题

请采用价值链分析法，剖析跨国公司"道德采购"给供应链带来的潜在价值。

第三章

采 购 类 别

1. 了解"采购"和"采购与供应"的定义
2. 掌握货物、服务及建筑工程采购所代表的典型的组织成本分解
3. 理解库存采购与非库存采购的区别、直接采购与间接采购的区别

基本概念

采购；供应；库存采购；非库存采购

第一节 采购、供应以及采购的范围

一、采购和供应的定义

采购是什么？难道不是每个人都知道"采购"的意思吗？人们每天都在采购，买菜、买衣服、买保险，买各种东西或服务。如果用一句话来定义，本书中的采购指的是组织的采购，职能涉及为组织的活动（产品的转化、消耗或转卖）获取供应品（原材料、部件、产品与服务）。但日常生活中的购买与作为一项工作的采购是两回事。而且，专业人士做采购与通过教

育教学的方式来理解采购，也是有差异的。组织的采购其实就是一门以学习与科研为基础的专业学科，并按照系统性的最佳实践指南而进行的活动。

基于不同的角度，采购可以有各种各样的定义。在一些组织中，一般由采购部门来履行这一职能；而在另一些组织中，可能由其他部门（如财务部或生产部）的某个人或团队来做采购，或者作为某个更大的、更综合的跨职能部门，如物料管理、物流管理或供应链管理的一部分来履行采购职责。采购的基本目标和目的是："以合适的价格、采购合适的数量、合适的质量的物料，并在合适的地点和合适的时间交付。"这也被称为采购的"五个合适"。采购过程是代表组织进行采购的一系列阶段或事件的链条。典型的采购过程包括收到采购请购单、与供应商谈判、下订单、接受所订购货物、付款。

（1）供应：通常是为了满足采购者或客户的需求而提供或生产某些产品的行为或过程。它包含产品、服务与信息从一方（供应商）到另一方（客户）的转移或流动。供应通常发生在很长的活动"链条"中，由供应商纯输出的产品变成某个客户生产流程的输入，而该客户的产品输出又变成他的客户（即客户的客户）的输入。如此周而复始。

（2）采购与供应：这个术语强调采购的职能不仅是"购买输入"，还要"保障供应"。也就是说，采购要确保从供应市场与供应链中流入组织的产品与服务流是稳定与一致的、可靠的和成本有效的。采购这个职位，在组织中不仅要对企业供应商进行管理，更要为企业产品的需求方——客户提供有效的服务。由此可见，采购与供应的角色就是保证从供应商来的输入转化为为满足客户需求的输出。因此，采购的目标是提供内部客户与供应商之间的接口，以更好地计划、获取、存储和按需要配送供应地物料、产品及服务，使组织能够满足内部、外部客户的需求。

二、采购的职能

仅仅了解采购与供应地定义，在实际组织的采购行为中是远远不够的。《采购与供应链管理》一书中指出，随着时代的发展，现代采购与以前的采购已经发生了很多变化。主要体现在以下几方面。

（1）现代采购变得越来越主动，常常带头制定采购政策并与用户一起定义需求。

（2）现代采购设计越来越多的"关系"成分，为了获得长期最佳的价值，需要致力于与供应商发展长期合作性关系，与供应商合作发展持续互惠的业务关系。

（3）现代采购越来越具有"战略性"，专注于取得长期高层次的组织目标，努力在利润率、竞争优势、创新以及企业社会责任等方面做出贡献。

（4）现代采购中，租用或租赁等形式获得资本物品或服务越来越常见，而不仅仅是购买，甚至包括从其他组织借用、与其他组织共用，或者获得其他组织某些资源的使用权等。

由此可见，purchasing 已经不能涵盖现代采购的内涵，procurement 作为"购置"含义，比 purchasing 更合适，具体表现在以下几方面。

（1）procurement 使用的范围比 purchasing 更宽广。procurement 可以定义为"用任何方式获得货物与服务的过程，包括采购、租用、租赁与借用。"因此，procurement 更贴切地描述了组织实际采购行为。

（2）procurement 比 purchasing 包含的过程更广泛。purchasing 指采购到付费的过程，而 procurement 通常包含了采购的前期过程，如识别与定义业务需求，供应市场调查以识别潜在供应商并获得市场资讯（如可用性、价格及技术开发等信息）、供应源搜寻（识别与选择供应商）以及谈判和合同的制定。通常，它还包括采购后的活动，包括持续的合同管理（确保双方按照合同条款履行各自的权利与义务）、供应商关系管理、争议的解决及合同评审等。

（3）procurement 反映了采购职能在现代组织中更为积极主动、注重关系管理、更具战略性、更为综合的角色，比 purchasing 这个词更具战略高度，也更能反映采购职能的内涵，更能体现采购职能的目标。

综上所述，procurement 比 purchasing 更适应现代采购发展的需要。procurement 就是有组织的某单元执行的过程，该单元可以是独立的职能部门，也可以是一体化供应链中的一部分，负责采购或协助用户采购，要求以最有效的方式在合适的时间，以合适的质量、数量与价格提供所要求的供应，并负责供应商管理，从而对企业的竞争优势和实现企业战略做出贡献。

从运营层面上来讲，采购的任务包含以下几方面。

（1）供应市场监控、识别潜在的供应源。

（2）供应商评估与选择。

（3）处理采购或库存补货需求（请购）。

（4）对新的采购项目的规格（用户需求的定义）准备提供输入。

（5）谈判、购买与定制合同（制定买卖双方交易的合同条款和条件）。

（6）订单跟催或合同管理（确保供应商根据采购订单或合同进行交付）。

（7）采购事务的行政管理任务，对于所有上述活动，做好采购记录、生成报表、处理文档。

案例与思考

某采购项目的核心产品涉及大量软件服务及相应配套的硬件设备，采购人按照"硬件集成实施服务"进行品目申报，代理机构按服务类项目编制了相应的采购文件。然而评审过程中，评审专家对采购文件提出了异议：认为采购文件"未指明核心产品"及"中小企业声明函不完整，无法认定投标人及其提供的产品和服务是否符合财政政策认定的扶持中小企业情形"，进而停止评审。随着我国信息技术的高速发展，信息硬件设备与信息软件服务一体化的政府采购项目日益增多，该类项目最大的特点即是货物与服务采购相混同。那么这类项目究竟如何执行采购流程，且如何确定采购品目呢？笔者做以下分析思考：以项目本质归类前述信息硬件设备与信息软件服务一体化项目的最大特点，即无形智力成果（成品软件）植入了具体硬件中，硬件设备仅是软件服务的成果展示载体。并且，此类项目的核心在于信息软件的操作使用，而不是设备硬件实物本身。从这方面而言，笔者认为，该类项目本质上应属服务类。但在现实操作中，其更多地被归为了货物类。究其原因是目前政府采购相关法规未有明确将该类项目能归属为服务类的依据，而实际上货物的有形采购更符合普遍认知，于是更多的人倾向于将软硬件混同的项目划为货物类项目。以采购原则归类《政府采购货物和服务招标投标管理办法》（财政部令第87号）第七条规定，"采购人应当按照财政部制定的《政府采购品目分类目录》确定采购项目属性。按照《政府采购品目分类目录》无法确定的，按照有利于采购项目实施的原则确定"。依据前述法规，在政府采购活动中，为保证采购效果，采购品目的选择应按照有利于项目实施的原则进行。而如何算作有利于采购项目的实施呢？笔者认为，实际操作中可以采购项目的核心内容来分析，如果核心部分是货物实体，服务的比重相对较小，则归类为货物类；如果核心部分是技术服务，货物仅是服务的载体，则归类为服务类。例如，系统集成项目的采购，虽然项目中包括多台实体服务器，但每台服务器无法单独实现系统集成功能，其必须依托于软件服务才能发挥作用满足采购需求。因此，该项目的核心部分应是系统集成的软件服务，建议以服务类项目进行采购。

综上，笔者认为，软硬件混同的一体化采购项目不应简单地以项目字面名称区分其是服务类或是货物类项目，应结合采购人的实际采购需求，具体分析项目本质特点，按照政府采购相关法律法规，以有利于采购项目顺利实施为核心原则进行分类。

三、采购的范围

1. 企业成本基础的变化

近些年来，制造企业的状况发生转移，由原先的劳动密集型逐步转变为现在的资本密集型，在生产设备方面投入大量资金。企业的一个趋势是集中于自己的核心活动，正如《追求卓越》中所提出的"企业应该专注于本行业的发展"。越来越多的企业在战略上专注于"核心竞争力"，企业认为它们的核心竞争力是超越竞争对手的优势，即他们可以做得特别好的、客户认为有价值的、竞争对手很难模仿或者媲美的事情。这样造成的结果就是原本由企业内部提供的很多支持性的活动现在被"外包"出去，交给专业性的外部供应商，由他们提供专业的服务并且收取费用，而制造商从外部供应商采购组件或者模块，只专注于做最后的组装或者装配。

这样一来，组织的成本从内部人力成本向对供应商和分包商的外部费用进行转移。这对于采购职能的范围带来了决定性的影响，由之前采购仅占组织总支出很小的一部分转变成越来越显著了。

2.典型的组织成本分解

（1）典型组织的代表——货物、服务及建筑工程。

货物、服务或工程的采购是组织外部支出的主要组成部分。对采购职能的运营来说，准确地区分这三类采购是非常重要的，特别是这几种不同的采购类型是按照不同的合同法来处理的，并且它们在品项管理中也有不同的处理方式。

货物是有形的或物质化的物品，并且是可以消费的。货物又可以分成两大类，一种是消费品，是人们买来满足他们的需要或愿望的产品，如衣服、食物与电子产品。另一类是工业品或者生产资料，是指生产者使用的输入或者资源，例如各种原材料、零部件或组装件等。

服务是个人或组织进行的、可以赋予收益但不产生"所有权"的活动，如教育培训服务、运输物流服务、通信服务、健康服务以及娱乐服务等。

建筑工程项目包括建筑、改建、修理、维护或建筑与结构的拆除（如墙体、道路工程、电缆线、管线、桥梁及工业厂房），设备的安装（如供电、通风、供水、消防或安保系统）等。这里面可能会同时涉及货物（如物料与部件、厂房与设备）和服务（如建筑设计、勘测、施工、工程管理与装修等）。

（2）典型的组织成本分解。

根据组织的大小与类型及所处的商业领域与行业，采购的物品、服务

国际采购与供应环境

及工程项目的类型等不同,组织的成本构成也各不相同。根据相关研究,现代制造企业外部采购的典型组织成本比例为:购入的物料、部件、服务等约占组织成本的62%,人工成本约占20%,其他成本及管理费用约占18%。《采购原理与管理》中描绘了制造业企业外部支出相对于内部成本(如工资与管理费用)呈现增长的趋势(见图3-1)。

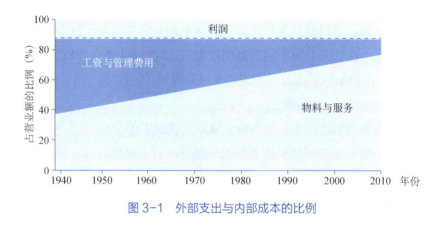

图3-1 外部支出与内部成本的比例

公共部门的支出成本有所不同。1998年对英国中央政府采购进行的一项调查发现,由各政府部门与机构花费的平均比例是:货物占34%,服务占41%,资产项目占13%以及"其他"占12%(如研究、物业租赁与通信)。50%以上的受访者表示他们的采购支出在三年内有所增长,主要原因是大型服务合同的增加。外部支出与内部成本比例呈现增长趋势。

第二节 采购的各种分类

一、直接采购与间接采购

随着采购这门学科在非制造领域的广泛发展,直接采购与间接采购原本在制造业企业的区分得到了进一步的拓展。

1. 直接采购

直接采购（direct procurement），指所采购的物品为直接用于生产过程的生产物料（如原材料、零部件、组件等）或直接用于再销售的产品（如零售商采购的商品）。也就是说，采购的物品要么是用来再销售的（如零售商采购的商品），要么是用来生产待销售的产品（如制造商采购的原材料与部件）。

2. 间接采购

间接采购（indirect procurement），指所采购的物品为间接支持生产过程的物品（包括MRO供应品、服务及其他运营支出），也就是指采购其他的辅助性物品（包括MRO供应品、服务及其他运营支出）。

3. 波特的价值链模型

波特教授的价值链模型，以一种略有不同的视角来看直接采购与间接采购的差异，如图3-2所示。该模型将组织的活动区分为主要活动和次要活动（支持性活动）。主要活动设计将资源输入到组织，通过生产过程对这些资源进行转化，将最终产品移动到客户并对产品进行营销。次要活动涉及支持主要业务的一些职能。在后面第六章中，我们在讨论"增值"的概念时将会再次提到价值链。

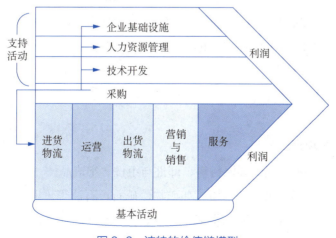

图3-2 波特的价值链模型

4.区分直接采购和间接采购的意义

（1）直接采购的质量对所生产产品的质量有直接影响。间接采购的质量通常不会影响生产过程。

（2）直接采购的物料通常需要保持一定的库存，以确保生产运营不出现中断或再销售商品不出现断货。间接采购通常是在需要的时候才进行采购，以使持有库存及其相关成本最小化。

（3）直接采购更有可能是通过长期的、具有更密切合作关系的供应商进行采购，通常优先考虑的是保障供应的安全性与持续性。间接购置经常是一次性的，与供应商建立的是交易型的关系，通常优先考虑采购成本。

（4）直接采购可能由采购与供应链职能部门完成，这是由于它们具有专业性，需要复杂的合同与供应商管理。间接采购更可能是最终用户自己来完成，采购的是标准的供应品。

（5）从财务角度来看，直接采购成本包含在组织的"销售生产成本"中，间接采购成本包含在组织的"管理费用"或间接成本中。

在大多数组织中，特别是制造业企业，直接采购成本在总外部支出中所占的比例是非常高的。因此，这为采购与供应链职能帮助提升组织利润提供了非常大的机会。例如，如果一个制造业企业的销售成本占销售收入的60%，即毛利润是40%，且可以将直接采购成本降低2%，那么这将带来毛利润与净利润1.2%的增长。这个企业可能会花费营业额的10%在间接采购上，但提升利润的机会也就只有直接采购情况下的1/6。

二、采购的对象

1.生产物料的采购

物料有三种类别，即原材料、部件与组件、半成品。

（1）原材料：采掘的物质，如矿物、矿石、石油等，也包括农业与林业产品，如乳制品、水果、蔬菜、木材等。这些产品通常以未经加工的形态出售给制造商，某些情况下这些产品也可能经过一定程度的加工才提供给制造商。

（2）部件与组件：供应链上游其他制造商的成品输出。现代制造业的发展趋势是采购更多的组装件，这样可以利用供应链上其他企业的技术与专业优势，使最后的制造商可以轻松地完成装配与组装，甚至有可能根据客户需求进行装配，这是延迟客户化的基础。例如，戴尔电脑就是根据消费者的需求规格进行组装的，不需要持有库存。

（3）半成品：部分完工但不能直接销售给客户的产品。

针对生产物料的采购，采购人员应当考虑以下几点。

（1）"自制或者购买"决策。

（2）是否需要跨职能协作。

（3）是否需要潜在供应商的早期参与采购过程。

2. 初级商品的采购

初级商品（primary commodities），是指存在于自然界并为企业生产产品提供原材料的物资，包括棉花、咖啡、茶叶、小麦及大豆等农产品；也包括煤、铁矿石、铝土矿等矿产（通常也被称为大宗物资）。

初级商品搜寻时的主要挑战有以下几方面。

（1）这类商品地理分布不均匀，常需要进行国际性采购，这会带来一系列复杂的成本与风险问题（包括汇率的风险、运输的风险、适用不同的法律体系、语言及文化壁垒等）。

（2）这类商品的价格变化显著且不可预期。

初级商品交易的主要市场是美国和英国。

（1）美国，包括纽约的贵金属交易市场，纽约矿产交易所，进行粮食、大米、大豆交易的芝加哥交易所。

（2）英国，包括进行铜、锌、铝等金属交易的伦敦金属交易所以及国际石油交易所。

（3）市场的四种参与者。

市场的四种参与者是生产商、采购商、贸易商和投机商。

（4）有效抑制价格波动的方法。

灵活运用"期货合同"和"套期保值合同"是有效抑制价格波动的

方法。

3. 用于再销售产品的采购

再销售商品采购的显著特点有以下几方面。

①底线思维；②多品种管理；③根据供应商已有的产品规格进行采购；④短的反馈循环；⑤技术复杂度。

4. 维护、维修和操作（MRO）供应品的采购

MRO供应品是指将原材料和部件转化为最终产品所必需（但不同于资本设备）所有的物品与服务。

MRO供应品的采购难度主要有以下几方面。

（1）MRO物品的品种繁多，随着时间的推移品类范围与数量以及型号与品牌会不断增加。

（2）MRO物品的真实价值不能完全由其采购价格来反映，需要考虑由此引起的生产中断而导致额外成本增加。

（3）企业对MRO物品的采购缺乏相应的政策与采购流程。

（4）为MRO物品建立合适的库存水平有一定的难度。

MRO供应品采购的建议有以下几方面。

（1）采用系统性的库存管理方法。

（2）对于维护机器设备的MRO物品尽可能购买较多的通用品/多用品，使采购的物品在多处共用，以降低采购成本并防止库存品种增加。

（3）在进行资本设备的采购时就与供应商就维护和维修问题制定计划及标准化MRO物品的规格。

三、库存性采购与非库存性采购

1. 非库存性采购

非库存性采购是指企业所需的供应品是用于某个特定的项目，因此只有在项目有需求时才会进行采购。

准时制（JIT）供应是指确保由需求驱动、尽可能地延迟所需数量物品的供应，从而尽一切努力降低库存。

为最小化持有库存成本，可以采用以下采购技术。

①使用经济订货批量；②改进需求预测过程，以便库存的采购能与需求更准确匹配；③使用"供应商管理库存"；④使用管理信息系统以支持库存管理。

2.库存性采购

按订单采购库存是一种非库存采购策略，仅仅采购那些为完成收到的客户订单所需要的物料。

按预测采购库存是指预测或估计客户对产成品的需求以及运营对供应品的需求，并以此为基础制订关于库存数量与时间的计划。

库存性采购的几种情况。

（1）独立需求的情况，如消耗品与维修维护用品、零售行业中售卖的各种成品。

（2）稳定/可预测需求的情况，并且是低价值、非易腐品。

（3）从供应商获得物品的前置期很长的情况。

（4）法律要求持有库存的情况。

（5）采购物品对生产运营很关键的情况下，如缺货，将导致生产中断。

（6）储存时间越长越珍贵的物品。

（7）价格预期上涨的情况。

（8）需求是季节性的，需预先准备好成品库存。

库性存采购的优点：对季节性或非预期客户要求高峰的响应能力；准备一定的缓冲/安全库存以保持客户服务水平及运营（防止供应中断）；从批量订购与运输中获得成本效益；可以保证在市场上以低价格购入；遵循相关法律要求；可能从长期珍藏的库存品中获得价值提升。

四、资本采购

1.资本货物

资本货物的特点有：①产品生命周期长；②获取成本高。

资本货物有以下几方面的显著特征。

（1）在资本货物的总成本中，基础采购价格或租赁价格只是其中的一个要素，有时并不是最重要的要素。

（2）资本资产的货币价值比较高，也产生了融资的问题。

（3）比起其他物品的采购，资本采购的谈判通常更加广泛、复杂与深入，要追求资产在整个生命周期中的总收益。

（4）资本货物的采购一般不会重复进行。

（5）制定资本设备的规格通常更加困难，规格中通常还包括一些服务要素。

（6）从资本货物采购中获得的收益常常难以评估。

MRO 与资本货物采购时应当考虑的因素如表 3-1 所示。

表 3-1　MRO 采购与资本货物采购应当考虑的因素

MRO 采购的考虑因素	资本货物采购的考虑因素
可靠性	资产的全生命周期成本
成本	资产的利用率：使用期限，灵活性
使用标准件/通用替代品的能力	空间/进出要求
持有库存化最小的能力	培训、健康与安全要求
供应商服务水平	设备在使用期限内备件的可用性/成本
	合同后的维护保养服务
	其他方案（采购、租赁或租用）

评估与论证资本采购的方案有以下两个。

（1）收益/成本分析：如果收益超过成本支出，这样的采购就被认为是值得的；而如果成本支出超过收益，项目的建议就会被退回。可以用收益/成本比率的形式来表述：

① 如果该比率明显小于 1，收益少于成本支出。结论：项目建议被退回。

② 如果该比率明显大于 1，收益大于成本支出。结论：项目建议可以采纳。

③ 如果该比率接近 1，收益与成本近似相等。结论：需要进一步调研非财务因素才能决策。

（2）计算"投资回收期"（或"回报期"），计算收益需要几年才能"偿还"初始总投资。

2. 租赁与购买

租赁是指租赁公司（或"出租方"）与客户（或"承租方"）之间签订合同，按此合同，租赁公司购买并拥有资产，承租方租用，为使用该资产以预先约定的时间段分期支付租金。

直接采购与租赁的优缺点比较如表 3-2 所示。

表 3-2 直接采购与租赁的优缺点比较

直接采购的优点	直接采购的缺点
与租赁相比，总成本更低	初始支出很高并占用资金：影响现金流，产生资金的机会成本（若将采购资金用于其他目的，可能获得额外回报）
用户对资产的使用可以全权控制	用户承担所有的成本与维护、操作与弃置风险
资产在使用的末期可能有再销售的残值	技术过时的风险（特别是在快速变化的环境中）：价值损失，升级需要支出
资本免税额可以不纳税，可能有政府资助	如果设备只短期使用（如用于某个特别的项目），则比较浪费
租赁的优点	租赁的缺点
没有初始投资，不占用资本	承诺长期支付租金：在经济衰退时期会带来困难
防止技术过时，容易升级与置换	用户不能完全控制资产：缺乏所有权的灵活性
事先已经知道并认可成本	总成本可能比采购成本还高
基本没有复杂的税收与折旧计算	大型组织可以凭借自己的财力在采购中获得更好的条件（如从资本免税额中获益）
规避通货膨胀，由于付款是按"现款"条款支付	合同条款可能对出租人有利（如对资产的使用设定限制条件，承担风险/成本的责任）

采购部门在资本支出决策中有以下几方面的作用。

（1）进行调研来识别潜在的供应商并获得关于他们的相关数据。

（2）寻求报价并负责评标，考虑的因素包括价格、前置期、操作特性、期望的使用寿命、性能指标、运行成本、推荐备品备件及保养时间表、保修期及付款条件等。

（3）组织和管理与供应商的讨论及谈判，并确定双方认可的条款及条件。

（4）授予合同并下订单。

（5）检查供应商对合同条款的履行情况。

（6）监控设备安装与安装后的绩效。

（7）与制造商及维修保养服务提供商合作，以延长资产的使用寿命并保持其价值。

五、服务的采购

1. 服务的采购

服务是一方向另一方提供的本质上无形且不会带来任何所有权的一项活动或利益。

服务采购有以下几方面的显著特征。

（1）无形性：或称为"缺乏可检验性"，服务的评估没有办法测量。

（2）不可分离性：服务的生产与消费是同时进行的。

（3）非均匀性或变动性：服务规范没有办法标准化。

（4）易腐性：服务无法储存起来供将来使用，因此服务时间必须有计划性。

（5）所有权：服务不会导致所有权的转移，这就很难确定服务合同什么时候被完好履行以及风险与责任什么时候转移。

服务采购主要有以下几方面特点。

（1）合同前阶段做的工作越多越好。

（2）如果组织正在搜寻外包现在内部员工在做的服务职能，这就显得特别重要。

（3）服务的采购需要专业化的输入，让用户/受益部门参考服务规格的制定也同样重要。

（4）供应商管理是成功服务采购的一个重要因素。

（5）在服务采购中也必须说明某些法律和技术方面的因素。

服务质量的测量主要有以下几方面。

（1）有形性：设施、设备、人员、沟通等的外观表现。

（2）可靠性：可信并准确提供所承诺服务的能力。

（3）响应性：帮助客户与提供及时服务的意愿。

（4）保证性：客户对服务提供商的信心来源。

（5）共鸣性：客户相信服务提供商能够明白客户在使用、沟通与合同便利性方面的需求与期望。

监控服务水平主要有以下的几种技术。

（1）观察与体验：观看和体验所提供的服务。

（2）现场检查与抽样检验：可以定期以某种方式对绩效进行检验或测量。

（3）商业结果与间接指标：服务都有目的，因此高/低质量的服务对客户的活动具有连锁反应。

（4）客户/用户反馈：定期邀请服务的客户和用户填写反馈调查表，反映他们对所接受服务质量的意见。

（5）绩效的电子监控：可以使用电子测量和跟踪装置监控服务绩效。

（6）服务提供商的自评估：服务提供商可以要求其员工或主管提交报告。

（7）协同绩效考评：定期收集所有上述信息与客户和服务提供商分享，以评估服务合同是否成功。

2. 外包

外包是一个组织以长期关系为基础、将其非核心任务以合同形式委托给外部服务提供商的过程。外包通常用于服务采购。

外包的优缺点如表3-3所示。

表 3-3　外包的优点与缺点

优　点	缺　点
支持组织的合理化与缩减规模：降低人员、空间和设施的成本	与服务内部供应相比，外包的服务成本（包括承包商的利润率）以及合同签订与管理的成本可能更高
可以将管理人员、员工和其他资源集中投向组织的核心活动和核心能力（那些显著的、增值的和难于模仿的能力，由此给组织带来竞争优势）	难以确保服务质量、一致性和企业社会责任（环境与就业政策）；监控的困难与成本（特别是在国外）
可以利用承包商的专业知识、技术和资源；对于非核心活动而言，创造比组织自己能够达到的更多的价值	有可能在服务领域失去组织内部的专业技能、知识、联系网络或技术，而这些在未来有可能还是需要的（例如，如果希望重新将该服务变回组织内部提供）
可以利用规模经济，因为承包商可以为很多客户提供服务	有可能对绩效和风险失去控制（例如对于声誉）
增加竞争性的绩效激励措施，而这对于内部服务提供者不大合适	扩大了与客户或最终用户的距离，因为增加了一个中间服务提供商，可能会削弱与外部客户或内部客户的沟通
	有被不合格的或绩效不佳的供应商关系"拴住"的风险；文化或道德方面的不兼容性；关系管理困难；承包商不求进取等
	存在对保密数据和知识产权失去控制的风险

第三节　外部支出的细分

一、相关概念界定

细分是分析对外部供应商支出的一种工具，它将采购物品组合或供应商根据其优先性、价值或对组织的重要性进行分类。

物品组合与供应商的细分可以使采购职能集中优势资源，以使其运作的成本有效性最大化，同时使供应市场的风险最小化。

帕累托分析（ABC 分析）是一种有用的工具，用以识别那些可以充分利用你的时间、精力与资源以获得最大收益的各个活动。在采购背景下，帕累托法则可以解释为 80% 的采购支出花在了仅仅占 20% 的供应商身上（有时也被称为"二八原则"）。①A 类物品。由于这类物品的价值高，其库存必须最小化，但因为其使用量大，所以供应的连续性非常重要。一般对此类物品需要付出较多的管理工作，保持较低的库存。②B 类物品。需要定期进行库存检查与补货，根据需求预测进行订购，并持有一定的缓冲库存以保持供应的连续性。在该领域应当实施适度水平的控制。③C 类物品。数量大，但使用量的价值低。对于这类物品，一般持有较高的安全库存。

卡拉杰克采购定位矩阵对不同物品的分析有以下几方面。①对于非关键或日常物品，关注的焦点应当是保持低的日常维护工作以降低采购成本。②对于瓶颈物品，采购的优先权应当是确保供应的连续性和安全性。③对于杠杆物品，采购的优先权应当放在利用己方在市场中的势力来保证最好的价格和条款，纯粹以交易为基础。④对于战略性物品，可能存在相互依赖性和共同投资，关注焦点应当为供应的总成本、安全性和竞争力（见图 3-3）。

		供应市场的复杂性		
		低		高
物品的重要性	高	采购的焦点：杠杆物品 关键绩效标准：成本/价格和物料流动管理 典型来源：很多供应商，主要是当地的	时间：变化的，一般12~24个月 所采购的物品 供应 丰富	采购的焦点：战略性物品 关键绩效标准：长期的可用性 典型来源：已有的全球性供应商	时间：可长达10年，受制于长期战略影响（风险与合同组合） 所采购的物品 稀缺的和/或高价值的物料 供应 天然稀缺性
	低	采购的焦点：非关键物品 关键绩效标准：职能部门的效率 典型来源：已有的当地供应商	时间：有限的，一般12个月或更短 所采购的物品 初级商品，一些特定的物料 供应 丰富	采购的焦点：瓶颈物品 关键绩效标准：成本管理与可靠的短期供应源搜寻 典型来源：全球性的、主要是具有新技术的新的供应商	时间：变化的；依赖于可用性与短期灵活性之间的权衡 所采购的物品 主要是指定规格的物料 供应 基于生产的稀缺性

图 3-3　卡拉杰克采购定位矩阵

国际采购与供应环境

实践指导

一、实践任务

通过本章学习,引导学生进一步了解公司采购的类别,要求学生掌握建立采购的范围与类别,理解不同类别商品或服务的采购所具备的特征以及分类的意义所在。通过案例的学习与讨论,加强对采购类别及特征的认识,从而更好地实现本章学习目标。

二、实践步骤

(1) 分组讨论并进行交流,找到案例中的关键问题。

(2) 确定是否还需要查找与关键问题相关的背景资料。

(3) 筛选并优化分析此案例的答题思路。

(4) 明确小组分析案例的逻辑与依据,展开思路整理。

(5) 小组形成文字报告并进行演示汇报。

三、实践要求

(1) 认真读懂案例。当小组分到或找到一篇案例时,成员需要对案例进行反复阅读,对案例中的重要信息进行消化理解。在阅读过程中对案例中的背景资料、主要事实、面临的难题及难点、重要论点、重要结论和针对性的对策建议等内容进行一一记录,以方便后面的讨论与分析。

(2) 分组交流讨论,大胆提出自己的看法。对案例中的主要角色或者问题进行分析,尝试对案例所给的背景资料进行仔细阅读、筛选分类和归纳总结,若需要引证资料佐证个人观点,可以通过电子资源、图书馆资源等,获取相关领域的多方面知识,保证分析的科学性与合理性。

(3) 全面正确地概括问题。在对案例认真阅读分析后,小组尝试根据案例的相关资料找出问题的症结所在,对需要解决的问题进行概括与凝练,注意概括的逻辑性与针对性。

(4) 撰写分析报告。报告中小组成员要对资料分析到位,依据所学理论,采用所学分析工具,全面合理地展开案例资料的客观分析。要求紧扣主题,结构清晰,层次分明,中心突出。除此之外,提交的报告要注意格式规范,用词准确,表达通顺。

四、实践内容——中国移动直放站和开关电源维修服务采购实践案例

中国移动通信集团山东有限公司（以下简称"山东移动"）持续探索维修类项目采购、直放站和开关电源维修服务采购项目以保证服务质量、提高效益为提前，在总结上期采购经验的基础上，通过优化报价模型、简化采购要求等措施，大幅提高采购质量和效率，确保了公司通信设备的安全、顺畅运行。

（一）项目背景

山东移动于2018年首次集中采购全省直放站和开关电源维修服务采购项目，8家供应商中选，较好地支撑了全省17个地市的直放站和开关电源维修日常工作需求，但该项目组织实施过程中，存在投标文件质量差、框架执行金额偏差大、履约精细管理难度大等问题。在合同履行期限截止之前，山东移动提前布局策划，于2020年第3季度启动新一期采购。结合直放站和开关电源维修服务的特点，在总结上期采购经验的基础上，本着物有所值的理念，围绕降本增效的目标，通过简化采购要求、优化报价模型、改变份额划分等举措，使本期采购取得了良好效果。

（二）项目方案与实施

1. 简化采购要求，提高采购效率

（1）降低资格条件。

积极响应移动集团公司关于优化营商环境的工作要求，本期采购取消了行业协会的资质条件，降低资格门槛，扩大供应商寻源范围，充分激发市场竞争活力，实现择优中选的目标。

（2）减少应答否决。

按照新的范本编制采购文件，减少应答文件、法人授权委托书签字盖章等形式要求，大幅降低供应商被否决的情况，扩大了竞争范围，提高了竞争程度。

（3）简化证明材料。

积极落实中国移动集团"做最容易合作的运营商"的工作要求，提高采购效率。上期采购业绩认定要求供应商提供全量发票，证明材料多、应答文件编制工作量大；本期业绩认定以订单金额为准，供应商只需提供一张发票，降低证明材料数量，为供应商降本减负。

(4)制作温馨提醒。

针对上期供应商应答文件质量差、被否决率较高的情况，本期结合项目具体情况编写《供应商投标温馨提醒》，与采购文件一起上传到中国移动采购与招标系统（ES系统），提醒供应商在制作应答文件时应注意的事项，如上传应答文件大小、ES平台报价填报、业绩证明材料等，提高应答文件的质量。

2.减数量增份额，提高项目竞争性

（1）减少中选供应商数量。

本期采购将直放站维保和开关电源维保拆分，按照2个独立的项目采购，每个项目中选2家供应商，解决了上期2个采购包中选8家供应商，服务区域点多面广、履约管理成本高的问题。

（2）增加中选份额。

上期直放站维修和开关电源维修均中选4家供应商，份额依次为35％、29％、22％、14％，供应商数量多、每家中选份额少。本期直放站维保项目中选2家，份额依次为59％、41％；开关电源维保项目中选2家，份额依次为58％、42％。增加供应商中选份额，更有利于保持供应商服务稳定和保障服务质量，降低了采购人的管理成本。

3.优化报价模型，提高报价合理性

为进一步落实降本增效要求，与需求部门深入沟通，将上期"按次报价"优化为"按单台维保设备包月报价"，使供应商报价更加科学、合理、精准。

4.优化营商环境，助力降本增效

（1）创新释标形式。

本期采购实施期间正处于新冠肺炎疫情暴发期，山东移动利用中国移动"云视讯"系统，完成远程释标、不见面开标、异地评审，实现了抗疫生产两不误，为公司生产经营保驾护航。

（2）推广电子保函。

为提高投标保证金缴纳效率、减轻投标人资金占用压力，本期采购拓宽投标保证金的递交形式，鼓励供应商使用电子保函，进一步优化了营商环境、激发了市场活力。

（三）项目成效

通过充分调研、科学分析、精准实施提质降本策略，本期采购的中选价格降幅明显，服务方案切实可行，合同签订合法合规，有效保障了全省17地市直放站、开关电源及UPS设备的维保服务质量和效率。

1. 成本控制合理

（1）直放站维保服务项目

第一中选供应商A1公司，不含税单价1.8元，与预算相比下降56.73％。第二中选供应商B1公司，不含税单价2.63元，与预算相比下降36.78％。

（2）开关电源维保服务项目

第一中选供应商A2公司，开关电源维保不含税单价2.8元，与预算相比下降53.33％；UPS维保不含税单价0.8元，与预算相比下降60％。第二中选供应商B2公司，开关电源维保不含税单价3.48元，与预算相比下降42.09％；UPS维保不含税单价1.16元，与预算相比下降42％。本期采购的签约金额比预算金额大幅下降。

2. 履约保障有力

本期采购中选的两家供应商在行业内均属于信誉良好、经验丰富、实力较强的供应商。结合本期采购的特点，山东移动在标准化框架协议模板的基础上，完善了中选供应商应答文件中的个性化服务承诺，并补充了上期合同中缺少的相关履约条款和考核办法，为全省直放站和开关电源设备的稳定运行保驾护航。

五、实践范例——关于货物与服务采购综合评分法的合理运用

（一）货物与服务采购法规背景

采购工作是保证企业正常生产及经营的经济活动。任何企业单位都离不开采购环节。根据《政府采购货物和服务招标投标管理办法》（财政部令第87号）（以下简称87号令）第五十三条"评标方法分为最低评标价法和综合评分法。"各级政府、事业单位的货物和服务采购工作均按此执行，其他公司企业均参考87号令制定规章制度。

(二) 评标方法的特点

1. 最低评标价法的局限性

87号令第五十四条"最低评标价法，是指投标文件满足招标文件全部实质性要求，且投标报价最低的投标人为中标候选人的评标方法"，可理解为低价中标，但不是所有货物与服务采购适用最低评标价法。最低评标价法的滥用容易引导报低价，因最低报价中标率高，报价人往往以中标为目标忽略供货质量和履约能力而压低报价甚至低于成本价，导致恶意低价竞争。因此，最低评标价法不能有效保证所有采购项目"价低质优"，采购方应合理地使用最低评标价法。87号令第五十四条为"技术、服务等标准统一的货物服务项目，应当采用最低评标价法"。笔者结合所在企业采购经验，建议最低评标价法使用在采购金额小、需求标准统一或单一的采购项目中，此类项目占企业单位大部分日常采购工作，可保证成本并兼顾效率。

2. 综合评分法中的广泛性

相比最低评标价法，综合评分法的应用范围更加广泛。87号令第五十五条中"综合评分法，是指投标文件满足招标文件全部实质性要求，且按照评审因素的量化指标评审得分最高的投标人为中标候选人的评标方法。评审因素的设定应当与投标人所提供货物服务的质量相关，包括投标报价、技术或者服务水平、履约能力、售后服务等"。可理解为量化择优，通过量化各项指标并兼顾成本选择最优报价人。相比最低评标价法，综合评分法更能全面反映报价人综合实力，因此综合评分法更加适合技术要求较复杂的采购项目，是最低评标价法局限性的重要补充。尤其在2008年，商务部颁布《机电产品国际招标综合评价法实施规范（试行）》（以下简称《规范》）单独对综合评分法进行规范，使其有据可依，说明综合评分法得到充分认可并被广泛运用。

(三) 关于综合评分法的合理运用

综合评分法虽被广泛运用，但不代表可随意使用。近年来特别多问题案例的发生，说明大众对综合评分法的运用仍存在偏差，对相关法规解读不够深入。综合评分法由技术评分与价格评分两部分组成：将投标人除价格外的评审因素纳入技术评分（如技术或服务水平、履约能力、售后服务等），价格另外单独评分。其中，技术评分的设置与采购项目技术要求紧密相关，不同采购项目的技术评分标准千差万别，无法统一适用。但价格的评分标准却值得深入探讨。

1. 价格评分权重

价格评分权重对综合评分法有最直接影响。若价格评分权重过低，技术评分权重过高，容易减少甚至忽略对成本的考虑，不符合经济节约原则，造成资金浪费。若价格评分权重偏高，过高的价格评分占比严重弱化技术评分，最低报价者中标率高，将综合评分本应多因素的评价变为单一因素评价，笔者曾发现技术评分倒数第一的报价公司因价格权重设置不合理导致其低价格中标的案例。

对此，参考财政部发布的《财政部关于加强政府采购货物和服务项目价格评审管理的通知》（以下简称《通知》）"货物项目的价格分值占总分值的比重（权重）不得低于30%，不得高于60%；服务项目的价格分值占总分值的比重（权重）不得低于10%，不得高于30%"。其对价格权重上限及下限均作出规范，采购单位均可参考借鉴，避免上述案例情况发生。另外，笔者建议企业单位可结合自身情况及经验对项目类型详细划分，在《通知》规范基础上，根据项目特点进一步规范分值比重，形成标准化，避免因价格评分权重不合理导致结果异常。此外，针对非公开招标项目，企业单位可对每个项目制定详细的供应商准入标准，避免参与供应商技术水平层参差不齐。同时建立候选供应商库，对库内供应商进行评价管理，针对有发生不良合作情况甚至有重大经营异常的供应商进行黑名单处理，为综合评分法创造良好的评价前提，真正发挥"好中选优，优中选强"的作用！

2. 价格评分基准价

除价格评分权重外，价格评分中的基准价也是重要影响因素，通常分为：平均价基准法和最低价基准法两种。

（1）平均价基准法。

以平均价为基准价的目的是选取合理的平均成本，保留适当利润空间，以提高项目实施质量，避免过分低价低质，恶性竞争。但平均价基准法容易受超低价或超高价影响。如以下案例：D公司超低报价拉低整体平均价，导致其他报价都高于基准价，其他公司的价格分无法拉开差距，影响价格评分的正常判断。又例如：

序号	报价人	报价	平均价（基准价）
1	A公司	456 000	570 250
2	B公司	485 000	
3	C公司	360 000	
4	D公司	980 000（超高价）	

D公司超高报价拉高整体平均价，导致其他报价都低于基准价，使其他公司的价格评分差距缩小，影响价格评分的正常判断。甚至报价人可通过合谋引入超高报价，拉高基准价，为其他公司创造报高价中标的机会。综上，平均价基准法无法排除超低价或超高价的干扰，且无法防范围标、串标行为。对此，笔者参阅不同文献，发现不少针对平均价基准法的改善做法：如设置最高限价（注意不得设置最低限价）、设置有效平均价（如报价公司不少于5家时，去掉最高价和最低价后计算平均价；或平均价乘以加权系数）等。尽管在计算方法上可作不同程度的改善，但由于超低价和超高价情况不确定，笔者认为平均价基准法无法通过算法的改善完全有效地防范围标、串标行为，需谨慎合理地运用。

（2）最低价基准法。

我们再回归到法规中，财政部《通知》及87号令第五十四条均明确"满足招标文件要求且投标价格最低的投标报价为评标基准价，其价格分为满分"。即最低价基准法，最低价满分，其他价格按与基准价的比例计算得分[投标报价得分＝（评标基准价/投标报价）×价格权值×100]，这体现"坚持低价优先"的原则。

那么"低价优先"的最低价基准法是否同样容易导致恶意低价竞争呢？答案是否定的。首先，最低价基准法是在技术评价前提下进行价格评分，非单一价格因素决定；其次，法规中均强调不仅价格最低，而且需满足招标文件要求方能作为基准价；最后，87号令第六十条"评标委员会认为投标人的报价明显低于其他通过符合性审查投标人的报价，有可能影响产品质量或者不能诚信履约的，应当要求其在评标现场合理的时间内提供书面说明，必要时提交相关证明材料；投标人不能证明其报价合理性的，评标委员会应当将其作为无效投标处理"。此处说明评价小组有职责对所有报价的合理性进行确认。而现实中，大多数采购单位往往只重视评价小组对技术评价的作用，忽视其对报价合理性判断的重要作用！转而将报价本身的问题归结在价格评分计算方法上的不足，进而对价格评分方法进行"改良"。因此，笔者认为，通过综合评分法处理采购项目应严格遵循法规原则，优先使用最低价基准法，坚持低价优先、价廉物美的原则。

（四）建议与总结

综合以上分析，笔者建议各采购单位应深入解读法规要求并严格按照法规要求执行。对于法规中未明确要求的，采购单位应在原则范围内进行改善。切忌将法规中个别方法孤立地评价并随意"改良"。任何法规制度中可量化执行的方法都不应该成为机械执行的工具，采购单位应严格执行流程中每个环节，发挥每个环节应有的作用并加强监管，才是每个制度法规的目的。

扫一扫，查看相关案例。

扫一扫，查看相关资料。

■ 国际采购与供应环境

练习与思考

一、名词解释

采购；供应；MRO供应品；外包

二、选择题

1. 采购的基本目标包含"五个合适"，请选出下面正确的一个。（   ）

   A. 价格、数量、地点、时间、条件

   B. 价格、数量、质量、地点、时间

   C. 价格、重量、体积、地点、时间

   D. 价格、重量、质量、地点、时间

2. 对procurement与purchasing之间的区别描述最正确的是（   ）

   A. procurement适用范围更小。

   B. purchasing包含的过程更广泛。

   C. procurement反映了采购职能在现代组织中更为积极主动、注重关系管理、更具战略性、更为综合的角色。

   D. purchasing反映了采购职能在现代组织中更为积极主动、注重关系管理、更具战略性、更为综合的角色。

3. 从运营层面上来讲，下列哪个选项活动不属于采购职能范畴？（   ）

   A. 供应源搜寻、供应商评估与选择、处理采购或库存补货需求（请购）。

   B. 对新的采购项目的规格准备提供输入，谈判、购买与制定合同。

   C. 订单跟催或合同管理，采购事务的行政管理任务。

   D. 企业总体战略制定，企业财务计划制定。

4. 一般来说，下列哪个选项不是现代制造企业外部采购的典型组织成本？（   ）

   A. 购入的物料、部件、服务等   B. 人工成本（工资）

   C. 其他成本、管理费用   D. 管理咨询、财务服务

5. 下列选项中,哪一个不是制造企业的直接采购?(   )

   A. 文具、通信费用　　　　B. 原材料

   C. 零部件　　　　　　　　D. 组件

6. 下列选项中,哪些选项描述的是对直接采购与间接采购进行区分的意义?(   )

   A. 直接采购的质量对所生产产品的质量有直接影响,而间接采购的质量通常不会影响生产过程。

   B. 直接采购的物料通常需要保持一定的库存,以确保生产运营不出现中断或再销售商品不出现断货。而间接采购通常是在需要的时候才进行采购,以使持有库存及其相关成本最小化。

   C. 直接采购更有可能通过长期的、具有更密切合作关系的供应商进行采购,因为这类采购的优先权在于保障供应的安全性与持续性。而间接采购经常是一次性的,与供应商建立的是交易型的关系。

   D. 直接采购由于具有专业性,需要复杂的合同与供应商管理,可能由采购与供应职能部门共同完成。而间接采购更可能是由最终用户自己来完成。

   E. 直接采购是指所采购的物品要么是用来再销售的,要么是用来生产待销售的产品。而间接采购是指采购任何其他的辅助性物品(包括MRO供应品、服务及其他运营支出)。

7. 下列物品中,哪些属于初级产品?(   )

   A. 棉花、咖啡　　　　　　B. 小麦、茶叶、大豆

   C. 煤、铁矿石　　　　　　D. 铝土矿

   E. 汽车、飞机

8. 初级产品在国际性采购中涉及下面哪些风险?(   )

   A. 汇率风险　　　　　　　B. 运输风险

   C. 战争、骚乱风险　　　　D. 政府政策风险

9. 初级产品商品交易主要市场在美国,包括纽约贵金属交易市场、纽约矿产交易所以及进行粮食、大米及大豆交易的芝加哥交易所。在英国的主要市场包含铜、锌、铝等金属交易的伦敦金属交易所以及国际石油交易

所。这些市场主要有哪几种参与者？（　　）

　　A. 生产商　　　B. 采购商　　　C. 贸易商　　　D. 投机商

10. 资本采购不同于其他物品的采购，下列描述中哪些准确地概括了资本采购的特点？（　　）

　　A. 在资本采购的总拥有成本中，基础采购价格或租赁价格只是其中一个要素，且有时并不是最重要的要素。

　　B. 资本资产的货币价值比较高，这就需要专业的投资评估与控制技术，还需要考虑资产的维护保养等。

　　C. 资本采购谈判通常更广泛复杂，通常需要采取团队协作方法，有时甚至需要跨部门的协调与管理。

　　D. 资本采购不像原材料与 MRO 采购会出现"直接重复采购订单"。

三、简答题

1. 区分货物、服务和工程项目。
2. "按订单采购"和"按预测采购"分别是什么意思？

四、论述题

　　解释 procurement（购置）不同于 purchasing（购买）的两个方面。

第四章

采购与供应中的增值

1. 了解采购与供应中增值的各种来源
2. 学习采购中的"五个合适"
3. 知晓增值的其他来源,如创新、可持续性和市场开发等
4. 掌握资金价值的定义

增值;五个合适;总拥有成本;资金价值

第一节 采购的运作目标:增值

一、采购的运作目标

1. 增值

采购职能的基本任务是为组织的过程提供"合适的"输入。传统上将"合适的"输入描述为:①具有"合适的质量"输入;②以"合适的数量"交货;③到达"合适的地点";④在"合适的时间";⑤以"合适的价格",

这些常常称为采购的"五个合适"。

2. 采购运作的其他目标

采购运作的其他目标有：①内部客户的服务；②风险管理；③成本控制与削减；④关系与声誉管理。

案例与思考

ADS 股份有限责任公司（以下简称"ADS 公司"）是一家在伦敦证券交易所上市的科技开发公司。ADS 公司专门从事复杂药物供给系统的科研、设计和生产。

此系统为那些不能准确控制自己身体状况并无法按时服用处方药物的慢性病患者带来了福音。由于药物供给系统是此行业中科研开发的最尖端技术，因此 ADS 公司需要稳定的资金来源支持技术开发以及科研成果的商品化。所以，ADS 公司非常重视盈利状况，要求所有部门都要达到颇具挑战性的绩效目标。

1. ADS 的采购业务管理

尽管 ADS 公司拥有一个采购部门，并雇用了采购人员，但很多采购决策会受到各部门预算管理者的影响，有些时候甚至是由这些预算管理者直接做出采购决策。采购部门是否参与决策通常取决于所需的专业知识程度、费用的多少以及费用的不确定性或费用决策的严谨程度。公司引入了矩阵型的组织结构（跨职能团队），从而确保更多的复杂决策能够体现出公司和客户的目标。然而，事实证明这种结构在管理上有一定的难度，其目的和效果也受到了质疑。

2. ADS 的营销预算和客户关系管理

ADS 公司营销预算金额相当大，其中大量的费用用于参加医药展览以及在世界各地举办会议。这些活动的目的不仅是为了提高公司的知名度和推广产品，还为了结识医药行业中有影响力的决策者并与之建立良好的关系，这有助于新产品的推广，对销售有很好的促进作用，同时能够得到重要的反馈信息（数据），从而进一步提高公司的声誉。积极的客户反馈对公司的股票价格有很好的推动作用，这样 ADS 公司就可以筹集更多的资金用于科研开发。

3. 将所有非核心业务对包的动力

差旅和酒店住宿由公司专门的差旅采购小组负责。这个小组与销售部门、营销部门紧密配合，确保为有影响力的决策者安排相适宜的差旅和酒店住宿方案。最近，公司的采购经理将一些非核心的营销和公关业务外包给专业的第三方公司，如会场管理业务和企业接待业务。

现在，采购经理想将所有的差旅和酒店安排工作也外包给第三方供应商。这一决策引起了公司内部的争论，支持者与反对者各执一词。然而，公司越来越担心如果将差旅和酒店安排工作外包，将会导致为那些重要决策者提供的服务标准下降，甚至是他们失望，这最终会阻碍公司的业务发展。

以下问题与案例相关，请根据案例所给的信息内容回答。

（1）描述像 ADS 有限责任公司那样的上市公司所有权和管理权。

（2）举例说明 ADS 公司的有效采购所带来的成本节约如何影响 ADS 公司的利润。

（3）论述 ADS 公司各部门的预算管理者直接向供应商采购的优缺点。

（4）描述矩阵型组织结构，并论述 ADS 公司采取这种结构的优缺点。

（5）指出服务不同于产品的五个特点。

（6）当采购与营销相关的服务时，ADS 公司应如何降低采购的风险。

（7）指出 ADS 公司用于收集外部客户反馈的两种方式，并为 ADS 公司建议三个可以用来评估促销活动有效性的衡量标准。

（8）论述 ADS 公司将差旅和酒店安排工作外包所带来的优势和劣势。

（9）假设 ADS 公司选择了一个供应商负责差旅和酒店安排工作。

请指出 ADS 公司应该采取哪些办法来保证新供应商的服务达到一定的水平。

二、增值

1. 价值和增值

价值可以用两种方式衡量。

（1）一个组织创造价值：比竞争者更有效力或者更有效率地完成各项活动。

（2）客户购买价值：将一个组织的产品或者服务与其竞争者的产品或者服务进行比较。

增值本质上是指为一个产品或服务增加更多的价值，它来自支持其生产和交付到客户的所有过程——营销、设计、生产、客户服务、配送、维护保养等。

2. 价值链或者价值系统

（1）波特的价值链系统。

波特教授的价值链模型，以一种略有不同的视角来看直接采购与间接采购的差异，如图 4-1 所示。该模型将组织的活动区分为主要活动（基本活动）和次要活动（支持性活动）。主要活动设计将资源输入到组织，通过生产过程对这些资源进行转化，将最终产品移动到客户并对产品进行营销。次要活动涉及支持主要业务的一些职能。

（2）主要价值活动的五个领域。

① 进货物流是有关输入货物接收、存储和分拨的各种活动（如物料搬运、库存控制）。

② 运营涉及输入货物到成品货物或服务的转化（如制造业的组装、测试、包装与设备维护等；服务业中为基本的服务提供）。

③ 出货物流涉及成品货物的存储、配送和向客户送货（如仓储、物料搬运、订单加工等）。

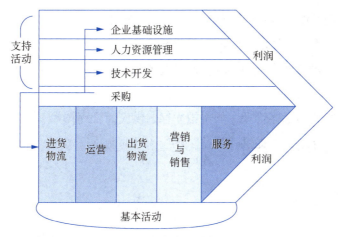

图 4-1 波特的价值链模型

④ 营销与销售负责与客户的沟通,以便为客户提供一种他们能够购买该产品的途径(如市场调研、新产品开发、广告与促销、销售队伍管理、渠道管理、定价)。

⑤ 服务包括销售之后发生的所有活动(如安装、维修、培训、零备件供应和维护)。

3.次要活动

(1)次要活动(支持性活动)横跨并支持着各种主要活动。

① 企业基础设施(用于计划、财务、质量控制与管理的系统和资产)。

② 人力资源管理(组织的人员招聘、任用、留任和发展中涉及的所有活动)。

③ 技术开发(与工作的设备、系统和方法有关,如产品设计、资源利用率的改进)。

④ 采购(为获取主要活动的输入而需要完成的所有活动)。

(2)价值链模型的关键点总结

① 每个活动都提供输入、加工、输出形成增值。

② 每一要素活动相互依赖影响增值。

③ 消除"浪费"形成增值。

4.采购对增值的贡献

(1)选择与管理好供应商,提高采购商品的质量。

(2)提高谈判技巧,降低采购(输入)成本。

(3)管理采购活动,降低交易成本。

(4)有效与用户部门沟通,改进采购规格,更有效率地以更低的成本满足商业需求。

(5)有效的库存管理(如寄销库存、供应商管理技术)。

(6)消除浪费,提供"精益"供应(准时制供应)。

第二节 采购的"五个合适"

一、采购的"五个合适"

采购的"五个合适"(5R)及其重要性如表 4-1 所示。

表 4-1 采购的"五个合适"(5R)及其重要性

	描述	重要性
质量	实现途径: 准确的规格要求和质量标准; 供应方和采购方的质量管理	如果达不到,则: 货物被拒收或报废、可能损坏生产设备; 产品可能出现缺陷、不得不报废或返工给企业带来高成本
数量	实现途径: 需求预测、库存管理、库存补货系统	如果达不到,则: 库存不足,无法满足需求; 缺货会导致生产瓶颈和停产、闲置时间、交货延迟、失去信誉和销售量
地点	实现途径: 配送计划、运输计划、包装	如果达不到,则: 货物可能被送到错误的地点,产生延迟和纠正成本; 不必要的货物运输和搬运(产生相关的成本)

（续表）

	描 述	重要性
时间	实现途径： 需求管理、供应商管理	如果达不到，则： 货物可能到达太晚，造成生产瓶颈（及相关成本）和/或向客户交货的延迟（带来损失成本和业务损失）
价格	实现途径： 价格分析、供应商成本分析、竞争性定价与谈判	如果达不到，则： 供应商将随意要价； 材料和供应成本将上升； 利润将下降，或者不得不提高向客户的要价（失去销售量）

"五个合适"之间的相互关系与权衡有以下几方面。

（1）没有达到合适的质量，也无法取得合适的数量（相互依赖和相互联系）。

（2）高质量与合适的时间可能冲突，因此对于紧急订单，可能需要在质量的某些方面作出妥协。

（3）合适的价格与其他几个"合适"之间存在权衡（高质量，价格可能更高，根据需求权衡）。

（4）任意一个"合适"的缺失都会对采购整体绩效产生影响。

二、合适的价格

1.合适的价格的概念

（1）价格是商品或服务以标准货币单位测量的价值。

（2）合适的价格是指能够获得最好的、最低的价格，同时还要确保合适的质量、数量、时间和交货。

（3）供应商收取的"合适的价格"（销售价格）。

① 一个"市场能够承受"的价格。

② 一个能够使该供应商与其他供应商竞争中赢得生意的价格。

③ 一个让供应售商至少能够抵消成本、最好能够获得健康利润以便

生存与发展的价格。

（4）采购者支付的"合适的价格"（采购价格）。

① 一个采购者能够付得起的价格。

② 一个对于所购买的整体收益而言看起来公平合理或者体现资金价值的价格。

③ 一个使该采购者比其竞争者具有成本优势或者质量优势，并且在其所处市场上能够有效竞争的价格。

④ 一个反应优良采购实践的价格。

2. 供应商的定价策略与采购商的价格决策

（1）供应商定价策略有以下几方面。

① 基于成本的定价方法（cost-based pricing）：寻求弥补供应商的成本，同时预留出利润空间。

② 基于市场或需求的定价方法（market or demand-based pricing）：寻求反映市场对产品的需求，即市场能够承受的最高价。

（2）采购者价格决策中的因素有以下几方面。

① 采购组织在市场和关系中的相对议价势力，即采购组织在供求关系中的地位。

② 市场中供应商的数量以及替代产品的可能性。

③ 采购类型。例如，对于关键产品或战略性产品，可能要为服务与供应安全支付更多。

④ 竞争者支付的价格，以便采购者使自己的材料成本具有竞争力。

⑤ 价格中包含的总体收益，以及一个更高的价格是否能得到更好的"价值"。

⑥ 对于给定时期内可能的数量，采购者能够支付的价格。

⑦ 基于价格与成本分析，"合理的"价格是多少。

⑧ 从采购方和供应商的观点来看，什么是"公平的"价格。

3. 分析报价

（1）价格分析（price analysis）是决定对货物所提出的价格是否公平与适当的过程。

① 其他供应商提出的价格（竞争性招标或者报价）。

② 采购者之前为相同货物或者服务支付的价格。

③ 市场价格或者"现行"价格。

④ 备选品或者替代品的价格。

（2）成本分析（cost analysis）是专门考察供应商所报价格与供应商生产成本的相关性的一种分析。

（3）总拥有成本（TCO）所包括的六类成本。

① 购置前成本：调研、供应源搜寻、标书准备和为该资产所做的建筑结构改变等。

② 购置成本：采购价格、融资成本、送货成本、安装与试运行成本。

③ 运行成本：劳动力、材料、易耗品、能源使用、环境等产生的成本。

④ 维护保养成本：零备件和更换件、维护、修理、定期检修、随使用年限产量减少的成本。

⑤ 停机成本：由于该资产停止运行或出现故障导致的生产损失、额外的劳动力等成本。

⑥ 寿命到期的成本：弃置、退役、废品出售或转售等产生的成本。

（4）总生命周期成本包括以下几方面。

① 采购。

② 送货、安装和"试运转"（付诸行动）。

③ 运行成本：用户培训、消耗品、能源等。

④ 常规维护保养、维修和定期检修或升级。

⑤ 退役（停止运行）。

⑥ 弃置：如果该资产有剩余价值，包含出售该资产所产生的收益，即负成本。

三、合适的质量

1. 质量的定义

质量是产品或服务为了能够满足给定需求所需具备的特征与特性的总和。

产品质量有八个通用维度（质量八原则）。

（1）性能：产品的操作特性。

（2）特色：增值的特性或者服务要素（如质保和售后服务）。

（3）可靠性：产品随时间始终如一地执行功能的能力。

（4）耐用性：产品在不变质或者不损坏的情况下可以持续的时间长度。

（5）一致性：是否符合约定的规格和标准。

（6）可维护性：支持性服务的便捷性和可用性。

（7）审美性：产品为用户带来的吸引力与愉悦感。

（8）感知质量：采购者的主观期望和感受。

2. 质量成本

质量成本是确保和保证质量的成本，以及未达到质量而产生的损失。质量相关的成本包括以下几方面。

（1）鉴定与预防活动的成本：那些旨在减少低质量产品进入生产过程和/或到达客户的活动所产生的成本。

（2）"损失的"成本：由于低质量产品进入生产过程和/或到达客户而产生的成本。

内部损失成本（internal failure costs）是在最终产品或者服务到达客户之前被识别和纠正的质量故障所产生的成本。例如，有缺陷产品的返工或淘汰；返工产品的再次检查；持有应急库存（以防出现废品或延误）；调查故障起因所需的各种活动的时间和成本。

外部损失成本（external failure costs）是在最终产品或者服务到达客户之后被识别和纠正的质量故障所产生的成本。例如，收集和处理退回产品的逆向物流成本；维修或更换有缺陷产品的成本；客户索赔的成本；处理申诉的管理成本；丢失客户忠诚度和未来销售量的成本；不满的客户"口碑"对声誉带来的损害。

3. 质量控制、质量保证和质量管理

（1）质量控制（QC）：用于产品缺陷的检测与纠正的统称。

① 对于工作的输入和输出，建立规格、标准和公差范围。

② 检验所要交付的货物并监控生产过程，通常是抽样检验，必要时可使用 100% 检验。

③ 识别有缺陷的或不符合规格的产品。

④ 对没有通过检验的产品进行报废或返工处理。

（2）质量保证（QA）：预防缺陷的系统称为质量保证，是一种更为主动的和综合的方法，将质量融入过程的每个阶段，从概念与规格开始。它包括质量管理体系中所使用的全部系统性的活动，以"保证"或给予组织足够的信心，使之相信这些产品和过程将满足其质量要求。

（3）质量管理（QM）：用于保证输入与输出具有"合适的质量"的各种过程，即产品和服务适合于用途并符合规格要求，随时间不断取得持续的质量改进。

（4）全面质量管理（TQM）：一个组织整体的生活方式，通过持续改进过程和人的贡献与参与，致力于全面的客户满意。

（5）采购对质量的贡献有以下几方面。

① 选择那些质量管理体系通过了第三方批准或认证的供应商。

② 评估供应商的质量管理体系和"历史记录"，作为供应商评估和选择过程的一部分。

③ 准备首选或批准的供应商名单，以确保用户部门只从这些通过了质量管理评估的供应商那里采购。

④ 对产品设计的质量施加影响，途径包括以下几方面：与设计和生产部门协作；保持掌握最新的材料发展动态；在合适的情况下推荐替代的材料；让供应商早期参与产品开发过程，以便在设计决策中利用他们关于材料的专业知识。

⑤ 将设计要求转化为清晰的、精确的材料与服务规格，反映用户需求并具体指明所要求的质量标准、测量指标、检验和测试方法。

⑥ 制定进货的质量检验和测试程序。

⑦ 管理与供应商的关系：发展对质量标准与程序的现实相互理解；

对高质量和持续改进提供激励与奖赏等。

⑧ 持续监控供应商的质量绩效；向供应商提供反馈意见；发展与可靠的、高质量的供应商的密切关系。

⑨ 与供应商共同解决质量纠纷与质量问题，并进行持续的质量改进，比如为其提供咨询、培训、技术等。

四、在合适的时间获得合适的数量

1. 合适的数量

（1）确定采购"合适的数量"最重要的因素有以下几方面。

① 对于最终产品的需求量，采购的材料和零部件用于生产这种最终产品。

② 对采购的最终物品的需求量，如办公设备和用品、计算机硬件与软件或维护保养服务。

③ 组织的库存政策：组织持有库存主要是为了保障服务水平，还是为了降低或消除库存从而避免持有库存相关的成本与风险。

④ 所要求的服务水平。

⑤ 市场条件影响供应的价格和安全性，这些因素决定是否必须有足够库存也保障供应或利用价格，或者根据需要随时购买。

⑥ 供应方因素，如最小订货数量/价值，批量采购的价格激励。

⑦ 决定经济订货批量（EOQ）的各因素是 EOQ 平衡库存获取成本与库存持有成本。

⑧ 用户部门根据需求通知采购人员的具体数量。

（2）持有库存的意义有以下几方面。

① 库存可以降低由于不测事件造成生产中断的风险。

② 库存可以降低由于送货前置期过长或不确定而造成的生产中断的风险。

③ 对于使用量和需求稳定的物品，库存可以迅速补货。

④ 采购人员可以通过下更少的订单和订购超过当时需要的数量，从

而获得批量折扣优惠、更低的价格或减少交易成本。

⑤ 采购人员可以在市场有利的情况下提前以有利条款购买货物，以便预防可能的短缺、涨价或汇率波动。

⑥ 持有成品或半成品库存，可以预防预料之外的客户需求高峰或准备好客户要求定制化的产品。

⑦ 持有成品库存，可以为满足峰期需求、调节生产能力而预先做好准备，即在生产中平衡峰期和谷期需求。

此外，要区分相关需求和独立需求。

2. "推式"库存管理系统和"拉式"库存管理系统

（1）"推式"库存管理系统："推式"库存管理系统旨在建立一个经常性的系统，用以监控库存水平、计划及时的库存补货以满足预计的需求，同时在总体上持有尽可能少的库存。

（2）定期检查系统（又称固定间隔订货系统或补货系统），是周期性地检查产品的库存水平，并根据检查时的库存水平适时下补货订单，以将库存"补充"到期望的水平。这种方法订货数量不是固定的，但下订单的时间是固定的。

（3）固定订货量系统（即再订货点系统）是指当库存水平下降到一个预设的最低水平（再订货水平）时，对物品库存以一个预设的数量（固定订货量）进行补货。这种方法订单时间不是固定的，但订货量是固定的。

（4）定期检查系统和固定订货量系统的优缺点分析如表4-2所示。

（5）"拉式"库存管理系统："拉式"库存管理系统的基础是根据实际需求安排货物的生产。

3. 合适的时间

（1）前置期：在运作需求管理和库存补货系统时，用户和采购职能应当知道获得货物的前置期总长度。

① 内部前置期是在采购组织内部完成一系列过程所需的前置期，即从识别需求到发出完整的采购订单所需的时间。

② 外部前置期是在供应组织内部完成一系列过程所需的前置期，即从供应商接到采购订单到完成订单所需的时间。

■ 国际采购与供应环境

表 4-2　定期检查系统和固定订货量系统的优缺点

定期检查系统的优点	定期检查系统的缺点
易于管理和控制，可以预知采购与仓储人员的工作量和计划	有预料不到的缺货风险，因为该系统处在固定间隔的检查之外不再对存货进行检查
可能在同一时间对很多品项下订单，整合货物运送，降低运输成本，或从供应商处获得批量折扣	需要持有较高的平均库存，因为要考虑到检查期、前置期和安全库存的需求
可以识别慢速流动存货或陈旧存货品项，因为要定期进行存货检查	再订货量不是根据经济订货批量确定的
	检查不需要采取行动的存货水平，浪费时间
固定订货量系统的优点	**固定订货量系统的缺点**
可以使用经济订货批量	接受了库存持有成本
平均库存水平较低，因为提高了对需求波动的影响程度	为了防止库存缺货的风险，或者是为了防止存货过剩，必须对各参数进行检查
由系统自动"触发"补货，不会在库存水平满足要求的品项上浪费时间	订货点和订货量不合适，或各个品项都在不同时间订货，都会导致效率低下
	如果很多品项同时达到再订货水平，采购系统和人员有负荷过重的风险

③ 总前置期是内部前置期与外部前置期之和，即从采购方识别需求到供应商完成交货之间的时间。

（2）缩短前置期的方法。

① 对于"优先的"或"紧急的"订单，谈判时使用激励性价格，以便实现供应商异常迅速的交货。

② 简化交易和信息共享流程。

③ 与外部和内部供应链伙伴协作，减少供应过程中所有阶段"浪费的"时间。

④ 与供应伙伴谈判，使其持有预加工和在制品（如组件）库存。

（3）如何保证按时交货。

① 确保用户和采购部门的员工了解前置期，并检查供应商所报的前置期是否切实可行。

② 选择那些有良好交货记录和能力的供应商。

③ 确保供应商理解准时交货的重要性。

④ 向供应商发出准确的和符合实际的交货日程。

⑤ 提前发给长期供应商当前的和未来的需求。

⑥ 如果对交货有任何疑问，应当跟催订单。

五、合适的地点

1. 进货送货决策中主要考虑的因素

（1）正确的送货地点。

（2）送货的时间（何时需要交货，如何保证准时送达）。

（3）运输中的各种风险以及如何降低这些风险。

（4）总配送成本（包括包装、搬运、物流和保险）。

（5）运输的环境影响（如降低污染等）。

（6）需要监控、跟踪或"催促"送货，以便在任何时间都知道货物在何处以及送货进展了解可能出现的问题并及时加以处理。

2. 送到合适的地点的方法

如果采购组织有很多地点需要送货，用下列两种基本方法将货物送到合适的地点。

（1）可以安排供应商向每个地点直接送货，数量按照各个地点的具体要求而定。

（2）可以安排供应商一次批量送到中央仓库或本配送中心。

3. 配送中心的目的

（1）分装配送：可以从供应商订购单次大量或批量货物，并由供应商一次送货到配送中心（以获得批量采购与运输的折扣）。然后，由配送中心按照各个地点的需求分装成较小的货件进行配送。这也被称为"中心辐射式"配送。

（2）合并配送：由不同供应商交付的很多品种的物品可以组合为一个单次送货送达各个地点。这也被称为"运输中并货"配送。

4. 选择运输方式时考虑因素

（1）运输的起始点和目的地，也许这限制了可用的运输方式。

（2）行程的长度，会产生相应的时间、风险和成本问题。

（3）货物的特性有时决定了它必须迅速运输或以特殊方式运输。

（4）货物的尺寸与重量，这有时会排除一些运输模式。

（5）交货的时间限制与紧急性会带来一些问题，如某种运输方式的频次和灵活性、速度等。

（6）不同运输方式的环境影响。

（7）是否有可用的标准化以提高效率，特别是如果货物需要从一种运输模式转为另一种运输模式。

（8）采购方的进货设施：是否有用于特定类型运输收货和卸货的空间和设施。

（9）各种运输方式在运输中的货物保安问题。

（10）特定运输商或物流提供商与供应商和／或采购商之间的兼容性和关系。

（11）所选运输方式相关的运输、搬运和保险的成本。

（12）公司关于运输或使用特定运输商的政策。

5. 多式联运

多式联运是指在从起始点开始的移动中（不包括在当地的卡车提货与送货）使用一种以上的运输模式。

第三节　其他考虑因素

一、对合适的采购的补充

对采购进一步补充的一些"合适"

（1）合适的采购（即合适的需求）：避免采购不必要的物品。

（2）合适的供应商（或供应链）：供应商的综合评估。

（3）合适的关系：不同类型的采购具有不同的优先等级排序。

（4）合适的过程：根据采购种类的特点制定合适的采购程序。

二、资金价值

资金价值是全生命成本与满足客户要求所需的质量之间的最优组合。

三、获得资金价值的方法

获得资金价值的方法主要有以下几方面。
（1）使用价值分析来消除那些非关键的特性。
（2）对由用户指定的规格提出质疑，以便使品种种类、库存增长和规格过高的情况最小化。
（3）主动的供应源搜寻。
（4）合并需求（如联合采购）。
（5）采用全生命成本核算方法，而不是重点关注价格。
（6）消除或降低库存和其他非增值的"浪费"。
（7）使用 IT 系统，以便提高采购过程的效率。
（8）国际供应源搜寻（利用低成本国家的生产）。

四、可持续性战略的目的

（1）平衡经济可行性与环境社会责任因素（利润、地球与人，有时称为"三重底线"）。
（2）避免损害后代的幸福。

五、"三重底线"的测量维度

（1）经济可持续性（利润）：可持续的经济效益及其对社会的效益，如就业、纳税、社区投资等。

（2）环境可持续性（地球）：可持续的环境措施，如降低污染、排放、使用可再生或可循环的材料设计等。

（3）社会可持续性（人）：对劳动力和企业运作所处的社会都是公平的和有益的商业实践，如合乎道德地对待雇员、支持当地供应商、支持就业多元化等。

六、促进可持续性的方法

（1）制定可持续采购的目标和政策，并将此与整个供应链中的利益相关者沟通。

（2）与内部客户及外部供应商合作开发可持续的产品设计与规格，使用更少的、可循环的、节能的、低碳排放的及其他的"绿色"输入。

（3）减少产品包装或开发可回收的包装袋。

（4）考虑全生命周期成本及其对采购的意义。

（5）发展逆向物流（产品退回）的能力，以支持产品的回收利用或弃置。

（6）制定运输与物流计划，以使其对社会和环境的影响（如交通拥堵、噪声、燃油使用和排放）最小化。

（7）选择可持续发展的供应商，发展可持续的供应链。

（8）如果具有良好的价值，从当地的、小型的和／或多样性的（如妇女开办的或少数族裔开办的企业）供应商采购。

七、创新

创新首先意味着认识到了目前尚未满足的市场需求，其次意味着在竞争者之前作为第一个对满足该需求做出的反应者。

八、市场开发

市场开发通过为现有产品找到新的市场区域，还指通过开发供应商以转化市场结构和提高对于客户的价值。

实践指导

一、实践任务

通过本章学习，引导学生进一步了解采购与供应中的增值，要求学生掌握采购中的"五个合适"，理解合适的价格、质量、时间、数量、地点等因素对采购的意义所在。通过案例的学习与讨论，加强对采购增值的认识，从而更好地实现本章学习目标。

二、实践步骤

（1）分组讨论并进行交流，找到案例中的关键问题。

（2）确定是否还需要查找与关键问题相关的背景资料。

（3）筛选并优化分析此案例的答题思路。

（4）明确小组分析案例的逻辑与依据，展开思路整理。

（5）小组形成文字报告并进行演示汇报。

三、实践要求

（1）认真读懂案例。当小组分到或找到一篇案例时，成员需要对案例进行反复阅读，对案例中的重要信息进行消化理解。在阅读过程中对案例中的背景资料、主要事实、面临的难题及难点、重要论点、重要结论和针对性的对策建议等内容进行一一记录，以方便后面的讨论与分析。

（2）分组交流讨论，大胆提出自己的看法。对案例中的主要角色或者问题进行分析，尝试对案例所给的背景资料进行仔细阅读、筛选分类和归纳总结，若需要引证资料佐证个人观点，可以通过电子资源、图书馆资源等，获取相关领域的多方面知识，保证分析的科学性与合理性。

（3）全面正确地概括问题。在对案例认真阅读分析后，小组尝试根据案例的相关资料找出问题的症结所在，对需要解决的问题进行概括与凝练，注意概括的逻辑性与针对性。

（4）撰写分析报告。报告中小组成员要对资料分析到位，依据所学理论，采用所学分析工具，全面合理地展开案例资料的客观分析。要求紧扣主题，结构清晰，层次分明，中心突出。除此之外，提交的报告要注意格式规范，用词准确，表达通顺。

四、实践内容——集团增值型供应链内部审计案例

A集团公司是国内高端装备制造组织、"A+H"上市公司、国务院国资委"双百行动"改革试点单位，按照公司战略规划，实施多产业板块全球化运营。在集团管控、价值创造、资源整合、产业协同方面，持续保持高质量发展态势。2017年A公司审计部根据年度计划拟开展"招投标采购流程"专项审计，对《集团公司招标管理办法》制度建设、流程执行的适当性、有效性进行评价。集团董事会要求在此次审计的过程中，关注物资集中采购管理体系的建立和实施情况，对存在的问题和风险提出建设性意见，实现打造供应链核心竞争力战略的目标。内部审计团队对该专项审计重新进行定位，认为供应链管理是影响公司经营状况的重要因素，与"招投标采购流程"相比，直接开展供应链审计能更好地实现增加组织价值这一审计目标。

（一）识别A公司供应链的主要流程

通过调查、访谈、穿行测试、绘制流程图等审计方法，确定供应链中采购与付款流程为此次审计的重点。

（二）A集团采购与付款流程内部控制目标

（1）生产需求计划、采购计划及采购订单是按照规定的权限和程序审批的。

（2）请购环节经过适当授权或审批。

（3）供货商/承包商的选择符合公司的经营目标和最大利益。

（4）采购定价是合理的，采购方式选择符合公司政策。

（5）订立的框架协议或采购合同条款符合公司的各项政策规定和管理层的意图。

（6）所有签订的采购合同/订单得到妥善的保管。

（7）保证原料的采购数量及质量等符合公司的生产和运营需要。

（8）仓库接受的货物与经批准的采购订单相符。

（9）付款比例按合同执行并经过授权审批。

（10）所有采购产品的应付款都正确、完整、及时地（在恰当的会计期内）记入。

（三）识别"采购与付款流程"风险评估

1. 计划编制

（1）需求或采购计划不合理，不按生产需求安排采购或随意超计划采购，造成原材料（配套件）短缺或者存货资金占用过大。

（2）未能保持安全库存，没有根据生产要求及时调整采购计划，影响组织正常运行。

2. 请购

（1）未建立采购申请系统，造成组织管理混乱。

（2）未经批准或未经授权的审批购买，导致库存积压或短缺，影响组织正常生产经营。

3. 选择供应商

（1）供应商／承包商的选择不当，导致物品质次价高，甚至存在舞弊或欺诈行为。

（2）缺乏完善的供应商、承包商评估以及准入和淘汰制度，仍使用不符合管理层要求的供货商、承包商，导致生产停顿或售后服务压力增加。

（3）未建立供应商／承包商信息管理系统，供应商资质、信誉情况的真实性和合法性审查不及时。

4. 采购价格

（1）缺乏科学的采购定价机制，存在应招标未招标物资，缺乏重要的材料成本和市场价格跟踪监控记录，引起采购价格不合理，造成组织资金损失。

（2）内部稽核制度不完善，导致因数量、价格录入错误造成组织损失。

5. 订立合同

（1）公司未开发模块化标准合同模板，对方主体资格、履约能力不符合管理要求，导致采购不畅。

（2）合同内容存在重大遗漏和欺诈，潜在的法律纠纷或对方不承担约束会导致组织的合法权益受到损害。

（3）没有形成市场预警机制，没有根据市场供求关系转化来调整合同价格或数量，造成组织潜在利益的损失。

6. 供应管理

（1）缺乏往绩记录，忽视运输保险风险，导致财产损失或无法保证供应。

（2）供应商／承包商的供应过程无记录，缺乏供应商／承包商的过程评估资料，责任无法追溯。

7. 验收

（1）验收程序不规范，入库标准不明确，使质量不合格或不需要的物资进入组织，造成资产损失或资金占用过大。

（2）未及时确认处理中存在的异常情况，不完整的信息会导致决策错误。

8. 付款

（1）未提供订单的商品／服务，已记录应付款，不恰当地承担债务，可能导致财务信息不准确，产生舞弊的可能。

（2）不按合同规定的比例支付货款，或付款不符合公司政策，导致资金受损失。

（3）未使用现金折扣或未利用优惠承诺，造成财务损失。

9. 会计记录

（1）缺乏有效的采购和会计系统控制，无法完全真实地记录和反映现金流与物流的各个环节，导致采购物资或资金受损。

（2）退货和待检的物料过程不当，账实不一致，导致财务信息不准确。

A集团汇总"采购与付款流程"重要风险。

（四）缺陷认定与审计建议

通过绩效评估指标与过程执行偏差的定量分析，得出A公司供应链"采购与付款流程"管理缺陷及审计建议。

（五）审计效果展示

A公司根据审计结果，对管理体系进行整合优化。先后建立健全了《A集团公司招投标管理制度》《A集团非招标管理制度》《A公司供应商分类、分级及动态考核管理办法》等制度文件，调整了集团化采购管控模式和组织架构，厘定了集团招标管理办公室职能以及水平和垂直关系职责，明确了下一年度采购管理重点及流程优化方向。

与此同时，A集团规划部充分发挥制度引领和绩效考核优势，调整了采购管理部门绩效考核内容及权重指标，进一步促进了A集团采购工作系统性改善，实现供应链核心竞争力的战略目标。

2019年年初，A集团电子招投标平台上线运行，充分发挥集采优势，当年度实现降低采购成本2 700万元，内部审计通过此次供应链审计实现了为组织增值的审计目标。

五、实践范例——增值型供应链审计的意义

基于供应链绩效评价的审计是内部审计在对组织采购管理体系内控测评和分析的基础上，结合供应商绩效评价体系，对供应链管理体系实施风险评估的活动。审计内容侧重对供应链各环节的固有风险识别、剩余风险评估、风险控制提供措施建议。增值型内部审计不仅突出审计监督职能，更加重视风险评估和风险管理流程指导的专业性，反映了内部审计深化管理职能的自身要求。

（一）内部审计工作转型

2014年1月1日中国内审协会修订了《中国内部审计准则》，标准中对"内部审计"重新进行了定义，认为内部审计是一种对立、客观的确认和咨询活动，它通过系统、标准、规范的方法，审查组织的业务活动，评价内部控制和风险管理的充分性和有效性，促进组织完善治理，增加价值并实现目标。

上述定义，是内部审计工作转型的开端，既是新的发展机遇也面临着新的挑战。首先，标志着内部审计从传统的查错纠弊型审计向增值型审计转型。其次，内部审计从监督、评价的功能扩展到确认和咨询活动，强调运用系统与规范的方式对业务活动的适当性和有效性进行评估，对降低风险及治理过程提出建设性意见和建议，帮助组织实现自身目标。

（二）内部控制与风险管理方法相结合的供应链审计

组织的供应链是组织价值链中最能体现创造价值的基本活动，美国著

■ 国际采购与供应环境

名的科尔尼管理咨询公司的一项研究表明，低效率会浪费组织 25% 的经营成本。因此，通过供应链审计来增加组织价值的空间是比较大的，供应链效率的改善将直接能够带来组织利润的增加。

由于内部审计人员熟悉组织的管理环境，具有相对独立的职能和地位，在运用内部控制审计技术的基础上，通过组织绩效评估指标与过程执行偏差的定量分析，认定采购管理流程中存在的管理缺陷或流程缺陷，全面、客观、准确地评估风险事件水平，评价组织实现供应链增值目标的可行性和有效性。

增值型供应链审计在立足提高组织采购运营效率和效益的基础上，注重与组织的战略目标保持一致，通过审计报告的形式揭示内在风险，促进组织绩效管理的前瞻性，协助管理层管理风险，是内部审计增值的重要表现方式。

案例分析

扫一扫，查看相关案例。

拓展阅读

扫一扫，查看相关资料。

练习与思考

一、名词解释

采购中的"五个合适";总拥有成本;价值增值;资金价值;可持续性

二、选择题

1. 采购职能的基本任务有哪些?(   )

    A. 合适的质量输入　　　　B. 合适的数量交货

    C. 合适的地点交货　　　　D. 合适的时间交货

    E. 合适的价格成交

2. 看待采购基本任务的其他角度有哪些?(   )

    A. 内部客户服务　　　　　B. 风险管理

    C. 成本控制与缩减　　　　D. 关系与声誉管理

3. 根据波特的"价值链",主要价值活动分为哪几个领域?(   )

    A. 进货物流　　　　　　　B. 运营

    C. 出货　　　　　　　　　D. 营销与销售

    E. 服务

4. 价值链模型的关键点有哪些?(   )

    A. 价值链中的每个活动有提供输入,这些输入在加工之后构成对输出的增值。

    B. 价值链内的各种活动是相互依赖的,价值链中的每个要素会影响另一个要素的成本或有效性。

    C. 沿供应链增值的最重要的方面之一是消除浪费,即非增值的活动与过程。

    D. 持续性活动对价值增值的作用。

5. 总拥有成本包括下列哪些成本?(   )

    A. 购置前成本　　　　　　B. 购置成本

    C. 运行成本　　　　　　　D. 维护保养成本

    E. 停机成本　　　　　　　F. 寿命到期的成本

三、简答题

1. 简述产品质量的八个维度有哪些？
2. 采购与供应链职能如何帮助提供"合适的质量"？

四、论述题

请论述影响采购"合适的数量"的重要因素有哪些？

第五章

采购与供应链管理

学习目标

1. 学习采购、供应链、供应链管理和供应链网络的定义
2. 了解供应链的长度、物流及物料管理的定义
3. 掌握供应链管理与采购的异同点

基本概念

采购；供应链；供应链管理；供应链网络；物料管理

第一节　采购、物料管理与物流

一、供应链活动的一体化

最近的几十年中，组织发展的主要趋势是一体化、跨职能协作和整体思维。

供应链活动一体化如图 5-1 所示。

■ 国际采购与供应环境

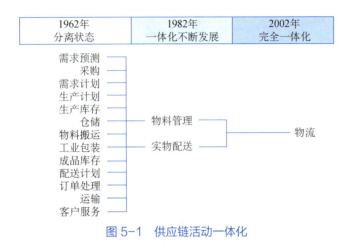

图 5-1　供应链活动一体化

二、物料管理

1. 物料管理

物料管理涉及外部物料与服务转移到组织中以及它们在生产、运作或销售过程中被消费或使用之前的管理，可以被认为是所有这些任务、职能、活动和日常工作的总和。

2. 物料管理包含的关键活动

（1）物料与库存计划，如制定预算、物料规格和计划采购的数量。

（2）必要物料、零件和供应品的采购，如请购单的处理、供应源搜寻、谈判与合同授予、合同与供应商管理等。

（3）仓储与库存管理，如仓库位置设计、物料搬运、发货流程、呆滞物料处理等。

（4）生产控制，如生产日程安排、质量管理等。

3. 协调物料有关活动的优点

在单一的管理框架中对与物料有关的活动进行协调的优点有以下几方面。

（1）将与物料有关的成本隔离出来，这样可以使物料经理找到哪里出现了成本问题并采取相应的补救措施。

（2）通过消除整个过程中的浪费，降低成本。

（3）因为有共同的目标与管理，可以改善跨职能的合作与协调，强调物料与信息的"水平"流动。

（4）可以协调各个相互冲突的目标，或者以对整个过程最有利的方式进行权衡。

（5）由于改善了跨职能整合，所以更有利于引进世界级的制造技术，如准时制供应或全面质量管理。

三、实物配送与物流

1. 实物配送管理

实物配送管理包括供应链过程输出阶段（即从生产到客户的货物流动）所涉及的活动：输出的产成品的仓储与搬运，到中介机构、客户或消费者的出货运输。

这包括下列活动的组合：①仓储；②运输或配送计划；③物料搬运；④库存管理与控制；⑤运输与送货。

2. 物流管理

物流管理是为了满足客户要求，从起始点到消费点，对原材料、在制品库存、产成品、服务及相关信息的有效率、有效力的流动与存储，进行计划、实施和控制的过程（见图5-2）。

图 5-2 物流管理示意图

3. 提高供应链一体化的不同阶段

（1）事务性的（交易性的）：采购被看作低级别的事务性职能部门。

■ 国际采购与供应环境

（2）商务性的：关注焦点转向价格/成本节约，这些节约主要通过与供应商的接口获得。

（3）战略性的（主动的）：关注焦点是对竞争优势作出有效的贡献。

4.一体化带来的重大收益

（1）消除过程中所有阶段上的浪费，从而降低成本。

（2）更加系统地计划、协调与控制。

（3）更大的供应链灵活性和对客户需求的响应性（包括快速、小批量的送货）。

（4）协调相互冲突的分单元目标。

（5）支持世界级制造理念（如准时制供应或全面质量管理）。

案例与思考

采购管理是企业经营管理中的重要环节，科学合理的采购策略是大型企业打造竞争优势、提高利润的关键因素之一。国外大型企业制定了先进的采购战略，在采购管理中普遍采用战略性采购理念，即由最低采购价向总成本最低、由关注自身向平衡内外部优势转变。始终关注质量，一切从供应链的总成本出发，利益共享。引入资产全寿命周期管理，以供应链上的总拥有成本最低为目标。

丰田公司在招标采购中采用综合评价法和经评审的最低投标价法两种评标方法进行成本分析，以确定目标采购价。综合评价法是以供应链全过程的总成本最低为依据，主要考察订购成本、运维成本和缺料成本三个部分。招标前，评标委员会根据产品技术特点及市场情况，设定基准价，防止恶性低价竞争。只有当投标的技术、商务和其他因素均满足要求，且无需进行量化折价时，才可使用经评审的最低投标价法。丰田为了提高采购部门的效率，规避暗箱操作，建立了完善的采购管理制度。一是市场采购权、价格控制权、质量验收权三权分立，合同的签订和付款统一管理的

"三分一统"制度；二是采购的品种、数量和质量指标，供应商价格竞争程序、采购结果公开的"三公开"制度；三是统一验收、统一审核结算、统一转账付款，费用分开控制的"三统一分"制度；四是所有采购都要求采购人、验收人、证明人、批准人和财务审查人签字的"五到位"制度。此外，还建立了全过程全方位的监督制度：全过程监督是指采购前、中和完成后，包括计划、审批、询价、招标、签合同、验收、核算、付款和领用，重点是计划、合同签订、质量验收和付款环节；全方位监督是指行政监督、财务审计和制度考核监督。丰田拥有详备的内部供应商库，建立了成熟的供应商评估体系、评估制度及激励机制，以合理且最大可能地降低采购成本。通过成立由采购部、工程部、生产部、保障部、财务部及市场部等组成的评审小组，发布年度供应商评估报告，对供应商实施正激励、负激励及扶持计划。树立"品牌忠诚度"意识，与供应商建立合作伙伴关系，在买卖双方对产品质量、供货到货、技术支持、信息联络等多方面协商的基础上，探讨"双赢"模式。

  西门子公司通过事前预防、事中控制、事后总结的方法，对采购物资进行全寿命周期的质量管理。事前预防是指在供应商的资质审查和选择阶段，通过对供应商的书面和现场考察，综合评价供应商产品和服务的质量情况，订立物资采购合同，必须明确物资质量标准和要求，约定质量验收方法和质量责任的承担。事中控制是指在供应商供货到货的过程中，通过相应的检验规程和检测手段对供货、安装及其他服务的质量进行把关。事后总结是指企业通过调试、运行的使用情况以及后期的维修，分析产品质量缺陷，向供应商反馈并共同探讨提升质量的可行措施，在后续技改中予以改善。注重供应商管理策略，与供应商建立双赢的合作伙伴关系。西门子建立了包含供应商选择、供应商评估与供应商分级三部分的供应商管理体系。供应商选择的依据是公司内部通用的新供应商选择原则，由采购部门主导完成，但是在预决议、选择、分析及确定供应商的整个流程中，质检部门与技术部门也会参加。供应商评估借助于供应商周期性审核以及部分第三方审核的模式，对供应商的整体表现进行评价。采用年度评估方式，由采购部门发起，物流、技术与质量等部门参加并提供必要信息。供

■ 国际采购与供应环境

应商分类依据物料重要程度与供应商能力表现,将供应商划分为三个等级,针对不同等级的供应商制定不同的管理措施,在订单分配与技术支持方面会向优选供应商提供更多的资源。西门子通过划分战略采购与运营采购及成立专业的"物料小组"改进内部采购管理制度。首先,公司采购部门被划分为战略采购和运营采购两个子部门,其中战略采购的重要性明显高于运营采购,是供应管理部门的主导和中坚力量,负责供应商的挑选、管理和评估、询价议价及合同订单管理工作;运营采购主要负责采购订单管理和交货跟踪工作,及采购管理部门与生产部门、质检部门以及物流部门的沟通桥梁作用。其次,公司内部设立"物料小组",由来自战略采购、技术和质检部门的人员组成。每个物料小组负责一种通用原材料的遴选、认证、管理供应商,包括与供应商进行技术交流,推动技术革新,收集、分析行业与供应商所在行业的商业、技术信息;组织实施特定供应商的发展计划。对电力企业采购管理的建议:一是全方位落实资产全寿命周期管理理念在公司物资招标采购工作中的应用。充分借鉴资产全寿命周期管理理念,建立相应的全过程评估体系及执行保障机制,以供应链上的总成本最低为目标,不只关注中标价格,更关注采购物资的总体拥有成本,包括物资购置后的运营和维护等费用,使资产在全寿命周期内性能最优,且成本最低。尤其是需要建立切实可行的设备质量控制及评估机制,加强部门的责任落实及交流沟通,共同促进对设备质量的监督与改进。二是建立供应商分类、分级评估体系,培养长期战略合作关系,实现双赢。第一,根据供应商的资质及提供物资的重要性,进行供应商分类,并进行差异化管理。对于提供关键物资的优质供应商,要在彼此沟通与信任的基础上,加强信息共享,共同参与产品的设计改进,实现共赢。第二,建立全面的供应商评价机制。从产品价格、质量、运行维护及运输、库存、报废等相关服务,对供应商进行全方位的评价,为供应商的分类管理奠定基础。第三,建立积极的激励与扶持机制。通过物质、荣誉、优先权等激励手段激发供应商的积极性,促使其改进产品质量,提升服务水平。对于优质及潜在的供应商,提供扶持计划,建立并维持稳定的战略合作关系。三是通过采购组织机构及管理制度的改进,提升采购水平。物资采购是一项可持续的企业日常职能，在引进与建立战略性采购管理理念和体系后，还需要逐步理顺与细化公司已有物资采购管理机制，持续地对物资采购与供应商管理体系进行改进与优化。第一，改进采购的组织工作，建立包含市场、技术、运维、物流等相关技术人员组成的采购小组，共同配合做好招标前期的调研及评估工作，设置合理的招标底价。第二，运用精益思想持续改进采购管理，在引进与建立战略性采购管理理念和体系后，逐步理顺与细化公司已有物资采购管理机制，战略性采购部门的工作重心也应当从事务性的采购操作转变为供应商寻源、合作维护与开发。

法国电力（EDF）对供应商进行统一评估和监督，并实现供应商的质量和可持续发展。通过使用供应商的绩效文件（FPF），对供应商进行定期评估。鼓励供应商取得由正式认可的第三方机构发布的认证和认可。要求供应商将要求传达其分包商，且集团有权酌情将控制权扩大到这些分包商。同时，促进与供应商在质量、环境、可持续发展等敏感问题的透明度和对话，如环境保护、人权、健康和安全方面的问题。鼓励供应商和其他领导人增强意识，教育供应商和分包商，分享质量，环境和可持续发展等方面的各种评估和审核结果，如果证明持续存在主要的环境和社会差距，EDF可以终止与供应商的合同。

第二节　供应链、供应网络及构建供应链

一、供应链

1. 供应链

供应链是众多组织所形成的网络，这些组织参与从上游到下游各个环节的不同过程和活动，以便产生价值，这些价值以产品和服务的形式交付

到最终客户的手中。

2. 供应链中的主要流

简单供应链中的主要流如图 5-3 所示。

图 5-3　简单供应链中的主要流

3. 双元供应关系

双元供应关系像人际关系一样，商业关系需要至少两方的接触，如果我们仅关注两方（如单一的供应商和它的一个客户，或单一的采购方和它的一个供应商）那么这种关系就是"一对一"或"双方"（有时称为"双元"）关系（见图 5-4）。

图 5-4　双元供应关系

4. 企业间供应链

企业间供应链是一个相连的来自不同企业贡献者的序列。链条形象地说明了供应过程和关系的许多有用特性。

（1）它强调序列合作，即"依次合作"。

（2）它强调相互的依赖性和协作性。

（3）它强调各成员之间"连接"或接口的重要性。

（4）它是连续的和无方向性的。

5. 供应链对于采购角色和运作的意义

（1）协调整个供应链中的活动。

（2）发展与供应商的适当关系。

（3）有效地构建供应链，以保持对其活动的控制。

（4）选择、评估和发展供应商。

（5）与供应链成员通力协作，以便为了所有成员的利益，保证供应链整体的增值、成本与质量改进。

6.内部供应链

内部供应链是描述类似的流入或流过一个组织的信息流和其他资源流：从进货活动（采购和接收输入品）到转化活动（将输入转化为输出），再到出货活动（将输出移动到客户），如图5-5所示。

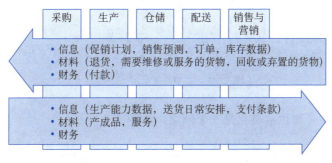

图5-5　内部供应链（简化的）中的主要流

7."客户导向"的意义

有效的采购广泛使用跨职能项目团队、质量小组和其他技术（如集成的物料需求计划与企业资源计划系统），这些技术方便了与其他职能部门中内部客户的信息共享和协作，即"客户导向"。这种"客户导向"的方法具有以下有益的效果。

（1）整合整个价值链中各单元和职能的目标，并使每个单元审视自己能够提供什么增值。

（2）鼓励采购人员积极参加采购计划（而不是被动地对来自客户职能部门的请购做出响应），提高增值潜力。

（3）减小采购参与战略问题和过程的阻力。

（4）提高采购在组织中的作用和地位。

二、供应链网络

在现实中，供应链中的每个组织都与其客户、供应商、行业联系、伙伴与顾问、甚至竞争者等有着多层次的关系，他们之间也可能相互联系在一起。用链条来形容供应过程并不十分贴切，用网络或者网状来形容更为合适，如图5-6所示。

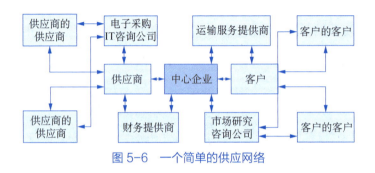

图 5-6 一个简单的供应网络

典型的零售供应链也是一个网络，如图5-7所示。

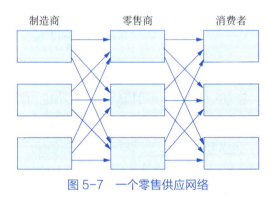

图 5-7 一个零售供应网络

三、构建供应链

1. 分层供应链结构

（1）分层供应链结构：为了减少一级供应商的数量（组织直接打交道的"供应商基础"），组织可能采取慎重的供应商分级政策，即组织只是直接与一级供应商打交道,二级供应商由一级供应商处理(见图 5-8 和图 5-9)。

图 5-8 顶层采购商完成所有的制造

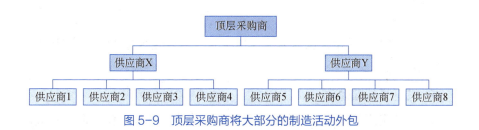

图 5-9 顶层采购商将大部分的制造活动外包

(2)供应链分层对于顶层采购组织或 OEM 中采购角色和职责影响如以下几方面。

① 减少了需要管理的商业关系,因此采购职能可以将精力集中于管理、发展和改善那些关键的关系。

② 为了降低商业风险,采购人员仍然需要"深入"供应链的各个层级,监控政策、系统和绩效。

③ 由于减少了运作性任务和交易工作,采购人员有更多时间专注于更为战略性的问题与贡献。

④ 专业的一级供应商共享信息和协作,可以实施更多的、更好的供应链改进与创新。

⑤ 一级供应商可能具有知识、技术和资源,用于更加有效地协调供应链活动。

2. 闭环供应链结构

(1)闭环供应链(逆向物流)是指最终用户有效地识别货物供应商(在这些产品使用寿命结束后),并将产品返回到制造商,之前供应链的

"末端"变成新的循环的一部分。

（2）闭环供应链存在的一些管理问题。

① 有效的供应基础管理、一体化和协作。

② 有效的供应商和客户关系。

③ 以回收利用或生态友好处置能力（以及其他绿色问题）为基础，进行供应商选择和合同授予。

④ 便于回收、重复利用和安全弃置的产品与包装设计。

⑤ 可视性。

⑥ 逆向物流活动，包括可回收物品的收集；返回物品的检验与分类；方案的执行。

3. 供应商基础优化

（1）供应商基础：为一个给定采购者提供供应的所有供应商。常常以规模或范围、位置、特征等来描述供应商基础。

（2）供应商基础优化的意义：供应商基础优化的目的是充分利用组织的购买能力，以最少的供应商数量，且符合供应安全，以有竞争力的价格满足对高质量货物和服务的需求。

第三节　从采购到供应链管理

一、供应商管理

1. 供应商管理

供应商管理是采购的一个方面，它涉及供应商基础的合理化，供应商的选择、协调、绩效评估、潜力开发，以及在合适情况下建立长期协作关系（见表5-1）。

表 5-1　采购与供应商管理

采购的活动	供应商管理活动
集中于非关键（低利润、低风险）物品	集中于关键/战略物品
订单采购或按需分批发货订单采购	搜寻和评估供应商
催单	供应商基础的合理化
保持库存水平	开发供应商潜力
供应物品的收货与仓储	供应商早期参与
安排付款	谈判
	供应商关系
	监控供应商绩效
	职业道德与环境问题

二、供应链管理

1. 供应链管理

供应链管理是指通过合作性的组织关系、有效的商业过程和高水平的信息共享，对供应链组织与活动进行的整合和管理，其目的是建立高绩效的价值系统，为成员组织提供可持续的竞争优势。

2. 供应链管理的驱动因素

（1）成本压力：需要减少库存和其他浪费。

（2）时间压力：要求更快更好地客户化送货。

（3）可靠性压力：需要确保实现对越来越苛刻的客户的质量/送货承诺。

（4）响应压力：需要向越来越苛刻的客户提供实时信息。

（5）透明度压力：需要实现订单状态的可视性以支持计划的制定。

（6）全球化压力：需要协调多重复杂的全球供应网络。

3. 供应链管理的潜在好处

（1）降低成本，途径是消除整个供应链中无价值的活动并实施成本削减方案。

(2)提高对客户要求的响应性(通过强调通向客户的连续价值流)。这有望带来更高的客户忠诚度和销售收入。

(3)可以利用互补的资源与能力(如联合投资研发、技术共享、交流思想等)。

(4)提高产品和服务质量(如通过协作的质量管理、持续改进项目、提高供应商的积极性和承诺)。

(5)改进供应链沟通(更好的信息共享与系统集成)。

(6)分享需求预测与计划信息使供应商能够在有需要时按需求进行生产。

(7)产品开发和交货的前置期更短。

(8)更好的沟通可以提高透明度。

4.供应链管理的观点比较

供应链管理的传统观点与现代观点的比较,见表5-2所示。

表5-2 供应链管理的传统和现代观点的比较

传统观点	现代观点
关键特点:独立的	关键特点:一体化的
与下一个连接相互独立	相互依赖
各个连接之间是保护性的	从头到尾都是完全透明的
不确定性	更大的确定性
对变化没有响应	对变化快速响应
高成本,低水平服务	高服务水平,低成本
内部条块分割	"一体化的"结构
"相互指责"(对抗性)的文化	"互惠"(协作增值)的文化
公司之间的竞争	供应链之间的竞争

实践指导

一、实践任务

通过本章学习,引导学生进一步了解采购与供应链中的管理,要求学生掌握采购中的物料管理与物流,理解供应链、供应网络及构建供应链等相关概念。通过案例的学习与讨论,加强对采购与供应管理的认识,从而更好地实现本章学习目标。

二、实践步骤

(1) 分组讨论并进行交流,找到案例中的关键问题。
(2) 确定是否还需要查找与关键问题相关的背景资料。
(3) 筛选并优化分析此案例的答题思路。
(4) 明确小组分析案例的逻辑与依据,展开思路整理。
(5) 小组形成文字报告并进行演示汇报。

三、实践要求

(1) 认真读懂案例。当小组分到或找到一篇案例时,成员需要对案例进行反复阅读,对案例中的重要信息进行消化理解。在阅读过程中对案例中的背景资料、主要事实、面临的难题及难点、重要论点、重要结论和针对性的对策建议等内容进行一一记录,以方便后面的讨论与分析。

(2) 分组交流讨论,大胆提出自己的看法。对案例中的主要角色或者问题进行分析,尝试对案例所给的背景资料进行仔细阅读、筛选分类和归纳总结,若需要引证资料佐证个人观点,可以通过电子资源、图书馆资源等,获取相关领域的多方面知识,保证分析的科学性与合理性。

(3) 全面正确地概括问题。在对案例认真阅读分析后,小组尝试根据案例的相关资料找出问题的症结所在,对需要解决的问题进行概括与凝练,注意概括的逻辑性与针对性。

(4) 撰写分析报告。报告中小组成员要对资料分析到位,依据所学理论,采用所学分析工具,全面合理地展开案例资料的客观分析。要求紧扣主题,结构清晰,层次分明,中心突出。除此之外,提交的报告要注意格式规范，用词准确，表达通顺。

四、实践内容——大国博弈下全球供应链的中断风险

华为公司的业务主要涉及消费电子、通信设备和企业网业务三个领域。消费电子领域的产品主要包括手机、电脑、智能家电等等。美国企业在这些领域一直具有极强的比较优势。加上电子产品模块化的特征，通信零部件的市场大多被美国企业垄断（邰庆，2019）。华为公司每年都要向美企购入大量零部件。2018年，在华为公司的核心供应商中，美国企业的数量最多，约占35.87%的份额。芯片、操作系统、射频和储存等是产品制造的核心技术。华为公司在对芯片、操作系统和射频方面极大程度上依赖美国进口，尤其是在美国将华为公司列入"实体清单"之前，其操作系统完全依赖于美国企业的供应。在芯片方面，除了手机终端的控制芯片可以实现国产替代，目前华为公司的其他芯片依然依赖美国进口。现场可编程门阵列（FPGA）、模拟－数字信号转换器（A/D）和射频前端是通信设备领域的核心零部件，华为公司每年从美国大量进口这些零部件。即使国内有生产这些配件的厂商，但对比美国企业其技术基本上落后2~3代，只能满足低端的市场需求。对于企业网业务，华为公司在安防领域的生产已经高度实现国产化，是其涉及的业务中对美国技术依赖程度最小的业务。但是，其云计算的硬件设备还是高度依赖美国。另外，华为公司在这三个领域的底层生态对美国的依存度也很高（仁志宽，2019）。总之，华为公司的上游供应链被美国企业所占据。

五、实践范例

（一）案例分析

美国对华为公司的断供会损害华为公司下游客户的利益。华为延迟新款Matebook笔记本电脑的推出、旗下子公司裁员600余人等一系列操作都证明"实体清单"的负面影响显而易见。华为产品的大部分高端零部件短期内很难找到替代厂商。华为"备胎计划"中零部件的技术水平与美国还是存在很大差异，即便启动"备胎计划"，华为公司的产品质量是否能像从前一样还是未知数，这使华为公司客户的利益在一定程度上受到冲击。另外，"实体清单"使华为公司在美供应商们受到冲击。在华为公司

被列入"实体清单"的当天,高通股价大跌4%,思佳讯、科沃、赛灵思股票分别收跌6.06%、7.14%、7.27%。"实体清单"使许多美国企业失去了一位重量级买家。

"备胎计划"是企业为了避免潜在风险,维持正常运转,预防原定计划无法正常实施而设计的可用于替代常规计划的备选方案。与传统备选方案如备选供应商仅强调替代的策略不同,"备胎计划"的内容不仅包括对原定计划的替代,还要补齐企业的竞争劣势。当企业无法通过比较优势参与国际分工、利用全球供应链时,"备胎计划"可以帮助企业转向参与国内战略性产业的供应链构建,它可有效地减少企业对全球供应链的依赖。"备胎计划"最开始是由华为公司内部的蓝军提出的。华为公司内部分为红、蓝两军,红军主要负责公司日常的经营工作,蓝军则是华为公司的监督者和探索者。他们负责对红军提出的每一个项目进行评估,考察项目是否对公司发展产生积极作用,并对其提出修改意见。多年前,华为公司进入美国市场之初,蓝军便提出了"极限生存假设",即预计在未来某一天,美国对华为公司进行打压,禁止出口所有的芯片和技术给华为公司时,华为公司应该如何应对才能确保继续向客户提供产品与服务。在通信行业中,芯片、软件和信息服务等许多核心技术一直被美国企业牢牢把握,华为产品的核心技术高度依赖美国企业。如果没有防备,一旦美国企业不再向华为出售技术,华为公司将面临瘫痪。为保证公司能在这种极端情况下生存下来,华为公司每年投入大量资金用于研发通信产品的核心技术。

1. "备胎计划"的优势

首先,它增强了企业的抗风险能力。"备胎计划"保证企业对于生产所需的关键产品和供应渠道都有至少一个备用选项。当上游企业的供应被打断时,企业通过启用"备胎计划"维持供应链关键节点上的技术或产品供给,并基于比较优势在国内构建新的供应链。在被列入美国"实体清单"的第二天,华为公司宣布启用"备胎计划"。该计划保证了华为生产线的正常运作,一定程度上减少了华为的损失。早在华为公司之前,美国曾于2018年4月对中兴实行技术制裁,宣布在未来七年内禁止向中兴提供敏感产品,美国的这一决定直接导致中兴停摆90天。为了摆脱困境,中兴不得不向美国缴纳 10 亿美元的罚款，损失惨重。在中美贸易摩擦中，由于中国企业的高新技术供应对美国依赖性强，美国政府频繁通过阻断全球供应链上游的技术供给来限制中国企业的发展。"备胎计划"有效规避了企业生产对某一特定区域的技术依赖，降低了供应链中断的概率。

其次，"备胎计划"可以提高员工的危机意识，不断激发员工的创造力，提高企业的技术创新能力，有利于企业完成比较优势的动态转换。对于处于全球供应链中下游的企业而言，一味地通过静态比较优势参与生产会使其固化在全球供应链下游。"备胎计划"的实施有利于企业在"干中学"，避免和上游企业的技术差距进一步拉大，摆脱固定的专业化分工（牛志伟等，2020）。目前，我国大部分通信企业普遍缺乏对核心技术研发的重视。中兴虽然每年投入大量研发资金，但很少涉及核心技术的创造（杨栋等，2019）。小米、vivo、oppo 等通信公司则更注重产品营销，对研发的投入相对较少。这些企业由于缺乏危机意识，忽略了中国企业与美国企业在核心技术上的差距会成为美国打击中国的武器。因此，这些公司的核心技术完全依赖美国的进口。相反，华为公司的"备胎计划"使员工正视本企业与美国企业在核心技术方面的差距，激励员工不断地进行技术研发。

2."备胎计划"的弊端

第一，"备胎计划"需要耗费大量资金。高新技术具有开发周期长、投资数额大和迭代速度快的特点。"备胎计划"包含对企业生产中所需的核心技术的开发。在研发出新的产品和技术后，企业还需要持续投入资金以对其进行更新换代。华为公司每年的研发费用占到其收入的 10%~15%（李广俊，2019）。自 2016 年起，其研发费用一直居于全球前十。作为一家技术驱动型公司，华为公司需要将巨大的研发投入尽可能多地转化为利润，才能保证公司的可持续发展。"备胎计划"增加了企业研发成本，而这些设计出的产品，很多却只能被束之高阁，无法为企业带来利润。

第二，"备胎计划"会造成技术的浪费。"备胎计划"是只有当企业供应链面临中断时才会采用的应急方案，其中的技术并不参与日常的生产活动。在美国商务部禁止向华为公司提供高端芯片以前，由于美国在芯片行业的垄断优势，华为产品中所使用的芯片几乎全部从美国以及少数欧洲国家进口，国产芯片并未受到重用。华为海思总裁何庭波在发表的《致员工的一封信》里面曾提到"担心许多芯片永远不会被启用，成为一直压在保密柜里面的备胎"。同时，由于缺乏市场检验，企业无法真正了解"备胎计划"中的技术能在多大程度上替代原有技术。例如，华为公司发布的鸿蒙操作系统是否真的能与IOS系统和安卓系统抗衡，还是未知数。

（二）案例启示：中国企业构建"内外双供应链"的选择

集中生产和配送以及资源的全球配置所带来的供应链结构的复杂性导致了中断风险的客观存在（郜庆，2019）。在中国企业高度嵌入全球供应链的情况下，中美两国的技术竞争与经济博弈导致中国企业面临供应链中断的可能性进一步增加。如何构建安全可控的供应链成为广大中国企业需要面临的问题。因此，打造"内外双供应链"能比较有效地帮助中国企业应对全球供应链中的外部风险。一方面，中国企业需要将技术设计转化为企业内部分工。企业必须要提高核心技术的设计能力，才有可能在国际供应链上掌握主动权。另一方面，中国企业需积极维护其外部供应链，参与国际分工可以提高中国企业的生产效率，强化科技强国离岸外包所带来的溢出效应，增强中国企业的创新能力。

1. 构建"内部供应链"

构建企业内部供应链有利于提高替代能力。一旦外部供应链中断，企业可以转移生产能力。创新是企业完善内部供应链的根本，其中，核心技术的研发能力是企业最需要掌握的能力，也是目前绝大部分中国企业都缺乏的能力。

第一，企业领导人需要有足够的创新精神。创新是当代企业家精神的重要内涵之一。当前，外部风险不断干扰着全球供应链的正常运行，核心技术对企业可持续发展的重要性日益凸显，在一定程度上可以解决企业家对于创新动力与创新选择方面的问题。就企业家个人而言，应该冷静分析当前形势，培养自己的创新嗅觉与创新韧劲。

第二，企业要有合理的创新目标。由于高新科技的产品多种多样，企业很难分辨到底在哪一具体领域进行创新最有价值，加之核心技术的研发需要企业在前期投入大量资金，寻找恰当的创新目标对企业来讲至关重要。一方面，企业要分析其所制造的产品，明确制造产品所需的核心技术。同时，企业还要对核心技术供给商进行分析，找出难以在市场上找到其他替代者的供给商。对于这些供给商所提供的技术，企业应该将其划入创新目标的范围内，积极研发，以备不时之需。另一方面，第四次工业革命的到来加快了技术的更新换代，考虑到科学技术的研发周期性长，企业还应该组织专家团队对其所在领域未来的技术发展方向进行研究，确保研发方向的正确性。

第三，企业在国内的供应链中要开发出可以与国外技术相互交换、相互制约的技术，使外国政府或供应商无法轻易对我国企业进行技术制裁。华为公司在被列入"实体清单"之后，转正"备胎"芯片，发布"鸿蒙"操作系统。这些技术虽然可以保证供应链的正常运行，但华为所掌握的技术水平目前还无法与美国相比。不过，华为公司在5G技术开发与应用方面处于领先地位，以1 554个专利数量高居世界第一（黄赢等，2019）。截至2019年8月，华为在全球范围内已获得50多个5G商用合同，其中28个来自欧洲。"制约性"技术大多在无人区，只有"开发早""研发深"才有可能抢占高地。"开发早"需要企业深入研究第四次工业革命，了解其技术突破口，并基于对第四次工业革命未来走向的判断；"研发深"则需要企业高度重视高端科技人才的引进，同时还需要企业投入大量资金。

2. 维护外部供应链

企业还应该积极维护外部供应链。信息技术革命正在进一步深化产业间融合，模糊着产业边界。总体来看，全球化依旧是世界经济发展难以逆转的趋势。企业构建内部供应链并不意味着企业要闭门造车，只有积极参与国际分工，才可能在新一轮全球产业链重构中占据领先地位。

首先，企业要保持适当的库存冗余。冗余策略是防止供应链中断最有效的方法。冗余策略包括冗余库存、冗余产能、冗余IT系统等（郐庆，2019）。20世纪60年代，以丰田为代表的日本汽车企业开始采取JIT生产方式来降低成本，提高生产效率。随后，各国企业先后开始学习这种生产方式。JIT旨在实现"零库存"，其核心思想仅按需要的量生产需要的产品

（田鑫，2019）。然而，它在提高库存效率的同时也降低了企业供应链的抗风险能力。一旦企业供应链某个节点发生中断，很容易导致整个供应链的瘫痪。Kleindorfer等（2005）在管理供应链中断风险十项原则中提到，过度追求精简和效率会使个体公司以及整个供应链变得更脆弱，适当的库存盈余可以提高中断风险管理水平。

其次，中国企业应积极提升其在全球价值链中的位置。加大研发力度可以帮助企业掌握全球供应链上的关键环节，从而降低中断风险带来的打击。企业可与多国企业或研发机构联合开发高新技术。在新的起跑线上，我国企业要积极融入全球供应链的高端环节。新兴技术所解决的问题是全球性的，许多技术研究需要通过跨学科交叉完成。跨国合作是开发新技术最有效的方法，也是中国企业进入全球供应链上游的好机会。因此，中国企业要积极与国外企业合作，在多国合作建立研究机构。例如，2006年，华为公司与沃达丰集团在西班牙正式成立联合创新中心——"移动创新中心MIC"；2010年，华为公司在欧洲启动创新研究计划（HIRP）并开展"未来种子"项目（田鑫，2019）。

最后，企业家要有"谈判精神"，不能为了所谓的"面子"而放弃任何谈判的机会，更不能滥用爱国主义。在华为公司被美国列入"实体清单"以后，任正非没有意气用事，没有指责美国企业对其断供的行为，他理性地将美国企业与美国政府区分开来。在多次面对媒体采访时，他首先肯定了谷歌、高通等一系列已经对华为公司断供的美国企业三十年来对华为的技术支持，并感谢了依旧在积极帮助华为公司与美国政府沟通的美国企业。而针对美国政府的打压，他坚定地表示不害怕美国的制裁。站在全球化角度，任正非还表示不排除同全世界包括美国在内的所有相关企业合作，同时，华为公司也有能力在全世界展开竞争，不会放弃全球化。这既表明了自己的立场，又不忘记向美国企业与政府发出善意的信号，为华为公司争取宽松的政策。

3. 政府加大对产业创新的扶持

企业要想成功构建内部供应链，离不开国家政策支持。教育是推动创新的根本动力。然而，我国科技创新大多停留在基于理论基础或科技发明

■ 国际采购与供应环境

做出的改进式创新。对于很多已有高新技术的研究,中国企业和西方企业并不处在同一起跑线上。例如,美国早在20世纪50年代就已发明出了芯片,如今即使一些中国企业已经可以制造出芯片,但仍处于中低端水平,高端芯片依然牢牢把握在美国手里。究其原因,无论是在理论的深度、技术的广度、制造的精细度还是人才的储备方面,我国与美国还有较大差距。中国企业想要完善内部供应链,最大程度降低外部风险对其造成的影响,需要寻找到一个使西方企业和国内企业站在同一起跑线上的技术方向,即做由"0"到"1"的创新。

此外,国家应该对创新活动予以技术和经济上的支持。政府要注重对中小企业创新的激励。中小企业是创新发明的沃土,但受到资金和经验的限制,很多创新项目都无法完成。我国可以借鉴美国在SBIR计划和STTR计划上的成功经验,加强产学研合作。注重创新补贴的引导和杠杆作用,推动企业成为创新主体;应该完善补贴机制,针对不同行业的企业进行差异化补贴,精准激励企业创新(任跃文,2019)。

 扫一扫,查看相关案例。

 扫一扫,查看相关资料。

一、名词解释

供应链；物流管理；供应链一体化；供应链网络；供应链分层

二、选择题

1. 对物料活动进行协调管理的好处有哪些？（　　）

   A. 有助于将与物料流有关的成本隔离出来，方便物料经理找到哪里出了问题并进行相应的补救措施。

   B. 有利于消除过程中的浪费。

   C. 有利于改善跨职能的合作与协调，强调物料与信息的"水平"流动。

   D. 有助于协调各个相互冲突的目标，或对整个过程最有利的方式进行权衡。

   E. 有利于改善跨职能整合。

2. PDM（实物配送管理）包括下列哪些活动？（　　）

   A. 仓储、运输或配送计划　　　B. 物料搬运

   C. 库存管理与控制　　　　　　D. 运输与送货

3. 将供应链看作一个网络的好处有哪些？（　　）

   A. 更具战略性，以创新视角分析供应链关系，发掘协同作用，改进绩效。

   B. 拓宽了协作范围的可能性，为各方带来利益，有可能改变供应关系中的力量平衡。

   C. 有助于认识到"扩展企业"和虚拟组织的潜力，通过集体的资源和网络贡献者的绩效，扩展企业的战略能力。

   D. 有助于认识到"扩展企业"可能出现重叠，这带来了复杂的关系模式、竞争和潜在风险。

4. 供应链基础优化的好处有哪些？（　　）

   A. 有助于企业控制采购成本。

   B. 有利于企业专注于发展与更少供应商的更密切的协作关系。

C. 有助于排除那些不能满足企业要求的供应商，避免浪费。

D. 有助于确保有足够的经过批准的供应商，防止出现供应失败、短缺或其他供应风险，保证供应的安全性。

5. 供应链管理的驱动因素有哪些？（　　）

A. 成本、时间压力　　　　B. 可靠性压力

C. 响应压力　　　　　　　D. 透明度压力

E. 全球化压力

三、简答题

1. 请简述供应链管理的潜在好处有哪些。
2. 基于供应链思维的创新增值策略有哪些？请列举并阐述。

四、论述题

请论述采购与供应链管理之间的根本区别。

第六章

采购与供应链管理中的利益相关者

1. 学习采购与供应链管理中的利益相关者定义
2. 了解利益相关者之间的异同点
3. 掌握与企业利益相关者之间沟通与管理的主要方法及原则

利益相关者；内部利益相关者；外部利益相关者；企业社会责任；门德娄矩阵

第一节 利益相关者

一、利益相关者

利益相关者是指依靠组织实现其自身目标、反过来又被组织所依靠的个体或群体。

二、利益相关者对采购环境的意义

利益相关者是采购环境的一个重要部分，原因如以下几方面。

(1）如果他们感到他们的利益受到威胁，他们会寻求对组织产生影响。

（2）商业组织在"社会责任"方面承受来自公众和法规的很大压力。

（3）组织本身越来越遵循职业道德和企业社会责任框架，承认自己有保护利益相关者利益的相关责任，无论这些利益相关者在这方面是否有影响力的声音。

三、利益相关者的种类

组织的利益相关者包括内部的、相连的和外部的群体。

（1）内部利益相关者（internal stakeholders）是组织的成员，即在本组织内工作的董事、经理和雇员。采购计划与活动中的关键内部利益相关者包括：高级管理层、采购经理、组织中与采购或供应链职能在工作和目标方面有交叉的其他职能部门或业务单元的经理和员工。

（2）相连利益相关者（connected stakeholders）与组织有直接的法律、合同或商业关系。它们包括股东及其他资金提供者、客户/消费者、供应商、分销商。

（3）外部利益相关者（external stakeholders）或二级利益相关者与组织没有直接的合同或商业关系，但在组织的活动中有利益关系或受其影响。它们包括政府与监管机构、专业团体和工会、各种利益和压力团体、当地社区。

第二节 采购与供应链职能的利益相关者及其管理

一、采购的内部利益相关者

采购的内部利益相关者的利益、需求和驱动因素，以及影响和贡献如表6-1所示。

表6-1 内部利益相关者

利益相关者	利益/需求/驱动因素	影响/贡献
主管/经理	组织的盈利性、生存与发展; 他们所负责的目标与项目的完成(需要采购的输入或者支持)	计划的正式授权; 树立员工的责任心和积极性; 通过政治、人际关系和影响技巧发挥影响力
员工/团队成员或组织的其他成员	组织的盈利性与生存,以保持持续稳定的工作; 得到支持、信息与输入,以便完成任务目标并获得奖赏; 健康和安全的工作环境; 公平和合乎道德的待遇	稀缺的资源:在技能短缺的时期和领域保持竞争力; 撤离劳动力的威胁; 通过熟练积极灵活地完成任务带来增值
技术/设计职能部门	准确完成规格; 得到关于价格和可用性等问题及时的相关专业建议; 与那些可以贡献创新能力与专业知识的供应商建立联系	确定规格与材料,采购人员再将这些转化为采购订单
制造/生产/运营职能部门	以合适的价格、合适的质量,在合适的时间将合适的输入交付到合适的地点,以确保高效率的生产流; 供应商管理和供应链管理,以支持制造柔性、准时制供应、创新等; 供应源搜寻与采购服务或咨询服务	关键的内部客户:由"五个合适"测量的采购绩效; 提供关于输入品质量的反馈意见,以协助供应商或合同管理
销售和市场营销职能部门	提供令客户满意的质量、客户化和送货水平; 实现对客户做出的承诺:对反馈意见和需求迅速作出响应; 关于产品与交货日程的信息以便进行促销; 供应源搜寻与采购服务或咨询服务	提供市场研究与客户反馈信息,这会影响产品规格与质量管理; 通过营销沟通向客户做出的承诺,采购必须为兑现承诺做出贡献
财务/行政管理职能部门	坚持财务程序(预算控制、发票处理); 得到与供应商谈判条款的通知; 对成本控制和成本削减提供支持; 对预算控制、成本核算、信用控制等提供信息; 供应源搜寻与采购服务或咨询服务	控制或影响预算分配; 向供应商付款; 可能对供应商关系产生影响; 可能是成本控制或成本削减项目的领导者
仓储或配送(物流)部门(如果他们不包括在采购与供应职能部门中)	获得关于进货订单和出货订单的即时信息,以便安排运输和仓储计划; 关于"绿色"运输规划、货物搬运安全等方面的政策; 供应源搜寻与采购服务或咨询服务	控制与影响进货与出货的及时流动; 影响供应品的浪费、损坏和过时

■ 国际采购与供应环境

1. 采购的相连利益相关者

采购的相连利益相关者的利益、需求和驱动因素,以及影响和贡献如表 6-2 所示。

表 6-2 相连利益相关者

利益相关者	利益/需求/驱动因素	影响/贡献
股东	投资回报、分红; 公司治理:透明度,问责制,董事保护其利益	企业的所有者和资金提供者; 在公司会议上的选举权; 出售股份的权利
终端用户	满足对于采购的许多期望与动机; 注意消费者和企业或行业采购者的差异	所有商业活动的关注焦点; 销售收入与利润的来源; 反馈信息的来源; 有权利转向其他竞争者
中间客户(如代理、分销商、零售商)	符合道德的、高效率的交易实践与系统; 销售支持:产品信息、可靠的供应、促销支持、销售人员培训; 收入与利润; 互利的日常关系	帮助提升和分销产品; 是获得竞争优势的整个客户"价值交付系统"的一部分; 合作促销的潜力; 关于销售量、客户等反馈信息的来源; 有权利停止促销或分销,或者帮助竞争者
供应商	清楚的规格; 高效率的交易与关系处理; 公平的合同授予程序; 欠款的及时支付; 获得合理利润的机会; 有机会发展正常交易、联盟或伙伴关系; 获得反馈信息以支持服务	提供关键投入品; 有拒绝或限制供应的能力; 专业的知识和技术; 提供增值的潜力
金融机构/贷款机构	公司的财务实力与稳定性; 投资回报; 互利的日常关系	短期与长期的贷款融资,以维持和发展运营; 增值服务

2. 采购的外部利益相关者

采购的外部利益相关者的利益、需求和驱动因素,以及影响、贡献如表 6-3 所示。

表 6-3 外部利益相关者

利益相关者	利益/需求/驱动因素	影响/贡献
政府和监管机构	企业税收； 经济活动的健康水平； 与法规的合规性； 报告与申报者； 对社区发展和就业的支持	通过立法、规则和处罚，强化法规要求的权力； 控制税收水平和公共资助； 作为货物和服务的一个大的客户或供应商所具有的议价能力； 为企业提供支持和指导
压力团体（如绿色和平组织）和利益团体（如消费者协会、工会）	促进或提供对一项事业或问题的认识； 保护会员的权利和利益； 能够获得信息并进行问责； 赞助或捐赠资金	影响政策的制定； 告知并发动消费者或公众舆论支持或反对一个组织； 关于有关问题和影响的消息来源； 协作提升企业和品牌的道德声誉； 反动抗议或抵制活动的能力
社区和社会	获得产品与服务、就业的机会； 产品安全； 基本货物或服务的经济可承受性； 对社会负责任的企业和环境保护； 危害最小化	现有的和潜在的客户、供应商和雇员储备； 调动政府政策和消费者舆论的能力

二、利益相关者管理

1.门德娄的势力/利益矩阵

门德娄的势力/利益矩阵如图 6-1 所示。

图 6-1 门德娄的势力/利益矩阵

（1）各象限分析。

① A 既没有大的利益又没有大的影响力的利益相关者是低优先性的群

体。小的投资商或组织与之有很少业务的大型供应商都属于此类。

② B 象限的利益相关者非常重要，因为他们的利益很大。小的供应商和员工在涉及对他们的利益有重大影响的决策时都属于此类。

③ C 象限的利益相关者非常重要，因为他们的影响力很大：当前他们的利益较低，但如果他们的利益得不到满足或对其关心不够，那么他们的利益会上升。大的机构或股东，大的供应商以及政府机构和监管机构都属于此类。

④ D 象限的利益相关者被称为"关键角色"：他们有影响力并为自己的利益有动机使用这一影响力。主要客户、关键供应商、高级采购经理和战略伙伴都属于此类。

(2) 利益相关者地位分析。

对内部利益相关者和外部利益相关者，根据其支持或反对采购方案的态度进行划分也是有帮助的。阿彻的变革的利益相关分为与变革领导者和促进者有关的 9 个组。

① 伙伴（partners）：那些支持该变革促进者的人。

② 同盟（allies）：那些如果给予鼓励就会支持该变革促进者的人。

③ 旅伴（fellow travellers）：被动的支持者，只是承诺遵守变革议程而不是对变革促进者本人承诺。

④ 同事（bedfellows）：支持变革议程的人，但他们不知道或不信任该变革促进者。

⑤ 骑墙者（fence sitters）：对于支持与否态度不明确的人。

⑥ 炮筒子（loose cannons）：对于与自己没有直接利害关系的变革议程可能投支持票也可能投反对票人。

⑦ 反对者（opponents）：反对该变革议程但不反对该变革促进者本人的人。

⑧ 对手（adversaries）：既反对该变革议程又反对该变革促进者本人的人。

⑨ 沉默者（voiceless）：那些受到该变革议程影响、却缺乏拥护者或没有影响决策的能力的"沉默的"利益相关者。

2.利益相关者管理流程

一旦识别出关键的利益相关者，就可以制定每种利益相关者的管理战略：①目的分析；②期望的结果；③对利益相关者的自我营销与沟通项目；④关系管理；⑤问题管理（见图6-2）。

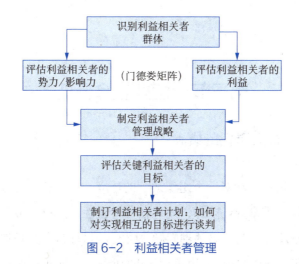

图6-2 利益相关者管理

（1）利益相关者关系管理的过程。

① 收集有关利益相关者群体以及利益的信息。

② 对最有影响潜力的群体进行优先排序。

③ 确定每个群体从该采购决策或计划中可能获得什么失去什么，并利用这些信息来加强支持和在可能的情况下减轻损失与风险。

④ 保证与关键的利益相关者群体保持一致和连贯的沟通，以便保证他们接受该计划和建议。

⑤ 创造合作与协同效应的机会（在适当的场合）。

⑥ 随时间持续不断地监控、评估和调整与利益相关者的关系。

（2）与内部利益相关者的沟通的重要性。

① 组织要依靠他们的雇员来实施计划和提供服务。

② 员工需要跨越职能界限共同合作。

③ 良好的员工沟通可以提升工作满意度，有助于创建正面的"雇主品牌"。

④ 在很多国家，法律规定要求员工的沟通、协商和参与。

⑤ 沟通是积极劳资关系、建立管理层与雇员之间合适和合作性的关系、减少冲突的基石。

第三节　企业社会责任

一、企业社会责任的概念

企业社会责任是指对一个组织运营的环境、社会和文化方面进行的系统性考虑。除了法律责任以外，还包括可持续性、人权、劳资关系及社区关系、供应商及客户关系等关键问题。CSR 的目标是建立长期的企业价值观，为改善那些受我们运营影响的人们的社会条件做出贡献。

二、企业社会责任的目标

（1）可持续性问题：保护世界有限的自然资源；支持小型的和当地的供应商；通过投资和就业支持当地的社区。

（2）环境问题：指定"绿色"材料；控制污染；管理废物；避免环境破坏和野生动物栖息地的损失；支持回收利用；碳排放最小化等。

（3）合乎道德的交易、商业关系与发展：保证产品的安全性和质量以保护消费者；改善员工的工作条件和社会条件；避免滥用采购方的势力强压供应商的价格；坚持合乎道德的雇佣关系。

实践指导

一、实践任务

通过本章学习，引导学生进一步了解采购与供应链职能的利益相关者，要求学生明确采购与供应链职能的利益相关者及其管理，理解企业的社会责任。通过案例的学习与讨论，加强对企业利益相关者的认识，从而更好地实现本章学习目标。

二、实践步骤

（1）分组讨论并进行交流，找到案例中的关键问题。

（2）确定是否还需要查找与关键问题相关的背景资料。

（3）筛选并优化分析此案例的答题思路。

（4）明确小组分析案例的逻辑与依据，展开思路整理。

（5）小组形成文字报告并进行演示汇报。

三、实践要求

（1）认真读懂案例。当小组分到或找到一篇案例时，成员需要对案例进行反复阅读，对案例中的重要信息进行消化理解。在阅读过程中对案例的背景资料、主要事实、面临的难题及难点、重要论点、重要结论和针对性的对策建议等内容进行一一记录，以方便后面的讨论与分析。

（2）分组交流讨论，大胆提出自己的看法。对案例中主要角色或者问题进行分析，尝试对案例所给的背景资料进行仔细阅读、筛选分类和归纳总结，若需要引证资料佐证个人观点，可以通过电子资源、图书馆资源等，获取相关领域的多方面知识，保证分析的科学性与合理性。

（3）全面正确地概括问题。在对案例认真阅读分析后，小组尝试根据案例的相关资料找出问题的症结所在，对需要解决的问题进行概括与凝练，注意概括的逻辑性与针对性。

（4）撰写分析报告。报告中小组成员要对资料分析到位，依据所学理论，采用所学分析工具，全面合理地展开案例资料的客观分析。要求紧扣主题，结构清晰，层次分明，中心突出。除此之外，提交的报告要注意格式规范，用词准确，表达通顺。

四、实践内容——服务生态系统利益相关者价值共创分析，以小米为例

研究资料来源包括小米及其生态系统成员的公司官网、微博、微信号、研究报告、招股说明书、年报、媒体报道、论坛调研、现场观察和非正式访谈等。

根据穆尔提出的理论，从时间维度回溯小米生态的演化进程，并将其分为四个阶段：开拓阶段、扩展阶段、领导阶段和自我更新/死亡阶段。开拓阶段小米以手机为核心产品，聚焦于资本积累、用户增长和研发能力。同时，其也完成了上下游供应链的整合，基本实现供销一体化。此阶段积累的资金、用户群、渠道和技术都是小米生态后续拓展的基础。扩展阶段，2013年底小米提出生态链计划，标志着其生态系统演化至扩展阶段。2014年小米生态链投资正式启动，实施由手机周边逐步向外辐射并最终覆盖生活耗材的投资策略。2015年确立小米生态原则为"开放、不排他、非独家"，强调团结一切可以团结的合作伙伴。2016年小米生态基本成型，生态链企业增速超过200%。此阶段小米的用户群已经形成一定规模，盈利模式和配套体系业已成熟，众多企业开始寻求加入小米生态。领导阶段，2017年小米设立扶持生态企业相关基金，并实施开放战略，即任何家电设备制造商的产品只要装载小米芯片，都可接入小米物联网平台。小米对生态成员提供全方位的支持，包括产品定义、设计、研发协助、供应链背书等，而面向成员开放的小米和米家两个品牌则为成员提供了渠道支持和营销支持。此阶段小米生态系统企业端规模进一步扩大，小米也确立了生态系统的主导地位。自我更新/死亡阶段，随着系统的发展，系统目标与成员目标之间的差异愈发明显，部分生态企业开始"去小米化"。此阶段利益相关者之间的矛盾已开始影响系统的稳定发展。目前，小米已尝试通过架构调整和降低收益分成等方式来协调利益相关者关系，但"去小米化"至今仍旧困扰着小米。

五、实践范例——案例分析及启示

（一）服务生态系统利益相关者角色分析

服务生态系统时序特征在宏观上表现为演化的阶段性，微观上则表现为利益相关者角色的变化。尽管研究框架存在差异，但大多数学者将利益相关者定义为任何能够影响或被组织目标影响的群体或个人。服务生态系统中，人类行动者与非人类行动者同时存在，包括人、组织、制度、规则等。虽然尚未有研究从利益相关者所承担的角色来划分利益相关者群体，但已有研究指出随服务生态系统的演进发展，服务生态系统中的成员会逐渐关注并构建自身的核心能力，进而产生角色分化，如服务接受者、服务提供者等。此外，服务生态系统也强调制度安排等非人类因素对价值共创的影响。可见，服务生态系统的价值共创由人类行动者与非人类行动者共同完成。那么，人类行动者究竟如何与非人类行动者相结合并产生新的利益相关者？这些新的利益相关者又在服务生态系统价值共创过程中承担着什么样的角色？根据行动者网络理论，人类行动者将其信念赋予非人类行动者(如平台、技术等)；非人类行动者则会与新的人类行动者相结合构成新的信念并转化为新的利益相关者来支持系统目标的实现。近年来飞速发展的数字化等新兴信息技术进一步丰富了人类行动者与非人类行动者的交互方式、关联方向和强度，并由此产生新的利益相关者。本书将直接参与、影响价值共创或分配过程的人类行动者、非人类行动者视为利益相关者。

利益相关者的识别与分类是协调参与者关系的基础。为了进一步确定服务生态系统利益相关者的角色，本书从服务的定义出发，以服务生态系统理论为基础，结合案例，分析人类行动者与非人类行动者的交互类型，借此确定服务生态系统价值共创利益相关者的角色。

制造企业服务化展示了企业由单纯提供产品向"产品＋服务"的转变过程，服务型制造企业也被定义为"服务提供者"。服务提供者是提供"产品＋服务"包的利益相关者群体。如小米的全屋智能化解决方案就是由异质的服务提供者(小蚁科技、Yeelink、智米等)联合提供服务(Ⅰ型)。同时，一些掌握新技术的企业虽不会直接参与价值共创活动，但其技术将作为非人类利益相关者影响系统价值共创。例如，纳恩博向小米生态内的其他企业输出技术专利以促进整个系统的发展（Ⅱ型）。服务提供者主要通过以上两种方式产生，并以人类利益相关者身份完成服务提供。服务接受者是服务价值的判定者。互联网的发展不仅提升了服务接受者的影响力（价值传播速度、购后体验分享等），也拓展了服务接受者与服务提供者的接触界面。例如，米粉通过 MIUI 社区向工程师反馈产品使用体验，协助改进产品功能。此外，从技术与消费习惯的相互影响过程来看，新兴信息技术支持下所形成的团购、购后评论等消费习惯都属于非人类行动者（Ⅲ型），而受这些消费习惯影响的消费者虽继续承担服务接受者的角色，但其内在属性和行为模式都发生了改变。在新技术、消费习惯的影响下，部分服务接受者转变为新的利益相关者参与到价值共创活动中（Ⅱ型）。例如，小红书 po 主、b 站 up 主等都是服务接受者转变为服务促进者的典型。服务促进者能够促进制造商与消费者之间的互动，提供关联服务，反馈和满足消费者的聚合需求。Gronroos 认为价值共创的实现不仅需要价值创造者，还需要价值促进者的协助才能实现。服务促进者能够通过聚合需求、传播产品优势、补足相关服务等措施提升服务化水平，如 IOS 系统依靠数量众多的软件开发者，使"刘海屏"的对应软件适配问题得到迅速解决。从小米的案例看，作为人类行动者的消费者与非人类行动者（移动互联技术、消费习惯等）复合成为服务促进者并向潜在消费者宣传小米的产品及服务（Ⅱ型）。综上，服务促进者的主要作用是支持价值创造的实现过程，促进服务提供者与服务接受者之间的互动，传递解决方案价值，协助满足服务接受者的需求。

  核心行动者通过调整收益分配等方式来协调利益相关者关系。在小米服务生态系统演化的过程中，小米一直作为核心行动者存在，围绕强制通过点（OPP），协调各方利益关系。研究表明价值共创过程中行动者可能出于多种原因而采取消极行为，影响整个生态系统的价值共创结果，故此需要管理者协调利益相关者之间的关系并决定价值如何在利益相关者之间分配。小米制定的分成协议和开发者扶持计划都表明小米作为核心行动者有能力对各方收益进行调整。综上，核心行动者可以通过非人类利益相关者来调整其他利益相关者行为，促进价值共创。此外，某些不受核心行动者影响的非人类利益相关者(如政策规范等)也会对系统价值共创产生影响。因此，制度安排与分配规则等可以由核心行动者创造并实施。这些制度一旦在人类利益相关者之间得到一致性的认同，就会转变为新的非人类利益相关者，进而影响价值共创及其分配。而对于消费习惯、政策规范、文化环境等不受控的非人类利益相关者，核心行动者则应当采取其他措施来规避价值共毁的风险。

基于以上分析，价值共创过程中人类行动者、非人类行动者之间的交互可以产生新的利益相关者，主要包括三种方式：一是改变既有利益相关者的特征、地位等要素，进而在原群体中派生出具有新特征的利益相关者。这种方式并不改变利益相关者在价值共创中承担的角色，但能够一定程度上拓展利益相关者的功能。二是通过人类行动者与非人类行动者之间的交互产生能够承担新角色的利益相关者，其在价值共创过程中具有区别于其他群体的功能。三是技术等非人类行动者通过对商业环境的塑造形成新的非人类利益相关者参与到价值共创过程中，改变人类利益相关者的行为。依据行动者网络理论，将服务生态系统价值共创的利益相关者划分为服务提供者、服务促进者、服务接受者和核心行动者。其中，核心行动者需要确定不同利益相关者的目标期望并采取相对应的措施以满足各利益相关者的需求。

(二) 问题呈现及分析

小米服务生态系统的发展经过了开拓、扩展、领导和自我更新/死亡四个阶段，在明确不同利益相关者角色的基础上，确定不同角色在不同阶段所面临的问题。从服务接受者角度来说，它是以满足自身需求为基本目的。随着生态系统的演化，服务接受者对于需求问题的关注也由性价比、服务宽度转向服务深度和便捷性。从服务提供者的角度来说，其面临的问题本质上是如何满足服务接受者的需求，具体表现为资金、人才、市场等因素对服务提供者的限制。随着生态系统的发展，如何捕获更多的共创价值则成为其必须面对的另一问题。从服务促进者角度来看，其需要在尽可能低的成本下配合服务化并获取更多利益。核心行动者则需要完成顶层目

国际采购与供应环境

标的设计,确保服务生态系统的稳定可持续发展。

人类利益相关者可以被分为服务提供者、服务促进者和服务接受者。值得注意的是,仅依靠加入生态系统前的属性不足以使利益相关者在系统中实现"功能"最大化,只有赋予其角色才能更好地发挥利益相关者的功能。如在小米社区等众多渠道的支持下,"米粉"为小米手机贡献了三分之一的设计创意。非人类利益相关者则可以分为两类,一类可以被核心行动者控制,如战略规划、收益分配机制等;另一类则不易受核心行动者影响,如政策法规等。例如新能源汽车行业因补贴政策迅速崛起,近两年又因补贴退坡而衰退。作为核心行动者应当制定策略,降低不可控非人类利益相关者对价值共创稳定可持续的影响。此外,并非所有非人类行动者都对价值共创结果产生直接影响,只有对系统的共创价值或分配产生直接影响的非人类行动者才会转变为利益相关者。

扫一扫,查看相关案例。

扫一扫,查看相关资料。

练习与思考

一、名词解释

利益相关者；企业社会责任；利益相关者关系管理；利益相关者矩阵

二、选择题

1. 利益相关者的范围有哪些？（　　）

   A. 政府

   B. 压力团体

   C. 利益团体如专业团体和工会

   D. 新闻媒体

   E. 当地社区及周边

2. 利益相关者的种类一般划分为哪三类？（　　）

   A. 内部的　　　　　　B. 外部的

   C. 相连的　　　　　　D. 所有相关者

3. 采购组织对于供应商不仅有合同责任，还有（　　）责任，特别是在采购方势力更强的情况下。

   A. 法律　　　　　　　B. 经济

   C. 道德　　　　　　　D. 关系

4. 高质量的、受到激励的和有责任心的供应商在哪些领域带来很大增值？（　　）

   A. 新产品开发与过程创新、可用性或交货

   B. 质量及质量管理过程

   C. 服务、建议与信息

   D. 资金价值

5. 企业社会责任目标包括哪些？（　　）

   A. 可持续问题

   B. 环境问题

C. 合乎道德的交易、商业关系与发展

D. 个人发展

三、简答题

1. 为什么说利益相关者是采购环境的一个重要部分？

2. 简述企业关注社会责任的意义是什么？

四、论述题

请结合本章案例分析，论述与利益相关者建立沟通的有效方式。

第七章

采 购 过 程

 **学习目标**

1. 了解供应商搜寻过程
2. 理解各阶段的目的及所产生的增值
3. 掌握结构化的供应源搜寻过程与达到增值目标之间的关系

 **基本概念**

供应源搜寻；定义需求；结构化供应源搜寻

第一节 采购过程和结构化过程

一、采购过程

1. 采购过程的概念

一般采购过程包括从最初的需求识别到最终满足该需求所发生的所有采购活动。

2. 采购过程的阶段

一个采购过程包括两个阶段：①合同授予前阶段：包括识别和定义需

求、制定采购计划、制定合同、市场调查研究、评估和选择供应商、接收和评估报价、合同授予。②合同授予后阶段：包括催货、付款、合同与供应商管理、资产管理及签订合同后的经验教训总结等（见图7-1）。

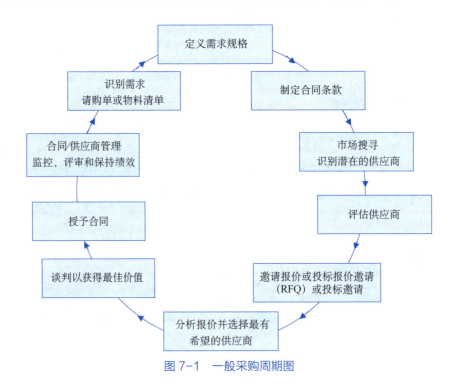

图7-1 一般采购周期图

3.采购方式

供应商关系从疏远到密切的采购方式有以下几种。

（1）现货购买：多指为满足临时需求而进行的一次性采购；

（2）常规交易：重复性采购；

（3）固定合同：一般指与供应商签订框架采购合同；

（4）单一供应源：完全从同一供应商处采购；

（5）战略联盟：与供应商在某些特定领域建立长期合作关系；

（6）合作伙伴关系：与供应商建立普遍性的长期合作关系。

4.确定供应商的因素

确定供应商关系类型有以下6个因素。

（1）所采购物品的特性与重要性。

（2）供应商的能力、合作与绩效（和采购方的互惠行为）以及他们之间所发展的信任程度。

（3）地理距离。

（4）供应伙伴的兼容性。

（5）组织和采购职能的目标与优先性。

（6）供应市场条件。

采购供应链隐性收益增值路径

对于参与供应链的所有企业获得利润是共同的目标，但是在宏观经济形势的压力下，企业通过管理手段的精细化来提升收益也越来越困难，所以，通过挖掘供应链中隐性收益，并将隐性收益显性化，达到提升供应链收益的目标。文章中考虑整条供应链中的一个核心企业，多个外部供应商，并将供应商进行分级，处于不同层级的供应商所能够得到的隐性收益是不同的，因而分类别研究不同层级的供应商，不同层级的供应商根据自身的情况动态循环在供应商利润增加的同时使整个供应链不断增值，并将所有可能的隐性利润采用合理的策略转化为显性利润。

第一收益层级隐性收益增值路径对应第一层级的供应商，在以核心企业为供应链的初始阶段就已经存在，这也是所有产业供应链在形成规模前的特点，这一层级的供应商最大的优势是价格优势，比其他供应商具有成本低的特点，所处的行业在技术分工上对技术要求程度低，具有一定的技术瓶颈，目前无法取代。但受制于企业自身能力和外界影响，无法主动发展壮大。因而可以预计到随着核心企业的发展以及对供应商的要求提升，将被淘汰。因而，对利润的追逐，促使这些企业通过与核心企业的合作，不断地将更多隐性利润显性化，从而不断分享供应链利润。

第二收益层级隐性收益增值路径对应第二层级的供应商，双方合作有了一定的基础，合作时间在 10 年左右，随着核心企业的发展，自身也得到了很大的发展，在生产规模上较合作初期有很大发展，生产管理人员也比较完善，企业各种管理都比较规范。最主要的是已经是核心企业某一物料的主要供应商，且合作金额较大（上千万级别），有足够的营业利润保证第二层级供应商可以和核心企业同步甚至更快发展。

第三收益层级隐性收益增值路径对于第三层级的供应商，有一部分是经过第一、第二层级发展磨合，逐步发展到达本层级，也有的是直接与行业内具有实力的供应商经过短期的磨合而建立战略同盟关系。从核心企业发展的角度，立志于成为本行业的领先企业必然要求供应链上下游合作企业也是行业内的领先企业，尤其是核心物料、核心环节的供应商更要有市场竞争力。从第三层级的供应商角度来说，更看重的是未来的长期共赢关系，自身具备较强的实力，有一定的国际竞争力，甚至直接是跨国企业在国内的分支结构、独资或者合营企业，在规模和技术实力上基本都是行业领先水平。因而在合作的过程其在行业内的经验较多，在很多方面试图引导核心企业。但是核心企业具有自身的发展规划，需要更多的沟通和交流。

二、结构化过程的必要性

1. 采用系统化的方法将采购过程结构化的好处

（1）可以保证所有需要执行的任务得到了执行，不出现差距。

（2）可以保证过程中协作各方之间有充分的协调，防止出现差距、工作重复、工作冲突。

（3）有助于保持过程和结果的一贯性。

（4）可以防止冲突和次优行为。

（5）通过强制推行最有效的方法或程序，可以提高效率。

（6）有助于实施良好的治理和管理控制。

（7）有助于与相关标准、法律和法规保持一致。

（8）可以将良好实践进行归档和分享，以支持持续改进和发展。

（9）可以帮助进行有意义的过程分析、问题解决和改进。

（10）帮助对采购人员、系统、技术和其他资源的系统化开发，以达到能力要求和结果。

（11）过程和程序的结构化可以支持将一些采购任务转移给非采购人员。

2. 最佳实践

最佳实践（best practice）是保证组织的政策和实践反映所在行业的最高标准。

实施最佳实践有以下几方面的途径。

（1）最佳实践分享：行业论坛、知识库和继续职业教育。

（2）申请质量奖：戴明质量奖、欧洲质量管理基金委员会的质量奖、英国商业卓越奖和地区性的卓越奖等。

（3）对标：将你组织的过程和实践与同领域中其他领导者进行对比，努力学习他们的成功行为。

3. 过程和结果之间的区别

（1）结果是一个组织或采购职能部门旨在取得和/或已经取得的目标。

（2）过程是为追求期望的结果而遵循的方法和步骤，或者一个组织或采购职能部门为了保证良好实践而遵循的方法或步骤。

第二节　识别定义和需求

一、识别需求和定义需求

1. 请购单的细目

①所需产品或服务的描述；②所需要的数量；③交货或供应日期；

④内部部门代码或预算代码，表明该采购支出的付款来源；⑤请购提出者的名字、签名以及日期。

2.组织内需求的识别和描述

①对于新的采购，必须以这些形式制定详细的描述：（不同类型的）规格；②服务水平协议（添加到服务规格）；③合同条款，其中限定了采购方与销售方在完成规格方面的义务。

二、规格

规格是可以简单定义为对于产品或服务的供应中所要满足的需求的一份说明。

一份有效规格的目的和增值包括以下几方面。

（1）定义需求：鼓励所有的利益相关者认真地考虑真正需要的是什么，这种需求是否是唯一的、有效的或者增值最大的方案。

（2）清晰地与供应商沟通需求，以便他们按照要求制定计划，也许他们还可以利用自己的技术专长对于该要求提出新颖的或者成本更低的解决方案。

（3）减少关于需求、满意的质量和合适性的疑问、歧义、误解、争议等，并使相关的成本最小化。

（4）提供一种评价所供应货物或服务的质量或符合性的方法，用以判断接收还是拒收，从而保证达到"合适的质量"并使失败成本最小化。

（5）从多处供应源进行物品采购时，帮助实现标准化和统一化、

1.使用规格主要的潜在缺点

①制定详细的规格是一个成本较高且耗时的过程，对于低价值采购是不经济的；②检验与质量控制的成本高于使用简单定义需求（如指明品牌）；③为了规格能够考虑到供应市场中的最新设计和最新发展，需要对规格定期进行评审；④规格容易导致制定过高的规格要求，这样会增加成本（而不一定带来增值）。

2. 规格的主要类型

（1）一致性规格：采购方可以详细给出所要求的产品、零件或材料必须由什么构成。

（2）性能规格：采购方从功能、性能水平和相关输入参数与运行条件等方面，描述自己希望能够得到什么样的零件或材料，由供应商决定如何提供满足这些要求的产品。

3. 一致性规格的形式

①工程图、设计图或蓝图；②化学式或原料配方；③如果市场上销售的商品能够满足采购方的标准，可以使用品牌名称或者型号名称或者代号作为规格；④产品样品，要求供应商按照样品的特征和性能复制；⑤符合公认标准的规格。

4. 典型的性能规格

①在规定的公差内所要达到的功能、性能或能力；②影响性能的一些关键过程输入，包括可用的公共设施（电力、太阳能等）；③实现这些功能所处的运行环境和条件（以及不希望的极端或异常条件）；④要求产品与过程中其他要素如何连接；⑤要求的质量水平（包括相关的标准）；⑥要求的安全水平和控制（包括相关的标准）；⑦要求的环境性能水平和控制（包括相关的标准）；⑧用于测量是否达到预期功能的标准指标和方法。

5. 性能规格的优点

与一般性规格相比，性能规格的优点有以下几方面。

（1）与详细的、描述性的规格相比，制定性能规格更加容易、更加便宜。

（2）性能规格的效力并不依赖于采购人员的技术知识。

（3）供应商可以应用自己的专业知识、技术和创新能力，制定最佳的、成本最低的解决方案。

（4）供应商承担较大的规格风险。

（5）使用性能规格比使用一致性规格有更宽的供应商基础。

6. 使用性能规格的情形

（1）供应商比采购方具有更多的相关技术与制造专业知识。

（2）供应的行业技术变化迅速。

（3）有清楚的标准指标用于评估各供应商为争取合同所提出的各种备选方案。

（4）采购方有充足的时间和专业知识来评估供应商建议方案和各竞争方案的潜在功能性。

7. 制定服务的规格

与材料或制造品的采购相比，服务的采购在制定要求时会遇到更多的问题。

（1）服务是无形的，缺乏"可检验性"，很难制定服务水平的评估标准。

（2）服务是可变的，很难实现标准化。

（3）服务的提供是"实时的"，因此规格应包括服务提供的具体时间。

（4）很多服务只能在特定地点完成，因此规格需要明确服务提供的地点及相关问题。

（5）可以对很长的合同期采购服务，其间对服务的要求可能与最初的要求有所变化，需要进行评审、有一定的灵活性并进行变更控制。

8. 制定规格过程中的增值

在制定规格过程中，采购部门可以在下列方面带来增值。

（1）关于供应市场的知识：是否有可用的标准件或者通用件；是否有可用的有能力的供应商；替代供应商和替代解决方案的可能性；市场价格、供应市场风险因素和可用性问题。

（2）在制定规格前与供应商联系，讨论可能的解决方案；或者向设计团队介绍符合资格预审的供应商（供应商早期参与），这样可以改进技术规格。

（3）利用采购的商务知识，如是否需要在规格中包括准时制供应、响应时间、维护保养范围、零备件可用性、担保期、用户培训等方面的要求。

（4）利用采购在法务方面的知识，如需要符合健康与安全、环境保护采购方法等方面的标准和法规要求。

（5）利用采购在品种减少、价值分析、成本降低等方面的专业技能。

9.供应商早期参与的优缺点

（1）优点：实现相对短期的组织收益，如技术规格更加精确和更易达到、提供产品质量、缩短开发时间、降低开发与产品成本等。

（2）缺点：供应商早期参与，可能造成产品或服务是按照供应商的能力进行设计的，这样可能是有限的、将采购方限定在与该供应商的供应关系上；供应商可能会变得不求进取，导致产品质量和服务水平下降；可能会带来保密性和安全性问题，例如产品计划泄露给竞争者。

第三节　合同制订与管理

一、合同制订

1.常规合同的特性

常规合同的特性，即采购合同是一份声明，表明：①两方或多方同意做的或交换的具体是什么（包括规格、价格、送货和付款日期等）；②可能导致协议变更的条件和突发事件；③如果一方不能履行其承诺，那么各方的权利是什么；④出现问题的情况下责任如何划分；⑤争议如何解决。

2.合同条款

合同条款是合同各方理解的依据该合同他们各自权利和义务的声明。合同条款定义"要约"和"反要约"的内容，另一方一旦接受，则具有法律约束力。

（1）明示条款。

明示条款是合同双方在合同中明确申明认可的条款，如价格、发货时间、物流方式及费用、免责条款（如不可抗力条款）等。

（2）默示条款。

默示条款是普通法（公认的法律原则）和成文法（立法）本身认为存在的条款，无论它们在合同中是否被明确指出，都将构成合同的一部分。

（3）条件条款。

条件条款是合同的关键条款，如果违反这些条款，则无过错方可以将其作为不履行协议基本要素对待。在这种情况下，无过错方可以选择终止合同，并对所遭受的损失要求赔偿。

（4）保证条款。

保证条款是附属于合同主要目的的附则。违反保证条款不构成合同履行的根本性失败，因此不需要终止合同，无过错方只能要求损害赔偿，但无权拒绝继续履行合同。

合同可以明确声明某些条款是条件条款。例如，如果在合同中声明合同履行的时间是"本合同的要素"，那么延迟交货将被认为是违反条件条款，而不是保证条款。采购方有权终止合同，拒绝供应商继续履行交付行为，并要求赔偿。如果没有明确声明，那么延迟交货将被认为是违反保证条款，采购方可以要求供应商对延迟交付的行为本身进行赔偿，但不能拒绝供应商继续履行合同。

3.服务水平协议

服务水平协议（SLA）是绩效要求的正式说明，详细且准确地规定了服务供应商将要提供的服务性质与服务水平。

（1）服务水平协议的基本内容。

①包括什么服务以及不包括的服务，或者仅仅在要求时和在额外付费时才包括；②服务的标准或水平（如高质量服务的响应时间、速度和特性）；③活动、风险和成本的责任分配；④如何监控和评审服务与服务水平，使用什么评估措施，出现问题如何解决；⑤如何管理投诉与争议；⑥何时及如何评审和修订协议（随着需求或环境的变化，服务规格可能需要更改）。

（2）有效的服务水平协议带来的增值效果。

① 针对具体的服务，清楚地表明客户和服务提供商。

② 将注意力集中于实际涉及的和获得的服务。

③ 明确客户真正的服务要求，削减没有必要的或者不增值的服务或服务水平，从而降低成本。

④ 可以使客户更好地了解他们得到什么服务、他们有权期待什么服务、服务提供商能够提供什么额外的服务或服务水平。

⑤ 可以更好地使客户了解到服务或服务水平的成本是什么，以便进行切合实际的成本收益评估。

⑥ 有助于对服务和服务水平进行日常监控和定期评审。

⑦ 便于客户报告未能达到服务水平的情况，这有助于解决问题和改进计划。

⑧ 促进服务提供商和客户之间更好地理解和信任。

二、合同授予

1. 竞争性招标的应用

竞争性招标的使用标准，以及不应使用竞争性招标的情形如表 7-1 所示。

表 7-1 竞争性招标的应用

使用竞争性招标的标准	不应使用竞争性招标的情形
1. 采购的价值应当足够高，值得进行竞争性招标过程	1. 不能精确估算生产成本
2. 规格必须明确，潜在供应商必须清楚了解完成合同所涉及的成本	2. 在合同授予中价格并非唯一或最重要的评价标准
3. 市场上必须有足够数量的潜在供应商	3. 随着合同的发展，很可能对规格进行改变
4. 潜在供应商必须在技术上合格，并渴望赢得该业务	4. 特殊工装或设置成本是要求中的重要因素
5. 必须有进行竞争性招标程序的充足的时间	

另外，如果组织政策或外部法规有相应要求，则应当使用竞争性招标。

2. 竞争性招标的增值优势

（1）可以保证供应商之间的公平性和真正竞争；（2）保证采购决策是以成本和资金价值为坚实基础做出的；（3）还可以让供应商广泛参与，可以鼓励对需求提出创新性的解决方案。

3. 竞争性招标（特别是公开招标过程）的缺点

（1）广泛的竞争可能会阻碍一些潜在的合格供应商参与投标；（2）可能没有足够多的符合预审资格的投标者，在投标过程的后期可能会出现能力问题的风险；（3）竞争主要是基于最低价格，可能导致对其他的重要标准（如质量和可持续性）重视不够；（4）招标过程可能为采购方带来沉重的管理成本；（5）合同授予可能是一次性的，不会对供应商带来未来的业务。

4. 招标的主要方法

（1）邀请招标：对潜在的供应商进行资格预审，对符合资质要求的3~10家供应商发出投标邀请。

（2）公开招标：在公开媒介上以招标公告的方式邀请潜在投标人参与投标，对任何潜在投标人开放。

5. 邀请招标的优点

（1）邀请招标对于采购方和供应商而言耗时少、成本低。

（2）邀请招标出现后期的技术能力问题的可能性更小。

（3）邀请招标使未通过预审资格的供应商免于在没有现实的成功机会的情况下白白花费资金和精力。

6. 最佳的招标程序

（1）准备详细的规格和合同文件草稿。

（2）决定采用公开招标还是邀请招标。

（3）制定一个切合实际的准备过程时间表，为每个阶段留出合理的响应时间。

（4）发出投标邀请，附带规格。在邀请招标中，是向获得预审资格的供应商发出投标邀请，在公开招标中，是在公开媒体上发布招标公告，并向在规定时限内作出反应的供应商发出投标邀请。

（5）潜在供应商在规定时间内提交完整的标书。

（6）在指定日期开标。

（7）根据发布的标准，分析每一份标书，目的是选择"最好的报价"。

（8）合同的授予，并公布或通知合同的授予结果。

（9）回复咨询。

7. 分析投标标书

分析投标标书所需要考虑的要点如表 7-2 所示。

表 7-2 用于分析投标标书的检查表

1. 建立标书收取和开启的例行程序，确保保密性
2. 制定所参与部门明确的责任
3. 建立客观的授予标准，在最初的投标邀请中加以说明
4. 对每一份标书的评估建立跨职能团队
5. 建立标准化的格式用于对标书的登记和报告
6. 检查收到的投标标书符合投标标准，需要对非价格标准进行详细的评审（如有需要，可以索取更加详细的资料）
7. 检查每一份标书的运算精度
8. 排除高于最低标价一定百分比的前两家或前三家投标者
9. 按照预先确定的检查表对标书的技术、合同及财务细节进行评估
10. 为每一份标书准备一份报告提交给项目经理或采购经理（作为对未中标的投标者的回复基础）

8. 谈判过程的总结

（1）有目的的说服：双方均试图说服对方接受自己一方的观点。

（2）建设性的妥协：双方接受需要向对方立场靠近，找到有共同基础的领域并从中发现做出让步的空间。

9. 合同的组成部分

招标结束后对中标者应当发布正式合同，一般而言，实际合同的组成部分应当包括以下几方面。

（1）规格或招标邀请；（2）供应商的书面建议书；（3）谈判中达成一致的条款或者修改条款。

10.合同签署要求

合同应当一式两份并由双方签署，双方各持一份原件。

三、合同或供应商管理

1.采购到付款周期

（1）采购到付款（P2P）周期：合同授予之后到合同完成之间的"活动周期"。

（2）采购到付款周期的各种活动如图7-2所示。

图7-2 采购到付款周期的各种活动

（3）订单跟催：采购订单确认后对订单进行的跟踪和催促。

2.合同管理与供应商管理

合同管理，旨在保证双方履行他们的责任并达到合同期望结果的过程。合同管理的关键过程和活动主要有以下几方面。

（1）合同制定：合同应进行版本控制，对于每一次合同变更都应记录修订内容。

（2）合同的行政管理，包括合同的维护、更新与变更控制，合同数据库管理、预算与成本/收费监控、采购到付款程序、管理报告、争议解决。

（3）管理合同绩效：制定服务水平协议和绩效测量指标，阐明期望的合同输出。

（4）合同评审：定期评定合同输出的进度、绩效、一致性和交付。

（5）供应商关系管理。

（6）合同的续订或终止：在临近合同期满时，评估合同完成情况和供应需求状态，如果仍有需求，且合同的完成让人满意，可以续订合同；如果需求已经得到满足，或合同绩效不令人满意，则终止合同。

积极主动的合同管理可以带来的增值收益，主要有以下几方面。

（1）改进合同制定与管理中的风险管理；（2）提高供应商的符合性和承诺；（3）促进和推动日常关系发展与绩效改进；（4）更好的资金价值（来自有效的合同管制与执行）。

供应商管理是采购的一方面工作，涉及供应商基础合理化、供应商的选择、协调、绩效评估、潜力开发以及在合适的情况下建立长期协作关系。

积极主动的供应商管理可以带来的增值效益，主要有以下几方面。

（1）开发少数几个可靠的供应商，则公司在识别、评估和培训新的供应商方面所用的成本更低。

（2）在反馈、问题解决和合作期间，能够逐步解决质量及其他问题，取得持续改进。

（3）良好的关系产生善意，这可能赢得供应商在紧急情况下的优惠对待或灵活处理（如紧急订单的处理）。

（4）可以更好地激励供应商（通过长期、稳定、优质的业务）争取最佳绩效。

（5）得到激励的供应商可能愿意共同投资（如研发或资金投入）。

（6）如果定期协商、监控和管理绩效标准，供应商失败或绩效不佳的风险就会降低。

供应商评估与供应商绩效评估的区别是供应商评估（在合同签订前进行，目的是用于供应商选择）过程与供应商绩效评估（在合同签订后进行，目的是用于管理控制）过程有所不同。前者评估潜在供应商完成采购方要求的能力，后者评估现有供应商在完成合同中的绩效。

供应商等级评定的标准包括：（1）价格；（2）质量；（3）送货；（4）其

他可测量要素，如售后服务、客户满意度等。

供应商等级评定的基本方法有以下几方面。

（1）一种常用的方法是使用供应商绩效评估表（见图7-3），即一份关键绩效要素的检查表，供应商经理对照该表将供应商绩效评估为良好、满意或不满意。这种方法易于实施，但比较主观。

图 7-3 供应商绩效评估表

（2）另一种方法是要素评级法，即对每个关键评估要素打分。对于每个主要因素，根据其在总体绩效中的重要性赋予一个权重，并应用于相应的各个分值，最终得出一个总体分值或等级。这种方法可以用于对多个供应商进行比较和排序，也可以用于某个供应商在不同时期的绩效对比评估。

供应商开发是指采购方为了提高供应商绩效和/或能力以满足自己短期或长期的供应需求，而对供应商实施的活动。

第四节　供应商选择与管理

一、市场调研

市场调研是指识别或寻找那些有潜力满足供应需求的供应商。

二、潜在供应商信息的可能来源

（1）采购数据库记录，首选的、已批准的供应商名单。
（2）供应商名录、销售人员演讲稿、网站。
（3）印刷的或网站上的供应商名录和有库存的商家名录。
（4）在线市场交易所、拍卖和评论网站、供应商/采购商论坛。
（5）贸易或行业的出版物。
（6）商品交易会、展览会和行业会议。
（7）与其他采购人员建立联络。

三、供应商评估的"10C"模型

（1）供应商履行合同的能力（competence）。
（2）供应商满足采购组织目前和未来需求的能力（capacity），如产能。
（3）供应商对关键价值要素（如质量、服务或成本管理）以及与采购组织保持长期关系的承诺（commitment）。
（4）有现成的控制系统（control systems），用以监控管理资源与风险，如质量或环境管理系统、财务系统、风险管理系统等。
（5）现金资源（cash resources），确保供应商的财务状况和稳定性，可以通过查看供应商的财务相关报表来进行分析。
（6）在交付和改进质量与服务水平中的一致性（consistency）。
（7）成本（cost）。
（8）供应商与采购组织的兼容性（compatibility）。
（9）合规性（compliance）。
（10）有效沟通（communication efficiency）。

四、获取供应商信息的途径

（1）供应商填写的自评估问卷，但要验证供应商所填写信息的真实性

国际采购与供应环境

和准确性。

（2）财务评估，分析供应商的财务报表、报告和账目，以及信用评级机构发布的分析报告。

（3）检查供应商的认证、鉴定证书、质量奖项和政策声明。

（4）供应商现有客户的推荐意见，用以评价该供应商的可靠性及客户满意度。

（5）工作抽样。

实践指导

一、实践任务

通过本章学习，引导学生进一步了解采购过程，要求学生熟悉采购过程结构化的必要，理解识别和定义需求的重要性。通过案例的学习与讨论，加强对企业采购过程的认识，从而更好地实现本章学习目标。

二、实践步骤

(1) 分组讨论并进行交流，找到案例中的关键问题。

(2) 确定是否还需要查找与关键问题相关的背景资料。

(3) 筛选并优化分析此案例的答题思路。

(4) 明确小组分析案例的逻辑与依据，展开思路整理。

(5) 小组形成文字报告并进行演示汇报。

三、实践要求

(1) 认真读懂案例。当小组分到或找到一篇案例时，成员需要对案例进行反复阅读，对案例中的重要信息进行消化理解。在阅读过程中对案例中的背景资料、主要事实、面临的难题及难点、重要论点、重要结论和针对性的对策建议等内容进行一一记录，以方便后面的讨论与分析。

(2) 分组交流讨论，大胆提出自己的看法。对案例中的主要角色或者问题进行分析，尝试对案例所给的背景资料进行仔细阅读、筛选分类和归纳总结，若需要引证资料佐证个人观点，可以通过电子资源、图书馆资源等，获取相关领域的多方面知识，保证分析的科学性与合理性。

（3）全面正确地概括问题。在对案例认真阅读分析后，小组尝试根据案例的相关资料找出问题的症结所在，对需要解决的问题进行概括与凝练，注意概括的逻辑性与针对性。

（4）撰写分析报告。报告中小组成员要对资料分析到位，依据所学理论，采用所学分析工具，全面合理地展开案例资料的客观分析。要求紧扣主题，结构清晰，层次分明，中心突出。除此之外，提交的报告要注意格式规范，用词准确，表达通顺。

四、实践内容

某工程公司2015年中标某煤化工项目的净化合成单元总承包合同。项目执行中全面推行公开招标，实行开门采购。2017年8月，东北某制造公司中标该项目5台铬-钼钢换热器、3台双相钢换热器和11台不锈钢碳钢换热器3个采购包，合同额超2 000万元，交货期是2018年5月。合同约定的付款节点是预付款（10%，合同签订）、进度款（30%，主材进厂）、发货款（15%，产品出厂验收合格）、到货款（20%，到现场验收合格）、调试款（15%，安装验收合格）、质保金（10%）。由于这是两家企业的首次合作，因此，工程公司对其产品制造过程的控制工作尤为重视。在中标通知发出后，工程公司过程控制部门即针对此3个合同制订了详细的催交、检验策略和计划，提升了催交、检验等级，力保万无一失。这家工程公司于2017年8月底第一时间在制造公司召开了项目开工会，对设计图纸、主材采购等问题进行了交底和对接，制订了设计图纸发放、主材采购、制造进度等关键节点的执行进度计划，并提高了访厂催交和电话、邮件沟通的频次，每周要求制造厂提交生产进度周报，每月至少安排一次访厂催交。同时，这家工程公司对合同执行进度实时监控，对于中间出现的偏差及时预警纠偏，还安排了第三方驻厂监造，加强生产源头和生产过程中的质量控制，确保质量。果然，在合同执行过程中，那家制造公司暴露出资金短缺的问题。先是主材于2017年11月才完成全部订货，比原计划滞后1个多月，好在按照当时工期安排并未对工程造成实际影响。为了帮助对方解决资金问题，工程公司在资金支付上优先安排，只要符合合同约定条件立即付款。对方利用这笔前期支付的预付款和进度款将主体板材和锻件于2018年3月全部采购到位，4月底7台不锈钢碳钢换热器的换热管采购到位，其余12台设备的换热管处于带款提货状态。但是，从4月到5月近两个月的时间，还是由于资金困难，制造公司换热管不能提货，导致整个项目处于停工待料的状态。

针对这种情况，工程公司在确保法律风险可控的前提下，同意采取由工程公司直接代替制造公司将换热管款项支付给换热管厂家。工程公司、制造公司和换热管厂家共同签订了付款委托协议书，所付款项从进度款中等额扣除。合同生效后，换热管厂家先行把换热管发货给制造公司，工程公司按资金支付流程进行付款。最终，换热管于2018年6月10日前全部进厂。制造公司全力以赴组织生产，工程公司安排专人进行监理，保进度和保质量双管齐下。2018年8月18日，最后一台设备到达项目现场，保证了项目施工的进度要求。

五、实践范例——专家点评

工程建设项目长周期物资催交，是合同执行最关键的内容，也是制约项目进度最重要的环节之一。所以，工程公司对催交工作都很重视。一般情况下，项目组会采取以下几种方式催交：一是对于制造程序不复杂的物资如钢材等，买方组织人员采取关键节点式催交。二是买方委托第三方监造人员进行催交。该做法对于正常运营的制造厂有效，但不适用于任务量过于饱满或经营形势不稳定的企业。三是对于大型及制造程序较复杂的设备，买方安排人员长期驻厂催交。本案例根据制造厂的经营情况适时变化措施，采取了3种方式逐步递进的做法。案例列举了关键过程，重点介绍了在资金支付上打破常规、最终确保问题得到及时有效解决，措施针对性较强，保证了项目进度要求。本案例对进度目标要求强的项目具有借鉴作用。

 案例分析

扫一扫，查看相关案例。

 拓展阅读

扫一扫，查看相关资料。

 练习与思考

一、名词解释

采购过程；单一供应源；战略联盟；最佳实践；对标；规格；供应商早期参与；服务水平协议；供应商开发

二、选择题

1. 一个采购过程包括哪两个阶段？（   ）

    A. 合同授予前　　　　　　　B. 合同授予后

    C. 市场调查研究　　　　　　D. 制定合同

2. 与供应商关系是否正确，取决于哪些因素？（   ）

    A. 所采购物品的特性与重要性

    B. 供应商的能力、合作与绩效以及他们之间所发展的信任程度

    C. 地理距离

D. 供应伙伴的兼容性

E. 组织与采购职能的目标与优先性

F. 供应市场条件

3. 采购过程为什么使用"正确的方法"？（　　）

　　A. 可以遇到更少的问题　　　　B. 减少不可预见的复杂性

　　C. 降低风险　　　　　　　　　D. 减少浪费

4. 哪些途径可以实施最佳实践？（　　）

　　A. 行业论坛　　　　　　　　　B. 申请质量奖

　　C. 对标　　　　　　　　　　　D. 最佳实践分享

5. 一致性规格有哪些形式？（　　）

　　A. 工程图、设计图或蓝图

　　B. 化学式或原料"配方"（成分规格）

　　C. 市场上满足采购方要求的品牌、型号或代号

　　D. 产品样品

　　E. 符合工人标准的规格，如中国国家标准、英国国家标准、市场等级或国际标准

三、简答题

1. 典型的性能规格包括哪些内容？什么情况下适用性能标准？

2. 采购服务时，会遇到哪些问题？采购职能部门如何在采购服务过程中实现增值？

四、论述题

　　阐述如何开展有效的供应商绩效评估？有效的供应商绩效评估可以给组织带来哪些好处？

第八章

电 子 采 购

 学习目标

1. 了解如何在供应源搜寻过程的不同阶段使用电子系统
2. 理解电子系统对采购运作和效率的影响
3. 掌握信息与通信技术对采购行为的影响

 基本概念

电子请购；电子供应源搜寻；电子采购支付系统；P2P

第一节 采购过程中的电子系统

一、电子商务

电子商务（E-commrece），是指通过ICT（通常是指互联网）在线进行的商业交易。

就采购的职能而言，互联网可以提供下列几方面好处。

（1）通过互联网，可选择的供应商范围更广，从小型供应商到全球性的供应商。

■ 国际采购与供应环境

（2）通过电子通信、更高的准确度和电子交易处理，可以节约采购成本。

（3）为降低库存和提高库存的周转效率提供支持（如准时制系统），因为互联网系统具有高速度与响应性。

（4）共享数据信息，从而改善和协调供应链管理。

案例与思考

青岛地铁运营生产性物资电子采购平台建设思路

电子采购平台本质上也是一种"工具"，从采购的角度看，电子采购平台应用大致分为两种：一是借助电子采购平台发布采购信息，采购组织实施（主要是评审环节）仍然按照规则线下实施，如国家招标投标公共服务平台、招标投标网等，这类平台主要针对的是特定的公开招标采购项目，也就是通常理解的达到了一定金额，委托代理机构组织实施的采购项目；二是借助电子采购平台系统直接完成评审或者直接采购，如政府采购网上超市、城轨采购网、中国e车网等，主要是针对非公开招标采购项目，这也是运营公司物资采购项目的绝大多数。

目前，多数电子采购平台基本上兼具两个功能，按照采购方式区分模块，公开招标项目使用平台发布采购信息，非公开招标项目借助系统完成实施至确定成交供应商。对于青岛地铁运营公司来讲，生产性物资电子采购平台未来的建设、发展大致可以分三步走。一是短期内，加盟城轨采购网等行业内部成熟平台。加盟使用既不需要考虑成本投入，也不需要考虑后续开发，且随时可以退出使用，同自建平台、共建平台也并不冲突。二是中期规划，同其他企业联建共建，挖掘经济效益。主要考虑获取其他用户的资源优势，形成发展的持续合力。联建共建主要有两个方向，一方面面向海尔、海信等具有一定技术实力的软件公司，双方以合资的方式成立新的技术开发公司，不仅使电子采购平台建设、维护、升级问题得到了解决，还可以对外提供服务，形成新的盈利点；另一方面面向中车、青岛港、机场等国有企业，或者由市国资委、交通局等主管部门牵头，几家企业共同打造平台共用。如可同中车共用同一个采购平台，对青岛地铁物资采购尤其是电客车相关备件采购将带来巨大的效益。三是远期筹划，做成区域的标杆。在短期加盟平台积累经验，中期搭建具备可持续发展的基础上，复制城轨采购网模式。虽然在行业内部很难撼动广州地铁的地位，但主要面向山东省内或周边省市形成一个区域性的"采购联盟"，发挥青岛地铁在省内的引领和示范效应，提高青岛地铁品牌影响力和整体竞争力。电子采购平台属于高投入、高产出项目，尤其是对于运营公司生产性物资采购等非公开招标项目相对集中的采购领域效果明显，抓住目前国家政策支持、行业发展迅猛等契机，直追快上，实现效益的最大化。

（资料出处：周志鹏.青岛地铁运营生产性物资电子采购平台建设初探.电子招标投标.2021（4）：53-55）

二、电子采购

电子采购（E-purchasing），是指通过电子方式提高外部与内部采购与供应链管理过程的信息与通信技术的综合应用，电子采购过程如图8-1所示。

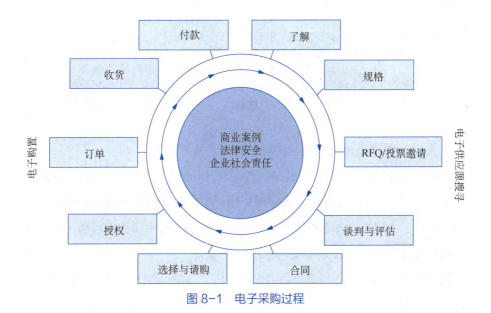

图8-1 电子采购过程

电子采购工具如表 8-1 所示。

表 8-1 电子采购工具

采购过程的阶段	电子功能与工具
识别与定义需求	1. 检查实时库存，需要时发出请购单 2. 可以使用开支分析、趋势分析和投资分析等工具，支持采购决策 3. 生成电子规格和电子合同
市场搜寻	1. 可以使用供应市场情报工具 2. 可以获得关于产品目录、供应商和供应商绩效数据的资料 3. 对供应商的识别、评估和资格预审，并验证价格信息 4. 发出投标邀请或者报价邀请，接收并评估标书 5. 参加拍卖或者反向拍卖 6. 发出"按需分批发货采购单"（按照框架协议或系统合同）或对于低价值采购物品让合作伙伴控制库存和进货（供应商管理库存） 7. 发出谈判计划资料 8. 生成和发送采购订单或合同，并自动更新合同管理数据库
采购至付款（P2P）和合同管理	1. 交货跟踪 2. 例外情况下的催货 3. 自动收货与检验（如使用条形码或 RFID），验证交货以触发付款授权或自动支付，并更新库存记录 4. 获取供应商绩效数据、预算控制/支出数据 5. 使用供应链通信的专用电子邮件、外部网或内部网 6. 接收发票：使用自动记账、自动发票匹配及电子发票生成 7. 生成纸质货币支付（如支票）和电子支付（如通过转账）

采购与供应链过程自动化的好处有以下几方面。

（1）成本节约（通过精简和加速各项工作过程，减少人工成本，提高效率）；（2）提高信息沟通效率和透明性（计划与需求的共享分析）；（3）数据处理和传递更准确（如 ERP 的应用）；（4）缩短采购周期和前置期（采购过程的精益化以及电子发票和支付系统的使用）；（5）改善供应商关系（提高沟通和数据共享，建立与供应商的虚拟协作）；（6）实时信息用以支持计划、决策和交付；（7）降低欺诈风险（电子系统的应用）；（8）改进管理信息、决策与反馈。

电子采购过程的风险与成本有以下几方面。

（1）资本投资高、建设成本高（设计与开发，软件与硬件成本）；（2）初始学习曲线成本高（人员培训、系统切换可能造成的混乱等）；（3）可靠性问题（软件开发水平和安全程度带来的问题）；（4）兼容性问题（供应商的管理水平和电子系统层次不一）；（5）道德问题（人工减少可能带来的裁员）；（6）数据安全风险（如电子授权、数据破坏或丢失、计算机病毒等）。

电子采购过程中的数据安全与欺诈风险最小化的各方面如表 8-2 所示。

表 8-2 电子采购过程中的数据安全与欺诈风险最小化

物理安全	1. 针对硬件盗窃的物理保护措施 2. 废旧电脑废弃处置时，应当考虑在出售之前删除敏感性信息
日常数据备份	1. 每天可用移动存储介质进行数据备份 2. 在日常的数据备份后进行日常的数据验证
密码	开发强健的密码系统
系统升级	尽可能保持系统更新，将系统的脆弱性降到最小
防火墙系统	对信息网络流量进行检查、放行或封闭，保证硬件和软件安全
防止恶意软件	1. 恶意软件是指各类有害软件，包括病毒、蠕虫、木马、广告软件和间谍软件 2. 使用专门的数据保护和删除工具可以消除大多数恶意软件的威胁
授权程序	1. 数据集成能够使记录匹配（如发票和订单、收货单的匹配）并识别有差异的数据 2. 电子请购、采购订单和发票自动路由至适当的预算持有者，以便管理人员签批或授权

第二节　电子采购到付款

一、电子请购

电子请购（electronic requisition），旨在简化采购职能从用户获取请购单并提供有关请购人和其需求信息的过程。

制定需求计划和规格的工具有以下几方面。

（1）资源计划的集成系统，如物料需求计划（MRP）、制造资源计划（MRP-Ⅱ）或企业资源计划（ERP）系统。

（2）设计与开发系统（如计算机辅助设计和制造系统，CAD/CAM）。

电子销售点系统（EPOS）是指通过销售点装置（条形码和RFID标签）记录销售点终端的销售量，并与库存管理系统连接。每种产品的成本结构及当前库存状态数据都集中存储在中央数据库，当一个产品使用EPOS系统售出时，则自动对该产品的库存状态进行交易性调整，并由此触发电子请购。同时，EPOS还可以用于跟踪产品销售、位置以及送货定位。

EPOS有以下几个优点。

（1）高效率地和准确地处理客户交易，缩短排队等待时间。

（2）库存管理：由于EPOS数据库的实时性，它可以自动生成补货订单。

（3）供应与需求信息在整个供应链中进行快速通信，这有助于需求预测、生产计划和补货的快速响应。

（4）获得关于损耗、利润率、销售趋势、消费者采购模式等方面的数据。

二、电子供应源搜寻

1.电子供应源搜寻

电子供应源搜寻（E-sourcing）是指使用互联网对如何以及从哪里获

得服务或产品进行决策和制定战略。换而言之，就是使用电子工具完成采购周期中合同前阶段或"供应源搜寻"的工作。

电子供应源搜寻有以下几种工具。

（1）电子商品名称；（2）供应商门户网站与市场交流网站；（3）电子招投标；（4）电子拍卖；（5）在反响拍卖中采购方提出需求规格，供应商提交竞争性报价；（6）在线供应商评估数据。

使用互联网识别潜在供应商的优缺点如表8-3所示。

表8-3　使用互联网识别潜在供应商的优点和缺点

优　点	缺　点
全球的、全天候的可用信息源	信息量过于庞大
低成本、快速、方便的信息查询	信息可能不可靠/过时
一般而言信息会频繁更新	很难验证信息和信息源的可靠性
可以获得有关小型的、很专业的全球供应商	获得产品/服务"样品"的能力有限
可以获取客户的反馈、报告、等级评定、认证信息等	支持全球性供应源搜寻，但会带来物流问题、风险等
具有一定的获得产品/服务"样品"的能力	可能会产生对发展中国家供应商的歧视
便于直接联系	

2. 电子拍卖

电子拍卖的优点有以下几方面。

（1）可以消除供应商耗时的人工处理、报价邀请与比较、谈判等过程，从而有效管理和缩短请购前置期。

（2）由于利用了竞争机制，可以比通过谈判为采购方节约更多。

（3）通过提醒现有供应商为保持竞争力重新考虑其成本基础与报价，从而为采购方带来价值的提升。

电子拍卖的缺点有以下几方面。

（1）在线拍卖是基于"零和"、对抗或"赢输"的：一方的利益是以另一方的损失为代价。

（2）供应商容易受到强迫（在威胁失去业务的情况下被迫参与）和操纵（如买方为强制压价而进行的"虚假"招标；通过"明显的"竞争强制压价，而实际上的原意却是使用预先选定点供应商）。

（3）可能会对供应商的经济绩效带来长期不良影响，被迫进行竞争性压价可能是不可持续的。

（4）可能会对采购的经济绩效带来长期不良影响。

（5）承诺的节约可能并未兑现。

（6）供应商得到的价格信息是获得业务的最重要的因素，因此有可能为了保持成本的竞争力而降低质量、创新性和可持续性。

（7）电子拍卖过程为非价格评估标准（如质量、客户服务或可持续性）和利益相关者的输入留有很小的余地。

3. 电子招投标

电子招投标的过程有以下几方面。

（1）投标邀请。

（2）供应商对投标邀请做出响应，用安全电子邮件将其标书发送到电子招投标系统的"电子仓库"。

（3）采购方可以通过"前端"网站功能观察和管理投标过程，回答有关澄清查询等。

（4）内置的安全功能防止在特定时间之前访问任何投标响应。

（5）该系统可能包括自动打分和评估功能。

（6）可以将评标结果自动通知中标者和未中标者。

电子招投标的优点有以下几方面。

（1）可以嵌入招投标最佳实践，将招投标工作委托给非采购专业人员。

（2）提高过程效率：缩短招标周期时间。

（3）为跨职能采购团队的采购项目沟通和数据分享提供方便。

（4）便于根据资格预审资料对标书进行快速准确筛选，自动拒绝未达到规格要求的供应商。

（5）可以对招标阶段的问题和澄清点作出快速响应。

（6）提高招投标过程的透明度和公正性。

（7）改进审计线索。

电子招投标的缺点有以下几方面。

（1）缺乏电子投标相关技术与设备的供应商无法参与电子投标的过程。

（2）投标过程中商业信息和知识产权的安全问题。

（3）对专业设备、软件、人员培训等方面的巨大投资成本。

电子供应源搜寻的好处有以下几方面。

（1）降低成本；（2）发展最佳实践；（3）提高质量和能力；（4）缩短供应源搜寻的周期；（5）改进培训与效率。

三、电子订单

电子合同的特殊增值效益有以下几方面。

（1）可以高效地和灵活地对标准合同条款和草拟条款进行"剪切和粘贴"。

（2）可以更好地控制保密性。

（3）可以更好地控制合同的更改、变更和版本。

（4）可以与合同管理数据库集成，从而使合同经理能够访问详细的联系信息、管理合同版本，获取供应商绩效数据等。

四、电子采购到付款（E-P2P）

1. 电子购置的工具

（1）电子数据交换（EDI）；（2）在线跟踪；（3）例外情况下的催货；（4）收货与检验；（5）电子支付；（6）合同管理系统；（7）数据库信息。

2. 电子P2P系统的好处

（1）精简和改善系统的工作流。

（2）改进组织与其供应商之间的沟通。

（3）减少了与数据输入、传输和加工相关的差错率。

（4）采购人员与财务人员从纯粹的行政事务性工作中解脱出来。

（5）该系统保证了程序的一致性、合规性和可控性。

五、电子支付

电子支付有以下几种形式。

（1）电子合并发票；（2）自动发票匹配；（3）评估的收据结算；（4）电子转账；（5）采购卡。

一、实践任务

通过本章学习，引导学生进一步了解电子采购过程，要求学生熟悉电子采购系统，理解电子采购到支付的流程。通过案例的学习与讨论，加强对企业采购过程的认识，从而更好地实现本章学习目标。

二、实践步骤

（1）分组讨论并进行交流，找到案例中的关键问题。

（2）确定是否还需要查找与关键问题相关的背景资料。

（3）筛选并优化分析此案例的答题思路。

（4）明确小组分析案例的逻辑与依据，展开思路整理。

（5）小组形成文字报告并进行演示汇报。

三、实践要求

（1）认真读懂案例。当小组分到或找到一篇案例时，成员需要对案例进行反复阅读，对案例中的重要信息进行消化理解。在阅读过程中对案例中的背景资料、主要事实、面临的难题及难点、重要论点、重要结论和针对性的对策建议等内容进行一一记录，以方便后面的讨论与分析。

（2）分组交流讨论，大胆提出自己的看法。对案例中的主要角色或者问题进行分析，尝试对案例所给的背景资料进行仔细阅读、筛选分类和归纳总结，若需要引证资料佐证个人观点，可以通过电子资源、图书馆资源等，获取相关领域的多方面知识，保证分析的科学性与合理性。

（3）全面正确地概括问题。在对案例认真阅读分析后，小组尝试根据案例的相关资料找出问题的症结所在，对需要解决的问题进行概括与凝练，注意概括的逻辑性与针对性。

（4）撰写分析报告。报告中小组成员要对资料分析到位，依据所学理论，采用所学分析工具，全面合理地展开案例资料的客观分析。要求紧扣主题，结构清晰，层次分明，中心突出。除此之外，提交的报告要注意格式规范，用词准确，表达通顺。

四、实践内容——打造透明、绿色、公平、高效的电子化采购

（一）安徽移动电子招标投标实施现状

安徽移动通过信息化手段固化招标投标操作和业务流程，促进招标采购业务公开，实现招标采购过程受控、全程在案、永久追溯、留有痕迹。安徽移动电子招标采购流程由省内采购平台（包括OA系统、ERP系统、合同管理系统、统一报账平台）和集团ES系统（中国移动电子采购与招标投标系统）两大架构组成。省内采购平台负责立项与决策，而集团ES系统负责采购过程的具体实施，也就是整个招标投标流程。安徽移动目前已经实现了招标项目100%电子化，以及招标投标流程100%信息化全覆盖。

（二）电子招标投标实施案例

1. 总体流程介绍

项目立项、采购方案决策、采购文件审核在省内采购平台中完成。采购方案决策后，项目信息同步至集团ES系统并在系统中完成招标采购全套流程，包括项目公告发布、招标文件澄清、开标、评标、候选人公示、中标通知。采购结果确认后，项目信息同步至合同管理系统，进行合同签订。供应商信息录入ERP系统进行供应商管理与订单管理。通过报账平台完成供应商付款。

2. 电子招标投标实施案例

限于篇幅，本书对整个公司采购流程不再细述，仅针对电子招投标流程进行介绍，以近期完成的中国移动2017—2018年传输管线工程施工服务集中采购（补充采购）（安徽）项目为例，展开说明。

集团 ES 系统收到项目同步信息后即自动创建项目，并进行招标公告发布及招标文件发售。项目于2018年3月29日分别在中国采购与招标网、通信工程建设项目招标投标管理信息平台、中国移动采购与招标网、中国招标投标公共服务平台发布招标公告，于2018年3月·29日17时00分—2018年4月4日17时00分进行投标人报名工作，其间106家供应商报名参加。

项目共发布4次澄清，均通过中国移动电子采购与招标投标系统发布。

项目于2018年5月11日11:00开标，采用现场开标、系统唱价的方式，以投标人系统报价为最终唱价。项目评审以投标人系统上传的电子投标文件为准，评审过程记录均在系统完成。

项目评审结束后，2018年5月19日发布中标候选人公示，公示期满后向中标候选人在线发出中标通知书。

3. 关键点节点介绍

（1）公告公示发布。

按现行的法律法规要求，通信工程建设项目需在通信工程建设项目招标投标管理信息平台、中国招标投标公共服务平台发布招标公告，另加上中国采购与招标网、中国移动电子采购与招标投标系统自带的公告发布平台中国移动采购与招标网共4个渠道公示整个项目信息。由于中国移动电子采购与招标投标系统与另外3个信息发布平台均已打通系统接口，故仅需在中国移动电子采购与招标投标系统中完成信息的编辑，即可实现公告公示信息的同步发布。

（2）投标报名及招标文件获取。

潜在供应商通过中国移动电子采购与招标投标系统实现网上项目报名。招标代理机构在线审批，完全实现在线报名审批。完成审批后，潜在投标人即可登陆系统下载电子招标文件。

(3) 澄清受理及发布投标人可在中国移动电子采购与招标投标系统中提出澄清要求，并接受澄清答复。

(4) 开标唱价。

开标唱价采用线上报价，现场唱价的电子开标方式，接受投标人纸质应答文件作为电子文件的副本，当电子文件因系统原因失效时，启用纸质文件。投标人可选择现场听取唱价，也可登录系统远程获取开标信息。

(5) 候选人公示及中标结果通知。与发布招标公告相同，在中国移动电子采购与招标投标系统编辑中标候选人公示后，系统通过接口实现上述4个渠道的同步信息发布。若投标人对招标结果存在质疑，均可通过系统在线反馈。公示期满后，在系统中编辑中标通知书与中标结果通知书，在线发放给所有投标人。

(三) 电子招标投标的优势

相比较传统的纸质投标操作，电子招投标在提高信息的传播效率、节约资源消耗等方面都具有巨大的优势。

(1) 提高信息传播效率。通过上述对比可以发现，电子招标投标有效提升了招投标各个环节的效率。特别是在公告公示、澄清通知等环节，使用电子化手段，除了可以极大地提高信息传播的效率与广度外，更能极大程度地保证对各投标人的公开公平。

(2) 资源节约电子招投标产生的最直接的资源节约就是纸张用量的减少，以中国移动2017—2018年传输管线工程施工服务集中采购（补充采购）（安徽）项目为例测算。该项目产生的直接纸张消耗为646.17千克，生产这么多纸张需要291千克标准煤，产生872千克二氧化碳排放和16吨废水。

(3) 增强招标投标公开透明度。系统平台提供了在线纪检监察通道，增强了招标投标公开透明度，减少了人为干预，有利于促进招标采购工作的合法合规。依托省内采购平台，固化招标准备阶段操作和业务流程，实现招标立项、招标需求移交、招标方案决策、招标文件编制会审、招标项目推送至集团ES系统等业务流程在线管控。依托集团ES系统，固化招投标阶段操作和业务流程，实现招标公告发布及招标文件在线发售、招标文件在线澄清、招标专家在线抽取电子开标、评标及投标文件在线澄清、定标及中标候选人公示、电子中标通知书与中标结果通知书发布等业务流程在线管控。依托省内采购平台，固化决标成交阶段及合同履行阶段操作和业务流程，实现中标结果决策、合同签约、合同执行、合同款项支付等业务流程在线管控。

五、实践范例——专家点评

电子招投标顺应了社会发展与技术进步，但从传统的纸质招标投标迈向全程电子化招标投标，仍然有很多工作有待完成。

（1）配套法律法规的修改。现行的法律法规，从直接的《招标投标法》到配套的《合同法》《公司法》等一系列法律法规，均是沿用传统纸质文件操作的思路。例如，围标串标等行为，不同单位上传文件的物理地址相同或是编制文件的工具序列号一致，这些情况在某些省份以出台相应的规章认定为串标，但在《招标投标法》及实施条例中并未能得到体现。

（2）评审流程的变革。现在的评审流程和传统纸质的评审流程并无显著区别，仅仅是将纸质投标文件变成了电子投标文件，这是电子化评审目前最大的短板。通过技术手段，主观部分采用匿名制，尽量降低评委的个人偏见。客观部分规范投标人上传文件格式，提高评审工作效率。

（3）建设更加诚信的招投标环境。串标围标与弄虚作假，受制于专家能力和现有的技术手段，难以在评审中完全识别，也造成和助长了行业的不正之风。通过信息化手段加强这方面的控制，有利于营造风清气正的行业风气。

扫一扫，查看相关案例。

拓展阅读

扫一扫，查看相关资料。

练习与思考

一、名词解释

电子商务；电子采购；电子请购；电子供应源搜寻

二、选择题

1. 电子供应源搜寻有哪些工具？（　　）

   A. 电子商品名录，供应商门户网站与市场交流网站

   B. 电子招投标，电子拍卖

   C. 在反向拍卖中，采购方提出需求规格，供应商提交竞争性报价

   D. 在线供应商评估数据

2. EPOS 电子销售点系统的好处有哪些？（　　）

   A. 自动对产品的库存状态进行交易性调整

   B. 可以跟踪产品销售、库存可用性及位置以及送货定位

   C. 有助于需求预测、生产计划和补货的快速响应

   D. 可以获得关于损耗、利润率、销售趋势、消费者采购模式等方面的数据，以便支持采购与运营决策

3. 在线拍卖有很多好处，但也招致一些批评，主要包括哪些批评呢？（　　）

   A. 基于"零和"、对抗或"输赢"的

   B. 供应商容易受到强迫和操纵，可能对供应商的经济绩效带来长期的不良影响

   C. 可能会对采购方的经济绩效带来长期的不良影响

   D. 有可能忽略质量提升、创新等

E. 给非价格评估标准和利益相关者留了很小的余地

4. 电子供应源搜寻的潜在好处有哪些？（　　）

  A. 降低成本　　　　　　　　B. 发展最佳实践

  C. 提高质量和能力　　　　　D. 缩短供应源搜寻的周期

  E. 改进培训与效率

5. 电子合同带来的特殊的增值效益有哪些？（　　）

  A. 可以高效地和灵活对标准合同条款和草拟条款进行"剪切和粘贴"

  B. 可以更好地控制保密性

  C. 可以更好地控制合同更改、变更和版本

  D. 可以与合同管理数据库集成

三、简答题

1. 采购过程自动化带来的好处有哪些？其风险与成本又有哪些？
2. 使用互联网识别潜在供应商的优缺点有哪些？

四、论述题

  请结合当前信息技术发展，阐述电子供应源搜寻的潜在好处。

第九章

组 织 环 境

1. 了解采购与供应链职能涉及的公司治理的主要方面
2. 理解采购职业道德准则
3. 掌握组织的政策和程序对采购的影响

公司治理；职业道德准则；采购政策；采购战略；负责任的采购

第一节　采购的公司治理与职业道德

一、公司治理

公司治理（corporate governance），泛指一套规则、政策、过程与组织结构，组织以此进行运作、控制与监管，以确保遵守可接受的道德标准、优良实践、法律与法规。《卡德伯利报告》中定义为"按照商业道德及时利益相关者所负的责任，对组织进行领导与控制的一套体系"。公司治理的重要性有以下几方面。

（1）采购控制着组织的大量资金。

（2）采购面临着实施财务欺诈、滥用系统或信息牟取私利的众多机会。

（3）采购的决策通常会使某些供应商比其他供应商获得更多利益，这就会促使供应商努力影响这些决策。

在采购中保持治理标准尤为重要，有以下几方面原因。

（1）采购专业人员在企业中受到信任，控制着某些战略决策和支出，影响到组织及其利益相关者的利益。

（2）采购专业人员是"管事人"的角色，负责照看其他人拥有的资金与财产。

（3）采购职业的名声、信誉和信任会因欺诈及其他形式的不道德行为而受损，因合乎道德的行为而提升。

（4）不道德的行为会损害供应链关系，危害采购组织；而合乎道德的行为则可以促进供应链关系。

妨碍达到良好治理的因素有以下几方面。

（1）缺乏领导层的支持；（2）缺乏来自内部或外部供应链中利益相关者的合作；（3）不良的 ICT 系统与系统集成；（4）治理模式、行为准则、规章及程序等缺乏透明度；（5）缺乏公司治理所需要的资源（包括时间）；（6）缺乏采购职责的连贯性与协调。

二、采购的治理框架与典型的治理机制

1. 采购的治理框架的关键要素

（1）监管机制：刑法，公共采购法律与法规，财务法规，标准程序、行为规范与职业道德准则。

（2）权力制衡：内部及外部审计、对举报人的支持、财务披露要求、在公共领域的信息与报告自由、供应商对合同授予决策提出疑问的权利、外部监督、职业尽责。

（3）预防：职业独立性、职业化、防止欺诈的措施。

（4）纠正：与法律法规的符合性、质疑与争议的解决、组织的学习与持续改进、自我监管。

2.典型的采购治理机制

（1）强大的内部控制环境，旨在支持企业目标并管理所识别的风险领域，健全的内部政策、权力制衡与控制机制。

（2）制定并实施采购活动中的职业道德行为准则。

（3）制定公平的、合乎道德的、透明的与一致的程序。

（4）对整个组织的采购支出进行有效的预算、控制与监督。

（5）清晰界定采购的角色、职责、责任与报告结构。

（6）控制采购人员个人的授权水平。

（7）对于请购、采购与支付等的批准与授权作出清晰规定。

（8）要求清晰的审计记录或书面记录，以便跟踪采购决策。

（9）对于不同采购职责进行分割。

（10）对于不同项目的采购人员进行轮岗，以避免某特定采购人员与特定供应商过于"亲密"。

（11）严格控制首选供应商名单及单货源采购，以确保其最为符合组织的利益。

（12）使用电子采购工具，以便使现金交易最小化、程序中人为欺诈性干预最小化、自动显示矛盾的数据。

（13）使用物理保安措施，以保护资产、现金及数据。

（14）对负责的员工进行有效的审查、筛选、监督与培养。

（15）使用标准的合同条款与条件。

（16）对采购过程、决策及控制进行内部审计，包括账目检查与核对，定期采购审计。

（17）鼓励供应商及雇员不畏报复，举报违反职业道德的行为。

（18）建立职业道德论坛或委员会，以讨论工作中产生的利益冲突与道德问题，坦诚沟通是以诚信方式进行事业道德管理的基石。

三、采购职业道德与负责任的采购

1. 采购职业道德

（1）职业道德（ethics）是关于什么是"正确的"或"错误的"行为的一套伦理准则或价值观。

职业道德问题在以下三个层面影响企业与公共部门组织：

① 在宏观层面，社会中存在关于商业与资本主义的作用问题，如全球化的影响、劳工剥削、工业化对环境的影响等。

② 在公司层面，公司在制定与各类利益相关者如何互动的战略与政策时，会遇到一些道德问题。有些问题是立法与监管要求的，组织需要遵循这些最基本的道德要求。这时，道德一般指"企业社会责任"，包括诚信、环境保护、可持续性、公平贸易与就业、影响最小化与社区投资等。

③ 在个人层面，个人在组织及供应链内行动与互动时，会遇到各种道德问题，如要拒绝参与欺诈，在投标合同授予时不歧视，不能接收不合规的礼物或款待等。

（2）商业道德的主要原则（个人层面）。

① 提供公平的、真实的和准确的（而不是虚假的或误导性的）信息，并在适当情况下保护信息的机密性。

②"公平交易"，对供应商行为采取相同的处理原则和措施。

③ 不应当提供、接收可能或可能被认为对接受者的决策造成影响的礼物或引诱物。

④ 采购负责人员应当了解各种欺骗行为，组织对此应当有明确的政策、规章与期望。

（3）职业道德准则。

《CIPS职业道德准则》（可以从CIPS网站上下载）是采购专业人员的道德标准与纪律框架，这是最佳行为的参照基础。该准则明确指出，CIPS会员必须遵守本职业的相关道德准则，违者将按规定的纪律程序进行处理。其中最重要的一个原则是，会员不得为私利使用授权，而且会员有责任维护采购职业与本学会的尊严与信誉，在自己所服务的组织之内与之外妥当行事。此外，该准则还提出了以下行为指南：

① 如果有任何可能影响或被人视为影响会员履行职责公正性的任何个人利益，都应当申报。

② 会员必须尊重信息的保密性，绝不出于个人私利而使用收到的信息。在履行职责的过程中，所提供的情报应当真实而公平。

③ 会员应当避免可能妨碍公平竞争的任何安排。

④ 除了价值很小的物品以外，不得接受任何商业礼物。

⑤ 只能接受适度的款待。会员不得接受可能或可能被认为会对商业决策产生影响的款待。

⑥ 关于上面最后两点的任何疑问，应当与自己的上级领导探讨。

2. 负责任的采购

在公司层面，商业道德通常要解决有关"企业社会责任"的一系列问题，对于采购而言，就是"负责任的采购"。所谓企业社会责任，就是企业对于其广泛的利益相关者承担的责任。

这里，我们简要讲述在社会可持续性、人权或劳动者权益等方面可能影响采购的一些主要治理架构，国际劳工组织的公约以及"道德贸易联盟"。

（1）国际劳工组织（ILO）公约。

国际劳工组织是联合国促进人权、公民权利和劳工权利的专门机构。它制定了一些共识文件（公约）、非正式的行为准则、决议与宣言（推荐规范），其中包括《关于跨国企业和社会政策的原则宣言》(《MNE宣言》)，指出了跨国企业对于经济与社会进步的贡献，以及如何减少和解决由于它们的商业活动而产生的问题。

国际劳工组织的总体目标包括下面七个核心原则，如表9-1所示。

表9-1 ILO的目标

人人享有体面工作	体面工作要考虑人在工作中的愿望（如他们对于机会和收入的愿望）、权利声音和认可，以及公平性和性别平等
创造就业	ILO指出了帮助创造与保持体面工作与收入的政策，发布在《全球就业议程》中

■ 国际采购与供应环境

(续表)

公平的全球化	全球化带来了全球经济增长,但也为社会中最贫穷的人带来了剥削。ILO努力寻求让更多的人享受全球化的好处
工作中的权益	ILO提出关于工人权益的四项基本原则:结社自由、废除强迫劳动、消除歧视、废除童工劳动
社会对话	ILO支持来自政府、雇主及工人的代表之间就共同利益问题进行谈判、协商和信息交流
社会保护	获得适当水平的社会保护(医疗、社会保障金等)被认为是每个人的基本权利。这也是保持社会和平、提高经济增长与绩效所必不可少的
消除贫困	人应当有改善自身处境的能力,不仅在收入方面,还在尊重、尊严和沟通方面。这些方面的改善可以带来经济、社会和政治权利

(2)《MNE宣言》建议。《MNE宣言》对跨国企业提出了以下五个方面的建议。

① 采用通用的可持续发展与合规政策。

② 促进就业,如增加就业机会与标准,建立与当地供应链的连接,促进平等机会、就业保障与公平待遇。

③ 提供培训,鼓励通过培训发展技能。

④ 保证良好的工作或生活条件,提供公平的有竞争力的薪酬、收益及条件,认识到工作与生活保持平衡的必要性,尊重最低就业年龄,保持较高的健康与安全标准。

⑤ 维护正常的行业关系,尊重结社自由、集体谈判与交涉,允许协商与公平的投诉和争议程序。

(3)道德贸易联盟(ETI)。

道德贸易联盟是由公司、非政府机构以及工会组织组成的联盟,致力于共同建立并促进国际公认的贸易与就业的道德原则,监督并独立核实遵守道德准则规定的情况,如关于合乎道德的供应源搜寻的标准等。

道德贸易联盟发布了下列的劳工雇佣准则,为合乎道德的劳工雇佣提供了基本原则指南:①自由选择就业;②尊重结社自由和集体谈判权;

③工作条件是安全和卫生的；④不得使用童工；⑤确保最低生活工资；⑥工作时间不得过长；⑦没有歧视；⑧提供正规就业；⑨不允许严酷的或非人道的待遇。

（4）公平贸易。

国际公平贸易协会《公平贸易标准》中也提倡类似的原则，包括以下几方面。

① 为在经济上处于劣势的生产商创造机会。

② 诚实，在与贸易伙伴进行交易时，保持透明性与责任感。

③ 培养能力，通过提供连续性，使生产商提高他们的技能并能够进入新的市场，从而提高生产上的独立性。

④ 公平支付，支付公平的价格，使之不仅能够抵消生产成本，还可以保障正常生产并考虑到平等支付男女雇员工资的原则。

⑤ 工作条件，为生产者提供安全健康的工作环境。

⑥ 性别平等，保护儿童权益。

⑦ 保护环境，鼓励更好的环境保护措施与使用负责任的生产方式。

案例与思考

某央企处于数字化转型阶段，准备加大集中采购和电商化力度，计划将集中采购率由 70% 提升到 80%，同时大幅度提高电商化采购金额。该央企当前总部采购部有 60 人，其中采购管理职能处室 24 人、采购实施职能处室 36 人，管采比为 1∶1.5。采购管理处负责采购执行管理和信息化建设。供应商与质量管理处负责供应商管理和物资质量检测。物流管理处负责物流管理。采购一、二、三处负责不同物资品类的采购实施，包括集中采购和电商化采购两种方式，当前三个处集中采购项目数分别为 118 个、102 个和 100 个。

设置数字化转型企业的采购部需要关注成本之外，还应关注供应链管理处室的价值创造能力，如通过设立战略性目标助力企业创新和数字化转型等。因此，除传统供应链管理、采购实施等职能外，该央企采购部还应包括供应链发展规划、采购信息系统建设等战略职能。其中，新设的供应商发展处负责战略职能，新成立的采购四处专业负责实施电商化采购。

分析该央企采购现状，确定其集中采购率与采购实施人员的转化比率为 1.6∶1。因此集中采购率为 80% 时，采购实施人员为 50 人。同时根据采购部原 1∶1.5 的管采比，确定其管理职能人员为 33 人。在确定采购部管理人员和实施人员数量的基础上，配置各处室人员。供应链管理处室根据工作职责范围配置工作人员，采购实施处室根据集中采购项目数配置工作人员。

第二节　组织的问责与报告

一、问责

问责（accountability）是指得到权力的每个人应负起这样的责任，即对其权力使用情况向给予他们授权的人作出解释。

二、采购的报告结构

（1）生产/运作部门。采购活动主要关注与生产有关的物流问题。

（2）财务部门。采购通过财务部门进行报告，这压制了采购参与创新过程改进的潜力。

（3）商务部门。商务部门的主管同时也承担采购经理的工作，负责对建议书与报价作出最终决策。

三、采购监控的方法

（1）持续监控，如电子监控工具。

（2）定期审计与检查：对照确定的测量指标或目标，以固定的时间间隔对结果进行检查。

（3）使用年度审计与评审来评估具体的计划和过程，个人、团队及职能部门的整体绩效。

四、项目管理使用的一系列的控制与报告方法

（1）项目每个阶段完成时进行期末评估，使用来自项目经理以及项目发起人与用户代表的报告，评审并批注后续阶段的报告。

（2）项目经理向项目指导委员会或者项目管理委员会定期提交重要报告，对项目在时间进度、预算及可交付成果方面作简要总结。

（3）项目团队使用检查点进行反馈和控制，用于项目成员与领导的持续监控。

（4）项目计划中通常包括里程碑（关键阶段目标）与检查关（测量点，在该点对照可接受标准检查每个工作阶段是"通过"还是"未通过"）。

五、采购管理审计

采购管理审计（procurement management audit）：对公司采购环境、目标与策略进行综合性的、系统的、独立的和定期的检查，目的是识别问题与机会并促进制定合适的行动计划。

六、采购审计的目的

（1）监控和加强遵守高级管理层制定的采购政策的符合性。

（2）确保组织使用了良好或最佳采购程序、工作方法、工具与

技术。

（3）监控和测量组织使用资源的有效性、效率和价值。

（4）支持预防和检测欺诈、失误、资金的不良管理、管理不善的风险以及其他组织治理问题。

七、采购授权

采购授权（DPA）是指订立货物、服务和工程采购合同的权利，以及监督合同授予之前和之中的过程和后续合同变更的权力。

第三节　采购在组织中的地位

一、采购的地位

1. 采购运作的三个层次

（1）最低层次："采购"只是一个日常事务性的职能。

（2）随着采购的发展，采购可能变成一个中层管理的职能。

（3）在采购发展的最高层次，采购可能出现在高层管理团队，也可能参加董事会。

2. 影响采购地位的因素

（1）杠杆作用：可以定义为可感知的采购作出可测量的价值贡献的能力，尤其在提升盈利性方面。当采购支出在总成本中占较高比例时，采购的适当节约将会带来相应程度的利润贡献。

（2）工作重心：采购被认为是集中于交易性活动还是集中于商务活动，或者集中于战略问题。采购参与商务与战略领域越多，它的作用及对组织目标的贡献就越被重视。

（3）结构因素：反映组织中采购职能的位置与可见度，如采购高管的级别、可决定的资金上限等。

（4）职业精神：一种认真的态度、技术能力和对职业道德准则的坚守。

3. 采购职能的自我营销

采购职能的自我营销（procurement marketing）是指采购职能在组织内部"推销"自己的方法，以达到保护和提升自身地位和名声的目的。

二、企业政策与程序

1. 企业的政策与程序对采购的影响

组织需要对如下的采购与供应链问题制定有效的政策。

（1）遵守所有的相关法律、法规、标准、行为规范和最佳实践标杆的意图。

（2）处于不同采购过程阶段采购的职责，或在跨职能采购团队中采购的职责。

（3）对采购的授权水平。

（4）应用确定的采购程序、决策规则或指南，以便支持实施一致的良好实践。

（5）供应源搜寻决策。

（6）合乎道德的与可持续性的采购。

公司政策和程序对采购决策的影响在一定程度上依赖于以下每种情形中决策的性质。

（1）日常性决策：重复性的、程式化的决策，主要依赖于使用预先设定的程序或规则，这些程序与规则反映了公司的政策与良好实践。

（2）适应性决策：较高层次的决策，需要决策人的判断，但可以借助于较简单的决策工具。

（3）创新性决策：独特的、首次的决策，这类决策没有现成的模式或程序。

■ 国际采购与供应环境

法律法规对产品和服务提出了一定的要求,在采购决策和控制中应当考虑这些要求,采购专业人员应当采取如下积极主动的步骤。

(1)让制定规则的团队注意现有的法律要求。

(2)让供应商注意现有的法律要求,特别是供应商所在国的法律与采购方法律不同的情况下。

(3)对供应品和供应商实施采购方自己的合规性检查(如审计、监控与检验)。

(4)使用已经获得质量标准和环境标准认证的供应商,鼓励尚未取得认证的供应商获得相关认证。

2.采购的角色和职责

典型的采购角色与职责如表9-2所示。

表9-2 典型的采购角色和职责

角色	职责
采购(或供应链管理)主管	一般总体负责采购与供应链职能的工作,提供方向性与战略性的领导,如制定政策
高级采购经理	通常是"采购经理"团队的领导者,负责协调采购经理们的活动
采购经理	职责与高级经理类似,但通常在相对较低的层次
合同经理	负责大型复杂的合同与供应商管理:监控供应商绩效,催交付款,检查与批准合同变更等
供应商管理经理	负责供应商绩效监控与评估;跟踪协作持续改进协议;供应商开发;关系管理与纠纷解决等
催货员	追踪订单,保证按时交付
采购分析师或采购调研经理	负责调查供应市场,收集并整理数据

兼职采购有以下几方面的优点。

(1)将日常低价值物品的采购授权给兼职采购员,可以使专业采购人员有更多的时间致力于更为复杂与战略性的任务。

(2)用户具有技术特长和知识,可以加以利用。

（3）采购职能应当尽可能在整个组织中宣传良好的采购实践，将采购授权给兼职采购员是达到这一目的的一种有效途径。

兼职采购有以下几方面的缺点。

（1）不使用采购专业技能、知识与系统，可能作出不明智的采购决策，实施的采购过程效率不高。

（2）来自用户部门的采购者可能过于关注他们的主要工作，而缺乏对采购程序与决策的足够关注。

（3）如果将采购的职责分散到组织的各个部门，则很难对外部支出进行预算和控制。

（4）由用户根据自己的需求而自行定制的规格和进行的采购，缺乏协调，一般会导致效率低下。

3.采购的授权、审批与竞争

在采购过程中需要授权或签批的阶段有以下几方面。

（1）当用户部门提出请购单时，在提交给采购部门之前应当由得到授权的人签批。

（2）在向供应商发出规格之前，必须得到采购部门主管的正式批准，并最好提供该供应商之前的认证。

（3）当采购订单完成时，必须由采购部门的授权人签字。

（4）当收到供应商的发票后，采购人员对进货货物记录、采购订单、采购合同等进行验证检查之后，才转给财务部门进行支付。

（5）合同变更必须得到相关合同经理的授权，以避免出现不受控制的变化并由此导致多种版本、不确定性和纠纷。

竞争是公共部门采购中的一个关键价值，目的是获得最优价值并为广泛的供应商提供获得合同的公平机会。

三、参与采购过程

1.采购与其他职能部门之间的联系

采购过程与内部供应链中涉及的主要职能部门包括：（1）设计与工程

部门；（2）生产部门；（3）财务会计部门；（4）市场营销部门。

采购与其他职能部门之间的关系如表9-3所示。

表9-3 采购与其他职能部门之间的关系

内部客户	参与采购过程的活动
工程设计部门	1. 价值工程与价值分析 2. 质量保证 3. 材料可用性和价格的分析 4. 规格的准备
生产/运营部门	1. 自制还是购买决策 2. 准备交货日程表 3. 库存和废品的控制 4. 世界级制造和供应技术实施中的协作 5. 制定需求/库存计划以使运作中断最小化
财务会计部门	1. 预算准备，对照预算进行实际投入成本的控制 2. 采购的行政管理，如发票处理和分期付款 3. 库存价值核算、盘点和库存保险
市场营销部门	1. 与主要下游的利益相关者沟通关键信息 2. 市场、客户和竞争者研究，为产品开发和需求识别提供数据；在产品特性、质量和价格方面会影响采购的目标 3. 客户期望（如最晚交货期）会影响循环周期的管理

采购是内部供应链中的一个重要连接，对于一个采购项目，来自不同职能部门的成员要共同工作、分享信息、沟通并协调他们的活动，这种活动越来越多地采用跨职能团队形式（见图9-1）。

图9-1 贯通整个组织的商业过程

2.组织结构的变化对于采购职能的影响

组织结构（organisation structure）是指组织内各职位之间以及组织的

成员之间的关系模式。有了组织结构，才能应用管理过程，创立指令和命令架构，由此对组织的活动进行计划、组织、指导和控制。

一个有效组织结构应当具备以下几方面的特征。

（1）清晰的报告和问责路径；（2）有效的多向信息流动与协调机制；（3）短而有效的决策链；（4）工作重复度最小（即协调和高效率）；（5）转化职能之间"垂直的"障碍，以支持价值流平滑"水平地"流向客户；（6）内在的灵活性（以便对不断变化的商业环境和客户需求做出响应）。

部门划分（departmentation）是指当组织发展到一定规模之后，这就需要系统地专业化地向不同的部门分派人员和具体工作。

部门划分的标准有以下几方面。

（1）职能专业化；（2）地理区域或地域；（3）产品、品牌或客户。

在职能型组织结构中，根据任务的共同特性或者重心、所需的专业技能、资源或技术对任务进行分组（见图9-2）。

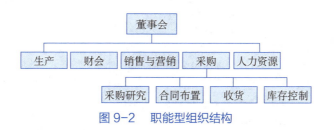

图9-2 职能型组织结构

在地理型结构中，任务是根据活动所进行的地理区域或者目标市场、细分市场所在的区域而进行分组的。有多个地点的组织或销售部门常常采用这种组织结构（见图9-3）。

图9-3 地理型组织结构

■ 国际采购与供应环境

在按产品、品牌或客户划分的结构中,根据产品、产品线、客户或相关的采购品类对任务进行分组。有系列特色品牌的公司、具有关键客户类型的公司常常采用这种类型的组织结构(见图9-4)。

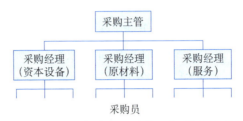

图 9-4 采购职能的产品型(品类型)组织结构

三种组织结构的优缺点如表9-4所示。

表 9-4 三种不同组织结构的优缺点比较

组织结构	优点	缺点
职能型组织结构	1. 汇集专业化的技能与知识 2. 共享专业化技术和设备,提高效率 3. 便于专业人员的招聘、培训和管理 4. 在领域/产品部门内避免职能重复,可以获得规模经济	1. 专注于投入过程,而不是专注于产品/客户(而后者是客户满意度必须的) 2. 为跨专业沟通带来了垂直的阻碍(不利于灵活性和协调)
地理型组织结构	1. 在组织与当地利益相关者(有独特需求)之间的交界面处进行决策 2. 供应、与当地市场或工厂的沟通都更为经济(因为距离短)	1. 职能活动重复 2. 缺乏标准化,因为存在地域差异
按产品、品牌或客户划分的结构	1. 不同产品/品牌/客户组的盈利性责任更为清晰 2. 生产与营销更为专业化 3. 有产品经理进行不同职能的协调	1. 管理的复杂性和一般管理费用增加 2. 目标和市场可能出现条块分割

矩阵型结构的优点有以下几方面。

(1)结合了职能型组织的高资源效率与项目型或产品型组织的责任明确的优点。

(2)培养各专业之间和跨职能采购团队为达到项目目标进行合作。

(3)使所有职能更为密切地参与到给客户的价值流。

（4）鼓励跨职能团队的沟通，以提高组织的灵活性和学习能力。

（5）将角色与责任的模糊性或冲突公开化，指出需要解决的潜在的治理问题。

矩阵型结构的缺点有以下几方面。

（1）可能带来潜在的效率降低（由于工作的优先性不明确，各任务之间频繁转化）。

（2）由于各需求之间可能存在竞争或冲突，因此给员工带来压力。

（3）各经理为争夺人员和资源可能会发生冲突，或对出现的问题相互指责。

（4）决策过程更加复杂。

（5）增加了一层管理、很多会议等，因此会增加成本。

实践指导

一、实践任务

通过本章学习，引导学生进一步了解采购的组织环境，要求学生熟悉采购的公司治理与职业道德，知晓组织的问责与报告制度，理解企业采购政策与程序。通过案例的学习与讨论，加强对企业采购组织环境的认识，从而更好地实现本章学习目标。

二、实践步骤

(1) 分组讨论并进行交流，找到案例中的关键问题。

(2) 确定是否还需要查找与关键问题相关的背景资料。

(3) 筛选并优化分析此案例的答题思路。

(4) 明确小组分析案例的逻辑与依据，展开思路整理。

(5) 小组形成文字报告并进行演示汇报。

三、实践要求

（1）认真读懂案例。当小组分到或找到一篇案例时，成员需要对案例进行反复阅读，对案例中的重要信息进行消化理解。在阅读过程中对案例中的背景资料、主要事实、面临的难题及难点、重要论点、重要结论和针对性的对策建议等内容进行一一记录,以方便后面的讨论与分析。

(2)分组交流讨论,大胆提出自己的看法。对案例中的主要角色或者问题进行分析,尝试对案例所给的背景资料进行仔细阅读、筛选分类和归纳总结,若需要引证资料佐证个人观点,可以通过电子资源、图书馆资源等,获取相关领域的多方面知识,保证分析的科学性与合理性。

(3)全面正确地概括问题。在对案例认真阅读分析后,小组尝试根据案例的相关资料找出问题的症结所在,对需要解决的问题进行概括与凝练,注意概括的逻辑性与针对性。

(4)撰写分析报告。报告中小组成员要对资料分析到位,依据所学理论,采用所学分析工具,全面合理地展开案例资料的客观分析。要求紧扣主题,结构清晰,层次分明,中心突出。除此之外,提交的报告要注意格式规范,用词准确,表达通顺。

四、实践内容——设备采购人员的职业素养

在深入推进医疗改革的大时代背景下,国务院办公厅颁布了《关于建立现代医院管理制度的指导意见》《关于加强三级公立医院绩效考核工作的意见》。为了适应医疗改革新形势的发展需求,医院需大力推进现代医院管理制度建设、强化控制成本核算与全面预算管理;设备采购人员需提高自身职业素养,进而加快适应医疗改革的时代需求。

(一)设备采购管理的现状

随着医学技术的快速发展,医疗设备的种类与采购渠道变得更复杂、更多样。设备的品质与价格是各医院对采购的最基本要求,但采购管理作为一门管理科学尚未得到管理者足够的重视,各医院普遍存在采购人员数量紧缺、学历和职称较低、采购专业知识技能和相应法律法规缺乏等问题,甚至很多设备的采购工作不能做到真正的采、管分离。

(二)采购人员的职业素养

1.熟练掌握法律法规

多数医院的采购人员不具备过硬的专业和较高的职业素养。为了成为一名合格的采购人员,必须具备专业的采购技术和能力及较高的科学文化素养，熟练掌握相应的国家法律法规，如《中华人民共和国政府采购法》《政府采购货物和服务招标投标管理法》《政府采购非招标采购方式管理办法》《医疗器械注册管理办法》等，避免在采购活动中不按流程随意操作而导致的违纪违规行为发生。

2. 具备良好的职业道德

任何职业都具有特定的职业责任与义务，作为医院大量资金流动的高风险部门，采购部门需要良好专业知识与职业素养兼备的职员。采购人员应时刻铭记自己肩负的责任与义务，爱岗敬业，爱院如家，为医院争取更优质、更实惠的设备资源；同时，应遵纪守法，诚实守信，在工作中遵守道德和法律原则及采购的相关规定；此外，应秉持工作原则，坚守采购职业底线，做到廉洁公正、公开公平地选择设备供应商，为临床购置性价比高的产品。

3. 掌握专业技能

（1）了解医学知识。

近年来，医疗设备复杂程度越来越高、品种逐渐增多、功能逐渐增强，为此，采购人员必须加强必要的医学及临床相关等知识的学习，以便更好地与临床医师沟通，了解设备的工作原理与医学知识的相关性、在治疗方面的特异性等，避免盲目选购设备。

（2）掌握相关专业知识。

随着科技的进步及医疗改革的大力推动，健康产业的发展速度日益加快，产品的创新层出不穷，这意味着采购人员将面临更大的挑战，必须掌握行业所需的相关专业知识。①需熟悉采购制度流程及常规的技能手段等，重点把控招标需求、招标文件制作、评标标准拟定、供应商资质审核、采购评审、合同签订及产品质量验收等环节。②要加强业务知识的学习，通过医疗设备展会、产品介绍、考察等方式进行市场调研，充分收集设备采购市场信息，了解设备的基本功能、用途、相关配置、成本等，为购置设备提供强有力的数据支撑及科学依据，以便与供应商进行深入的产品专业交流，规避高价或低质量设备的购置，为医院快速获取性价比高的医疗资源。此外，科室应开展每周科室例会及每月业务学习，通过交流经验、分析典型案例，及时解决现阶段存在的问题，并加强科室人员专业知识的储备，尽快落实下一步工作计划。

4. 进行充分的市场调研

充分的市场调研是客观准确地做出采购决策的前提，以不同的方法，有针对性、系统性地收集并整合现有市场的信息，综合数据分析市场情况，为采购奠定基础。具体的操作方法为：通过网络查找、电话询问、同行数据交换等方式了解拟购设备在目前市场上的情况，如设备厂商信息、市场占有情况、性能、优势等；在充分的市场调研后，与临床使用者协商交流，并约定时间组织各供应商到医院阐述产品参数及报价，让临床使用者能够全面了解产品的性能与特点，确保购置到符合临床需求、性价比高的产品。

5. 具备专业的沟通及谈判技巧

（1）沟通技巧。

因采购部门采购业务范围广且烦琐，所以要求采购人员谨慎对待采购各环节并应具备良好的沟通技巧：在采购前，要主动与各个使用科室作初步沟通，及时了解真实使用需求，宣讲采购管理规定，适时提出合理化的建议；在了解各临床科室对设备的使用需求、配置等信息的基础上，进行市场调研，从实际工作需求出发设置合理的参数；及时向领导汇报采购情况，简洁明了陈述临床需求及采购部的观点，以获得领导的理解支持，更好地推进采购工作。

（2）谈判技巧。

谈判既是采购人员与供货商之间利益博弈的过程，也是沟通、合作的过程，应努力提升自己的采购技能和谈判技巧：在谈判前，应做好同类产品的市场调研，了解市场占有率、使用率等信息，做好成本分析等工作，待准备充分后再与供应商商谈；谈判时，合理运用谈判技巧，灵活抓住对方的语言、思维逻辑等漏洞，辩驳其观点，但是亦需要兼顾对方的利益诉求，换位思考，避免使谈判陷入僵局。

五、实践范例——专家点评

采购部门是医院的重要部门，肩负院内设备采购的重任，设备采购是医院内部控制的关键环节。而采购人员的职业素养和业务能力直接关系采购工作的成败,因此,要求其须以细致谨慎的态度,清廉公正的原则,科学运用自身专业知识开展各项工作,为医院的发展做出贡献。

案例分析

扫一扫,查看相关案例。

拓展阅读

扫一扫,查看相关资料。

练习与思考

一、名词解释

公司治理;职业道德;道德贸易联盟;采购管理审计

二、选择题

1. 综合的治理架构包括哪些关键要素?(　　)

　A. 监管机制　　　　　　　　B. 权力制衡

　C. 预防　　　　　　　　　　D. 纠正

2. 职业道德问题在以下哪三个层面影响企业与公共部门组织?(　　)

A. 宏观层面 B. 公司层面
C. 个人层面 D. 领导层面

3. 商业道德的主要原则包括哪些?（　　）

   A. 提供公平的、真实的和准确的信息

   B. 在适当情况下保护信息的机密性

   C. 公平交易

   D. 不应当提供、接受可能或可能被认为对接受者的决策造成影响的礼物或引诱物

4. 国际劳工组织的总目标包括哪些核心原则?（　　）

   A. 人人拥有体面工作 B. 创造就业
   C. 公平的全球化 D. 工作中的权益
   E. 社会对话 F. 社会保护
   G. 消除贫困

5. 采购审计的目的有哪些?（　　）

   A. 监控和加强遵守高级管理层制定的采购政策的符合性（防止"自行其是"的采购与风险）。

   B. 确保组织使用了良好或最佳采购程序、工作方法、工具与技术（相当于标杆标准、或最佳实践知识、卓越中心或竞赛者的标杆绩效）。

   C. 监控和测量组织使用资源的有效性、效率和价值。

   D. 支持预防和检测欺诈、失误、资金的不良管理、管理不善的风险以及其他组织治理问题。

三、简答题

1. 妨碍达到良好采购治理的因素有哪些？
2. 影响采购地位的因素有哪些？

四、论述题

阐述采购职能与设计或生产职能之间可能发生的冲突。

第十章

组织中的采购职能

1. 了解组织中采购职能的各种不同结构
2. 学习各种结构的特点及优缺点
3. 掌握采购职能结构的影响因素

集权采购；采购与供应链职能的混合结构；外包；共享服务

第一节 采购与供应链的职能及其运作

一、采购作为一个支持性或服务型职能

采购提供支持与服务的主要活动有以下几方面。

（1）采购职能可能直接负责进货和/或出货物流，或者管理这些职能的外包。

（2）通过实现采购的"五个合适"，为生产运营及服务活动提供服务。

（3）采购职能提供产品与送货信息、营销服务信息、为营销人员提供有关外包要求的建议，从而支持市场营销与销售工作。

采购可以被看作至终端客户价值流的一个组成部分，而不仅仅是一个内部行政支持部门。

二、采购作为一个内部咨询机构或业务伙伴

咨询是指一个人或团队（咨询师）帮助另一个人、团组或组织（客户）以便调动内部和外部资源解决问题的过程。

采购职能充当内部咨询师角色有以下几方面情形。

（1）在用户或预算持有部门中，采购活动由"兼职的"采购人员或非采购部门人员负责。

（2）对于跨职能项目，需要采购职能的加入。

（3）其他部门、项目或人员所需要的关于采购专业知识、技能或信息，采购人员可以提供咨询帮助。

（4）采购部门没有正式权力（授权）命令其他部门执行采购的规则、程序或决策。因此必须提高自身的增值专业技能来发挥影响力。

内部咨询，即向其他部门提供采购专业技能，可以通过多种运营机制来进行，主要有以下几方面。

（1）制定采购政策和程序，作为其他部门中采购人员的指导方针，以帮助他们以成本有效且低风险的方式进行采购。

（2）提供优先选择的和已经被批准的供应商名单、框架协议和"按需分批发货采购"合同，确保其他部门中的采购人员使用采购部门通过专业预选的（或已经协议确定的）供应商。

（3）采购研究与信息，为计划制订者提供决策相关的数据支持。

（4）标准的供应合同条款和条件，有效管理采购风险并使法律风险最小化。

（5）代表其他部门进行谈判，或者为其他部门提供关于谈判技巧的建议与培训。

（6）管理供应商及供应商关系。

要实施和应用有效的内部咨询并不容易，主要有以下几方面。

（1）组织的结构、高层管理者和文化必须支持跨部门的信息与技术共享，认识到专业知识技能的价值（而不是各部门抗拒其他部门的"干预"）。

（2）采购部门作为内部咨询师，必须发展其他部门及整个企业认为有价值的技能、技术专长、关系网络和知识，并以成功的应用案例将其有效地"推销"给潜在的内部客户。

（3）必须有信息收集与共享的清晰而有效的机制，对绩效数据进行监控、测量与反馈，并对内部咨询服务进行成本核算、价值评估及收费。

三、客户服务与实现资金价值的必要性

1. 采购职能对外部客户满意度的影响

（1）直接影响：一个明显的例子是零售业中的采购职能，采购的工作就是购买客户想买的物品。采购人员还要采购转给或直接提供给客户的各种服务；在私营部门，可能包括产品担保或呼叫中心；在公共部门，可能包括当地政府委托的各种公共服务。

（2）间接影响：采购的"五个合适"是为了确保提供及时的、高质量的和成本有效的投入品；采购职能在新产品开发中发挥着重要作用，这会通过满足不断变化的需求和期望并增加客户选择范围来使外部市场获益；采购也许还需要购置哪些提供给客户的"一揽子好处"相关的外围货物和服务。

2. 采购职能的发展阶段

（1）被动阶段：采购职能没有战略方向，主要是对其他职能部门的要求作出被动反应，其职能主要是事务性的。

（2）独立阶段：采购部门采用最新的采购技术与过程，并制定自己的职能战略。工作主要是集中于职能的效率，其贡献以成本降低及供应商绩效进行评价。

（3）支持性阶段：采购职能通过采用技术（如准时制供应或精益供

应)和产品,从而支持企业的竞争战略。采购的角色是战略协调员,用其对竞争目标的贡献大小来测量。

(4)整合性阶段:采购战略(与其他职能战略一起)完全整合到企业的整体战略中,其角色是战略贡献者,用其战略贡献来测量。重点强调跨职能的信息交流与理解。

四、采购运作的结构

1. 采购职能结构的影响因素

影响采购与供应链职能设计(职能结构)的因素有以下几方面。

(1)组织中采购任务的规模、特性和作用。

(2)与公司结构和战略的一致性。

(3)采购运作所处的结构与环境:内部组织结构,外部供应市场及组织的供应基础。

(4)采购职能的战略目标:成本优先、保证供应、服务优先等。

2. 集权化结构与分权化结构

集权化采购的优点有以下几方面。

(1)采购人员的专业化;(2)可以对各种需求进行合并,以减少采购频次、降低物流成本、获取更好的价格和服务;(3)引入统一的采购政策、程序,提高标准化程度,使各种采购活动更加协调;(4)规格的标准化程度更高;(5)可以更加有效地控制采购活动;(6)可以避免各业务分支之间的冲突;(7)可以充分利用专业化技能、关系网络和资源。

集权化采购的缺点有以下几方面。

(1)采购过程复杂,时效性差;(2)非共用性采购,难以获得价格折扣;(3)不能适应特殊需求。

分权化采购的优点有以下几方面。

(1)采购部门与运作部门更好地沟通与协调;(2)以客户为中心;(3)应对环境和需求变化及时作出反应;(4)更好地了解并发展与供应商的关系;(5)采购数量较小;(6)增加责任感;(7)使中央采购部门进行

更高层次、增值的采购工作。

共享服务是大型组织中很多不同部门使用共同的支持性职能（如财务、IT、人力资源或采购）。

共享服务单元（SSU）是为内部用户提供共享服务的专门提供者。

SSU方法的优点有以下几方面。

（1）可以节约成本（将后勤过程从独立的业务单元中剥离，通常可以降低其成本）。

（2）整个组织内部可以采用同样的标准，强化公司价值观。

SSU方法的缺点有以下几方面。

（1）这种方法可能会鼓励集权化，从而压制创新。

（2）不容易测量SSU的价值和绩效。

（3）SSU可能会为了达到设定的服务水平而牺牲效力以换取效率。

（4）SSU的工作人员可能会远离最终用户。

3. 混合结构

集权化结构与分权化结构的混合体在现实中非常常见，中央采购职能与地方采购职能之间有各自的任务划分（见表10-1）。

表10-1 中央采购职能与地方采购职能之间的任务划分

分权化（分散的）采购职能	集权化（集中的）采购职能
小订单物品	确定重要的采购与供应链政策
只要本地分支部门才使用的物品	准备标准规格
应急采购（以免产生中断）	对数个分支部门的批量合同进行谈判
从当地供应商处采购的物品	文具及办公用品（通用的、共享的供应品）
出于社会可持续性原因而进行的本地采购	采购研究
	资本性资产的采购
	采购能力发展，例如人员培训与发展

混合型结构的形式有以下几种。

（1）中心主导的行动网络（CLAN）结构；（2）战略控制的行动网络（SCAN）；（3）采购主管方式；（4）业务伙伴方式。

五、跨职能团队与项目工作

采购与供应管理专业人员在跨职能采购团队中有以下四个主要作用。

（1）提供过程知识与专业技能（如供应基础研究或谈判）。

（2）提供特定领域的知识（如有关特定市场或商品领域的知识）。

（3）与供应人员进行联络以确保关注并重视项目需要。

（4）提出供应管理观点（如关于权衡、设立优先权和政策决策等）。

采购与供应链管理中趋向于跨职能采购团队的协作，造成这种趋势的原因有以下几方面。

（1）战略决策中采购人员的参与越来越多。

（2）供应链理念的应用越来越多，这就需要以更为集成的方式处理价值流。

（3）跨职能采购团队可以充分利用新的ICT技术。

（4）采用先进的世界级系统（如MRP和TQM）需要协作的跨职能团队来实施。

（5）全球性市场与技术越来越复杂并且变化很快，需要各种专业人员的输入与支持。

（6）需要充分发挥人力资源的能力：对于某些任务而言，团队比个人完成得更好。

跨职能采购团队的优点有以下几方面。

（1）特别有助于提升团队成员对其任务与决策的整体认识，从而能将职能目标与安排与组织或项目的总体目标有机结合起来。

（2）可以汇集各种观点、专业技能及资源，代表更广泛的利益相关者的利益。

（3）协调跨越纵向组织边界工作流及沟通的一种重要工具。

（4）汇集不同的专业技能与知识，有利于创新与相互学习，可以避免冗长的纵向沟通及授权渠道，从而迅速决策。

跨职能采购团队的缺点有以下几方面。

（1）各种不同观点与利益能够促进决策，但也可能会增加复杂性、冲突及达成一致所需的时间。

（2）矩阵型结构与跨职能采购团队之间的关系可能缺乏清楚的授权界限。

（3）所有的团队都需要一段时间的磨合才能有效协作。

（4）双主管结构以及相互冲突的需求可能会带来困难。

（5）由于各职能部门的工作方式、位置等方面的差异，在组织会议及信息流方面可能存在一些实际困难。

第二节　采购活动的外包及联合采购

一、采购合同的外包

采购职能适合外包的情况如表 10-2 所示。

表 10-2　采购职能适合外包的情况

情况	什么活动适合外包
采购职能仅仅是外围辅助性的而不是核心的活动	采购订单、本地的或国内的采购需求、低价值采购、具有品牌名称的采购需求、根据框架协议进行"按需分批发货"的采购与采购相关的行政管理及文书工作
供应商基础较小且基于非常可靠的合作关系，并且没有供应限制	界定清楚或范围有限的任务、可以很容易地与其他任务分开的工作、没有供应限制的工作
供应商基础较小，仅提供一些非战略性的、非关键性的、低风险的物品	将采购外包给专业的采购与供应组织，或外包给采购联合体

采购职能外包的优点有以下几方面。

(1) 可以将资源用于其他有更大增值的地方。

(2) 可以利用本公司采购职能所不具备的或自行开发成本很高的采购知识、经验、专业技能、合同、系统与技术。

(3) 第三方采购者可以将不同客户的需求与订单进行汇集合并,从而通过规模经济、批量折扣等措施节约成本。

(4) 企业仍然保留的内部采购人员可以将精力集中于战略性问题上。

(5) 可以更加灵活地调节对采购活动的峰期需求与谷底需求。

采购职能外包的缺点有以下几方面。

(1) 组织失去了关键的商业技能与知识基础。

(2) 组织可能失去对关键数据及知识产权的控制。

(3) 需要另设一个管理层来管理外包服务的提供者。

二、联合采购

联合采购(consortium purchasing)是指数个不同的组织为了采购货物或服务而结合成一个团体的采购方式。

联合采购的好处有以下几方面。

(1) 联合采购可以增强议价能力;(2) 联合采购可以建立框架协议;(3) 联合采购的各成员可以带来不同的专业技能、知识与关系网络。

联合采购的缺点有以下几方面。

(1) 在联合采购中,沟通与协调、工作人员发展与政策定等都要花费成本与精力;(2) 在联合采购成员之间有一个透明度问题;(3) 联合采购可能需要冗长的谈判与决策过程;(4) 汇集的需求可能产生很大的订购合同;(5) 联合采购成员没有义务必须按照商定的规格进行采购;(6) 非常大型的联合采购可能触犯那些旨在防止市场主导者滥用其市场主导地位的法律及法规。

 **实践指导**

一、实践任务

通过本章学习，引导学生进一步了解组织中的采购职能，要求学生熟悉采购与供应链的职责及其运作，知晓跨职能团队与项目工作，企业采购活动的外包及联合采购。通过案例的学习与讨论，加强对组织中采购职能的认识，从而更好地实现本章学习目标。

二、实践步骤

（1）分组讨论并进行交流，找到案例中的关键问题。

（2）确定是否还需要查找与关键问题相关的背景资料。

（3）筛选并优化分析此案例的答题思路。

（4）明确小组分析案例的逻辑与依据，展开思路整理。

（5）小组形成文字报告并进行演示汇报。

三、实践要求

（1）认真读懂案例。当小组分到或找到一篇案例时，成员需要对案例进行反复阅读，对案例中的重要信息进行消化理解。在阅读过程中对案例中的背景资料、主要事实、面临的难题及难点、重要论点、重要结论和针对性的对策建议等内容进行一一记录，以方便后面的讨论与分析。

（2）分组交流讨论，大胆提出自己的看法。对案例中的主要角色或者问题进行分析，尝试对案例所给的背景资料进行仔细阅读、筛选分类和归纳总结，若需要引证资料佐证个人观点，可以通过电子资源、图书馆资源等，获取相关领域的多方面知识，保证分析的科学性与合理性。

（3）全面正确地概括问题。在对案例认真阅读分析后，小组尝试根据案例的相关资料找出问题的症结所在，对需要解决的问题进行概括与凝练，注意概括的逻辑性与针对性。

（4）撰写分析报告。报告中小组成员要对资料分析到位，依据所学理论，采用所学分析工具，全面合理地展开案例资料的客观分析。要求紧扣主题，结构清晰，层次分明，中心突出。除此之外，提交的报告要注意格式规范，用词准确，表达通顺。

四、实践内容——以管理创新推进阳光合规采购

A油田公司是石油行业以油气勘探开发为主营业务的地区分公司，其原有的物资采购供应模式在采购质量、保供实效上存在一定缺陷，主要表现在以下方面。

（1）链条冗长，环节繁多。采购业务流程冗长，环节手续繁多，效率低下，供需矛盾突出。

（2）专业不"专"，职能交叉。A油田物资供应单位机构设置较多，不仅有专业的物资供销公司，还有其他二级单位及多家企业分别实施采购。同一业务面对多样业务主体，职能交叉，内部恶意竞争明显，管理难度大。

（3）制度缺失，乏规少据。在采购管理的关键环节上缺乏细化的制度和执行依据，现有制度的指导性和操作性不强，造成在制度执行环节随意性较大，带来诸多问题和风险隐患。

（4）业务人员水平参差不齐。管理上缺少培训考核，人员聘用选拔随意性大，造成从业人员专业化程度低，采购工作效率低下。

（一）物资采购管理创新的主要措施及做法

为了改变现状，A油田公司实施顶层设计，推行管理创新，从物资供应模式、方法、效率、考核等进行全方位可行性分析，确定了以"大采购"为支撑的"集中采购、物归一家、钱出一口、合规管理、阳光透明"物资采购创新管理模式，具体措施如下。

1.创新管理模式，优化业务链条

（1）整合资源，突出优势。

① 整合机构，突出专业优势。一是将采购职能集中，在所属物资供销公司成立了物资采购服务中心(以下简称物采中心)，负责油田物资采购工作；二是整合仓储资源，在物资供销公司内部成立仓储管理中心，将二级设库调整为一级设库，实现集中储备；三是优化内部业务流程。取消转储移库，缩短内部业务流程；四是在物资供销公司内部成立质量监督中心，负责物资质量检验、驻厂监造等物资质量的全过程监督。

② 人员整合，突出人才优势。合理配置人力资源，选拔优秀业务人

员充实到物采中心，强化物采中心的采购职能，突出采购人员的专业优势，推行料性负责制。按照石油工业60大类物资，对不同的物料属性，分大类、中类、小类甚至到品名，均有专人负责，专项管理，集中人才优势，强化专业分工。

③ 业务整合，突出集中优势。对采供销业务流程进行优化，强化集采职能，按照集中市场、集中资源原则，以物资八位码为界定依据，对公司主要经营的42大类物资，属于一二级集采目录物资，全部纳入集采，重新界定物资采购范围；突出服务职能，按照"工作量均衡、专业对口、就近就地"原则，对油区内67个供应服务市场重新进行划分，调整幅度达80%。

(2) 创新模式，强化职能。

① 操作职能归口，强化采购实施。将管理部门负责的计划审批、招标谈判、电子商务点击等职能前移，缩短审批环节，加强需求计划管理，科学制定采购方案，大力推进电子采购。

② 管理职能上移，强化过程监管。将采购单位的审批职能收至油田公司物资装备处，每年加大对物资采购单位的集采项目和计划管理的考核，实行考核积分制。

③ 采购职能集中，强化政策执行。物采中心在ERP系统中完成从计划接受到出库结算的采供销全过程业务，物资供销公司各区域分公司只负责对所属地用户的物资配送、现场验收、出库结算等现场供应服务。

(3) 再造流程，提升效率。

① 抓住关键风险点，集中管控。将一二级物资集中统一管理，集中采购、集中签订合同、集中付款。强化物资采购组织，严肃执行集中采购结果，提升供应保障效率。

② 解决流程制约点，缩短周期。A油田公司的用户单位分为上市部分和未上市部分，所属物资供销公司作为未上市单位为其他用户单位供应物资时，对外需签订采购合同、资金支付，对内签订销售合同、开具增值税发票。之后，A油田公司进行了流程优化，物资供销公司直接使用其上市业务账户对外采购付款、对内调拨保供，减少一次合同签订、减少增值税发票开具、减少税费支出。

③减少操作连接点，提高效率。一是统一采购账户，由物资供销公司根据需求计划直接匹配、一次性导入到相应用户单位的库存，用户单位可以直接进行物资出库、成本核算。二是简化ERP系统移库和转储操作环节。三是取消物资装备处的计划审批环节，将招标方案调整为由物资装备处一个部门审批。

2.健全制度机制，合规管理运行

(1) 配套制度，操作有据。

针对采购实施过程中存在问题和隐患，先后出台《计划跟踪管理办法》《物资采购管理程序》《招标管理程序》等10余套相关的配套制度。

(2) 执行政策，严格实施。

坚持集中采购，逐步推行标准化采购、代储代销，并采取了严格有效的考核措施。①对定商定价及带量采购的一级物资，严格执行目录采购；对定商的一级物资，采取在甲级供应商中招标采购；对非目录的一级物资，请示总部或组长单位的，严格按程序履行。②坚持集中采购和公开招标不动摇，深入推进二级物资集中采购。③逐步扩大集采范围，优化集采品种，实现目录式采购。

(3) 关键环节，规范操作。

① 规范审批，提高效率。合同签订采取专人负责的方式，要求在接到合同签订通知单2日内进行系统审批，提高合同的签订质量，缩短了签订周期。之后又将资金额度较小的合同(5万元以下)审批流程进行简化，由5级审批减少为2级审批。

② 管办分离，规避风险。将物资的招标从采购环节中剥离，委托招标公司公开招标，并规范了谈判行为，谈判限额及谈判方式，规避了经营风险、降低了廉洁风险。

③ 严控质量，确保达标。增加了监督抽查不合格品整改率及进货检验率；增加了必检物资现场监督，对存放在库房和直达用户现场的必检物资进行定期抽检；针对必检物资，探索在ERP2.0系统中设计和开发质量管理模块；增加了对石油专用管材等重点物资的驻场监造；同时委托第三方检验机构进行必检物资检验并随时掌握检验进度。

3. 实施阳光采购，全方位公开透明

(1) 采购公开，过程透明。

① 搭建阳光采购大厅。成立采购业务大厅，以"清洁物资、廉洁服务"为宗旨，实施阳光合规采购。坚持决策、信息、环境、职责四公开原则，严格实施分层交易、分段管理、分级监督的管理模式。采购合同年均签订 4 000 多份，采购资金年均支出 20 多亿元。

② 推行分段管理。大厅实行开放式办公、分段式管理的一站式工作模式。依次设置了计划、采购、合同、质量、结算五个功能区，每个功能区只负责一段工作业务，所有业务全部都在线上运行。每个分段由专人负责，专人管控，各岗位相互监督，相互制约，形成了有效的监督机制。

(2) 信息公开，资源共享。

设立信息公开大屏幕，随时对外公告采购管理全过程信息。包括集采公告、质量简报、对外付款以及与采购有关的各类信息，方便生产用户或厂商，能随时了解掌握各类采购信息动态；公开系统流程信息。启用 ERP2.0 系统，增加仓储、质检、配送等功能，计划、合同、采购、质检、仓储、配送一整套采购供应链业务全部实现系统上线运行，供应单位及用户单位可通过系统跟踪物资采购进度情况。

(3) 程序公开，严格规范。

① 坚持公开招标。所有物资招标文件均采取机关部门审定的流程。按照三比一分析的原则，设定最高投标限价。

② 严格控制不招标项目审批。将物资单次采购招标限额由原来的 30 万元调整为 10 万元；改变不招标审批程序，由原来逐级签字审批，调整为会议审批；明确由建设单位对不招标项目提出申请，并负无限责任。

③ 建立招标平台。对整个开标、评标过程进行全程的音频、视频记录和实时监控，所有招标项目的招标公告、投标邀请书、中标候选人公示、中标结果公告等，由招标中心统一在 A 油田公司招标信息平台和石油行业招标投标网上同时公示，确保集采项目的规范实施。

(二) 取得的效果

1. 降低了物资采购成本，效益成效突出

截至目前，A油田公司已形成了26 000余条二级集采目录，实现了98%以上的二级物资集采。通过二级物资集中实施，采购成本节约率达到10%以上。其中，2017年节约采购成本4.05亿元，2018年节约采购成本1.87亿元，取得了良好的管理和经济效益。

2. 创新了采购管理模式，满意度明显提高

(1) 制定服务管理办法。利用周报汇总用户满意度信息，每季度通过网上测评系统及走访用户调研，进行满意度测评。

(2) 平均采购周期由以往的100多天降低到66天，计划条目由原年12万条减少到6万条，减幅50%以上，从源头上减少采购工作量，提升了标准化采购程度，工作效率提升带来了用户满意度的提高。

(3) 实施阳光采购，信息公开，用户单位及供应商及时了解采购情况和进度，满意度提升，投诉率明显下降。

3. 合规管理风险明显降低

随着采购模式的再造，阳关付款的推行，企业合规管理风险得到有效控制，各项检查问题逐年减少，事后合同和瑕疵合同数量同比下降80%。

4. 搭建了阳光办公平台，树立企业品牌

良好的阳光采购过程，给A油田公司树立了良好的企业形象。目前，A油田公司不仅与800多家国内厂家建立了良好的合作关系，并且打开了与中石油渤海钻探公司、渤海装备公司等关联交易市场，逐渐在冀东油田、中油海海工事业部、中油海船舶事业部、海南福山油田、中石油煤层气临汾、忻州分公司等市场站稳了脚跟，树立了企业品牌，取得了很好的经济与社会效益。

五、实践范例——智慧合规阳光采购的思考与实践

近年来，中国移动通信集团有限公司（以下简称"中国移动"）积极落实国家各项重大战略决策部署，秉持现代供应链发展理念，对标世界一流企业，深化供应链数智化转型，通过模式创新、流程优化、机制改革和系统建设，实现供应链全流程线上化、数字化、智能化，打造协同共享、

需求驱动、数字创新、可持续发展的现代智慧供应链。

2013年，中国移动成立采购共享服务中心，作为全集团采购物流及供应链管理与运营的归口管理单位。2013—2015年，中国移动大力开展专业化运营，推进集中化建设，打造阳光采购系统平台，建成电子采购与招标投标系统（ES）、供应链管理系统（SCM）。2015—2017年，加强跨部门的大协同，增强供应链柔性，实现全流程在线、贯通、管控的信息化系统。2017年至今，持续推进集中化、标准化、规范化，深化贯通前后端系统，建设自有供应链大数据平台。

（一）供应链系统建设规划

2020年，中国移动以落实国家战略部署为基本出发点，对标世界一流供应链领先实践，编制了中国移动供应链建设规划，以"打造协同共享、需求驱动、数字创新、可持续发展的现代智慧供应链体系"为目标，明确合规护航、价值提升、敏捷柔性、生态协同、智慧运营、组织能力等六大工程，全面推动由"招标采购"向"供应链管理"转型、由"交易型采购"向"战略生态构建"转型、由"集中管控"向"需求服务、价值提升"转型、由"流程管理驱动"向"数字、创新驱动"转型。

（二）供应链系统架构

为做好数智化转型，中国移动开展了供应链端到端流程梳理和优化，制订了标准化流程、文件模板、物料编码等一系列制度规范，打造了集中、统一、高效的智慧运营平台，先后建成ES、SCM系统和电商采购平台、大数据平台，实现了需求、寻源、执行、仓储、报账等供应链各环节全流程信息自动流转。

（三）构建智慧采购物流平台

中国移动大力推行采购全流程电子化，应用电子签名、电子签章、辅助评标工具等新技术实现招标、投标、开标、评标、合同签订、文件归档、监督检查等全流程在线化、电子化和云化。

目前累计开展在线化（无纸化）项目超过4.5万个，采购效率提升10%以上，减少碳排放量3.75吨。

国际采购与供应环境

同时，采用物联网、云计算、人工智能等新技术，研发智慧托盘、物流追货宝、智能摄像头等多种智能终端，结合 RFID 和无源标签模块，搭建 M-IoT 数字化物流平台，实现物流各环节的实时追踪、动态信息呈现、异常预警等功能，支撑智能运营。开发仓储 AGV（自动导货机器人）产品和智能调度算法，实现物资自动化入库、搬运、分拣、出库，大幅提升作业效率。建立贯通上游供应商到末梢使用节点的数字化供应网络，以"一码到底"打通从投资立项到计划、采购、下单、仓储、工建、交维、转资、退服及逆向物流的每个环节，实现供应链全链条透明可视、可管可控。物资平均在库时长下降 20%，呆滞库存占比下降 46%，作业效率提升 10%，人力成本下降 15%。

（四）共建产业链协同融合

共赢生态中国移动积极落实国家关于提升产业链现代化、数字化水平的号召，持续深化与供应商数字化协同，打造"交易在线、供应可视、敏捷柔性、安全可靠"的生态，发布供应商协同白皮书，基于双方信息系统对接，实现需求计划、产品配置、订单交易、生产制造、供应交付、自动报账等端到端的电子化交易、数字化流转和实时跟踪可视，有效实现信息共享、流程贯通，充分挖掘全流程降本增效价值，助力产业链上下游数字化发展。

各供应商合作伙伴与中国移动在协同规模、流程、内容、系统平台等方面持续深化，在提升供应效率、缩短供货周期、交易电子化、配置和编码标准化等方面均取得了显著成效。供应商订单流转周期大幅缩短，减少了原材料呆滞和无效备货，降低了人工处理和沟通成本，大幅压缩了回款周期。合同签订至下单由 21 天减少到 12 天，电子订单流转由 3 天缩短到 2 小时，供货周期由 17.4 天减少至 9.3 天。

数智化转型进一步推进了中国移动供应链、产业链现代化发展。2020 年，中国移动供应效率同比提升 30%，滞库物资降低 45%，带动产业链整体库存下降 16%。

 案例分析

 扫一扫，查看相关案例。

 拓展阅读

 扫一扫，查看相关资料。

 练习与思考

一、名词解释

集权化采购；采购中的跨职能团队；采购外包；联合采购

二、选择题

1. 采购发展经历了哪四个阶段？（　　）

　　A. 被动阶段—支持性阶段—独立阶段—整合性阶段

　　B. 被动阶段—独立阶段—支持性阶段—整合性阶段

　　C. 被动阶段—整合性阶段—独立阶段—支持性阶段

　　D. 独立阶段—被动阶段—支持性阶段—整合性阶段

2. 分散采购的优点有哪些？（　　）

　　A. 采购部门与运作部门之间可以更好地进行沟通与协调

　　B. 以客户为中心

C. 采购人员可以对用户需求变化等做出快速响应

D. 可以更好地了解供应商并发展供应商关系

E. 有可能推动创新

F. 有利于中央采购部门有更多的时间集中精力进行更高层次增值采购

3. 什么情况下,采购可以外包?(　　)

A. 当采购职能只是外围辅助性的活动时

B. 当供应商基础较小时

C. 当采购低价值物品时

D. 当采购界定很清楚、范围有限的任务时

4. 联合采购的好处有哪些?(　　)

A. 可以增强议价能力

B. 可以建立框架协议,简化各成员的采购行政管理

C. 可以带来不同的专业技能、知识与关系网络

D. 可能会拉长谈判或决策过程

5. 默契对于管理来说,有哪些好处?(　　)

A. 有助于与他人建立互信和共识

B. 有助于发挥积极影响力

C. 容易促进决策

D. 可以克服由于权力失衡、差异或利益冲突而产生的一些障碍

三、简答题

1. 采购职能结构的影响因素有哪些?
2. 集权化采购的优缺点是什么?

四、论述题

运用波特的价值链模型,阐述采购职能在内部和外部供应链中的作用。

第十一章

信息与通信技术系统

学习目标

1. 了解采购与供应链职能所使用的一般 IT 系统
2. 学习企业库存管理系统及 ERP 技术
3. 掌握企业内部和外部使用的通信系统

基本概念

P2P 系统；库存管理系统；ERP 系统；通信系统

第一节 信息通信技术对采购与供应链管理的广泛影响

一、信息与通信技术对采购的影响

信息与通信技术对采购有如下几方面的影响：（1）大大提高了通信和信息处理的速度；（2）更方便地获取环境与供应市场的信息；（3）促进全天候全球业务；（4）支持无纸化的通信；（5）提供节约成本的机会；（6）给采购人员留出更多时间进行与采购有关的创造性的、战略性的和关系方面的工作；（7）加强信息管理；（8）使协作流程与所处地点无关，从而建立"虚拟"的供应商关系、团队和组织。

二、信息通信技术的使用途径

可以通过如下途径使用信息通信技术发展供应链管理。

（1）提供交易过程的实时信息、送货跟踪和其他增值服务。
（2）使采购和配送过程精益化，提供更好的客户服务水平。
（3）支持产品和服务的定制化、供应商或客户关系管理的个性化联络。
（4）建立知识社区：通过外联网进行信息共享。
（5）促进各协作活动的协调。

第二节　库存管理系统与企业资源管理

一、库存管理系统

1. 库存管理的活动

（1）需求管理：为了满足内部客户的需要，确保在适当的时间供应适当的数量。
（2）需求预测以避免过多的库存。
（3）控制库存水平，监控和保持最小和最大目标库存水平，以避免过多库存和由于库存缺货造成的生产"瓶颈"。
（4）确保根据采购政策进行补货。
（5）制定成本有效的供应品订购，采购系统和程序。
（6）监控供应品的收货、检验、仓储和向用户的发货。

（7）确保库存物品的安全，防止库存物品变质、损坏、失窃和过时。

2.信息通信技术对库存管理的帮助

（1）精确获取货物入库的信息，并将这些信息与库存余额、合同管理和付款系统进行整合。

（2）记录库存移动和位置。

（3）将发货申请单转化为"拣货与包装"任务单。

（4）保持库存余额记录和库存价值记录。

（5）自动触发补货申请或订单。

（6）监控生产率和利用率。

（7）保持库存记录完整性。

（8）为发票验证和审计跟踪提供库存移动的证据。

（9）使用上述数据生成管理报告。

3.仓库管理系统的功能

（1）对建议的仓库位置、设计与布局进行模拟，以支持以效率最大化为目标的决策。

（2）模拟动作过程，以支持物料流的优先排序、消除非增值的流程和活动，尽可能使流程精益化和自动化。

（3）控制自动引导车在仓库内进行存储、查找和移动物品等作业。

（4）跟踪车辆，以便进行送货跟催，并监控健康与安全法规的遵守情况。

（5）运输计划。

（6）对于进出口而言，仓库管理系统（WMS）可以向"英国海关与消费局系统"直接输入货运信息和单证。

二、企业资源计划

1.管理信息系统

管理信息系统（MIS）有以下工具：（1）数据库和数据库管理系统；（2）决策支持系统；（3）管理信息系统。

2. 物料需求计划

物料需求计划（MRP）是用于相关需求物品管理的一套逻辑上相互关联的程序、决策规划和记录。

物料需求计划的流程如图 11-1 所示。

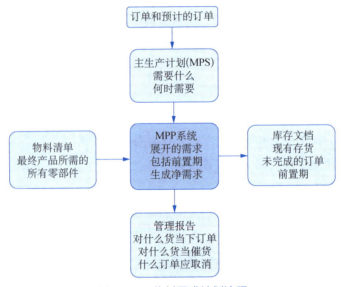

图 11-1　物料需求计划流程

3. 企业资源计划

企业资源计划（ERP）是指将物料、制造、物流、供应链、销售与市场营销、财务和人力资源计划信息整合到一个集成的管理系统中，旨在处理组织的交易、促进一体化的和实时的计划、生产和客户响应。

企业资源计划有以下几方面好处：（1）将很多业务流程集成和自动化；（2）降低流程成本；（3）提高效率和灵活性；（4）是数据标准化并共享，且在整个企业内使用；（5）"实时"生成决策支持信息；缩短响应时间，改善客户服务；（6）改进通信与数据共享；（7）改进供应链管理与关系。

第三节 通信系统

一、电子数据交换

电子数据交换（EDI）是指计算机软件之间无人为干预的、结构化的数据的交换。

二、内部网和外部网

内部网是一组由网络连接的和/或互联网相连接的计算机。这样的专用网络通常只有在同一企业或同一工作组内登记的用户才能使用，访问会受到密码和用户组账户的限制。

外部网是一种扩展到外部合作伙伴的内部网，它给予选定的外部合作伙伴（如供应商）授权访问本组织网站或信息网络的某些特定区域或权限水平，以便进行数据交换和共享。

使用外部网系统有以下几方面的好处。

（1）通过使用网上订购订单跟踪和库存管理，帮助实现改进的供应链一体化；（2）降低运营成本；（3）通过让合作方在线参与工作并使用共同的文档等途径，加强协作和改善关系；（4）供应商可以直接获取经过授权的商业信息；（5）为合作伙伴之间提供一个统一的用户界面；（6）提高通信的安全性。

使用外部网系统的风险有以下几方面。

（1）一些企业充斥着大量的外部网项目却不能获得有形的价值；（2）外部网的安全问题。

使用移动通信设备的好处有以下几方面。

（1）可以在办公室之外或在移动中进行广泛的商务活动；（2）为了改

进客户服务，采购者和供应商可以连续联系关键的联系人；（3）通过互联网，用户可以利用移动电子商务下载数据和访问网站，方便了常规采购，也有助于电子采购。

对于采购而言，互联网提供的特别的好处有以下几方面。

（1）供应商的选择更加广泛，包括全球性的供应商和很小的供应商；（2）通过电子通信、更高的精确度和电子交易处理，可以节约采购成本；（3）支持低库存水平和高效率的库存周转；（4）通过更好的数据共享，改善供应链关系与协作。

实践指导

一、实践任务

通过本章学习，引导学生进一步了解组织中的信息与通信技术系统对采购与供应的影响或作用，理解库存管理系统与企业资源管理等对采购与供应的影响。通过案例的学习与讨论，加强对企业中信息与通信技术系统的认识，从而更好地实现本章学习目标。

二、实践步骤

(1) 分组讨论并进行交流，找到案例中的关键问题。

(2) 确定是否还需要查找与关键问题相关的背景资料。

(3) 筛选并优化分析此案例的答题思路。

(4) 明确小组分析案例的逻辑与依据，展开思路整理。

(5) 小组形成文字报告并进行演示汇报。

三、实践要求

(1) 认真读懂案例。当小组分到或找到一篇案例时，成员需要对案例进行反复阅读，对案例中的重要信息进行消化理解。在阅读过程中对案例中的背景资料、主要事实、面临的难题及难点、重要论点、重要结论和针对性的对策建议等内容进行一一记录，以方便后面的讨论与分析。

(2) 分组交流讨论，大胆提出自己的看法。对案例中的主要角色或者问题进行分析，尝试对案例所给的背景资料进行仔细阅读、筛选分类和归纳总结，若需要引证资料佐证个人观点，可以通过电子资源、图书馆资源等，获取相关领域的多方面知识，保证分析的科学性与合理性。

（3）全面正确地概括问题。在对案例认真阅读分析后，小组尝试根据案例的相关资料找出问题的症结所在，对需要解决的问题进行概括与凝练，注意概括的逻辑性与针对性。

（4）撰写分析报告。报告中小组成员要对资料分析到位，依据所学理论，采用所学分析工具，全面合理地展开案例资料的客观分析。要求紧扣主题，结构清晰，层次分明，中心突出。除此之外，提交的报告要注意格式规范，用词准确，表达通顺。

四、实践内容——伊利集团绿色供应链成本管理信息化的实施路径

伊利集团在2012年之后大力开展绿色供应链成本管理信息化工程，供应链实施效率明显提升。在本书的研究中采用了四种数据收集方法：第一种方法是访谈法，直接进入伊利集团与相关人员进行访谈；第二种方法是现场观察，进入伊利集团生产区，进行数据统计；第三种方法是公司内部资料，与公司内部人员取得联系获取内部资料；第四种方法是公开信息，伊利集团在上海交易证券所等网站会公布一些数据信息，针对这些数据可进行整理总结。

伊利集团是一家乳制品企业，在全球乳业公司中排名前八，位居亚洲第一，在2016年中国500强企业中排名第96位。伊利集团的当前战略目标是实现全球织网。而在这样的战略之下，伊利集团已基本实现了国际化布局。此外，伊利集团特别重视管理信息化方面的建设，并着力打造一条真正属于自己的绿色供应链。伊利集团之所以构建绿色供应链成本管理信息化路径，主要原因有两个方面：第一，伊利集团坚持走可持续发展之路，降低生产成本，提高企业竞争力，节约社会可利用资源，同时有效保护环境；第二，伊利集团的发展速度较快，使集团乳制品绿色供应链系统面临着极大的挑战，尤其是关于信息系统方面的挑战。

伊利集团传统的信息化系统是建立在事业部的基础之上，虽然各个部门之间已经有了自己的信息化系统，但是各个系统之间是相互隔离的，各

个部门进行数据交换或者数据合并非常困难。基于这样的背景，伊利集团开始对整个系统进行科学合理的规划与调整，打造真正属于自己的绿色供应链系统。重塑的绿色供应链管理系统将绿色思想和信息化思想融入其中，并巧妙地整合供应链的每一个环节，将各个环节贯穿起来，比如说牧场、奶站、奶户和营销终端之间将会形成一个统一的整体，从而使整个业务流程有效连接起来。因此，重塑的绿色供应链管理系统将是一个全面的系统。在整个绿色供应链信息系统中，会将先进的管理理念落实到位，充分结合市场需求，消除闲置资源，实现资源互通；力求将计划与控制连接为一条主线，建设网络信息化平台，搭建规范的、科学的、合理的信息管理系统，积极推动公司信息化改革。

五、实践范例——案例分析

伊利集团绿色供应链管理发展伊利集团在发展初期（2002—2006年），供应链模式为"奶农—伊利—经销商—零售商"。此时，伊利集团生产经营比较松散，不利于实现规模化生产。

随着社会经济水平的不断提高，人们的消费水平与健康意识也有了较大程度的提高，人们对乳品的需求变得越来越多，也越来越复杂。在这样的背景之下，伊利集团开始加大奶源基地的建设和开展牛群科学管理模式，也就是说，从供应链的上游对供应链进行优化，伊利集团的这一做法在同行业中是领先的。经过规模化的发展，伊利集团开始在北京、上海等地进行土地征收，并建立工厂，同时加强了与当地政府的合作，更加强了与奶农的沟通与协作，伊利集团联合政府、奶农，共同对奶源基地进行了建设。

伊利集团的这一举措意义重大：第一，有效解决了原奶资源供应不足的问题；第二，建立的奶源基地使草地资源使用效率提高，避免资源浪费；第三，伊利集团的市场占有率大大提高。这一举措可以有效降低运输成本，改善了下游的营销环境，化代销为直销，更加有利于伊利集团的快速发展。在核心生产环节中，伊利集团开始建设智能化生产工厂，可以解放人工劳动力，并提高产品的安全质量；建立废弃资源回收系统，提高废弃资源使用率。同时，不断宣传集团绿色文化，增强消费者信心，也增强了消费者绿色消费观念，真正将绿色环保观念落实到供应链的每一个环节中。

此外，随着企业之间采购合同变得越来越多，对供应商的资质要求也就会变得越来越复杂，这些工作基本都是一些重复的规律性的工作。尤其是使用人工的过程中，所耗用的成本是比较高的，同时在及时性与准确性方面是很难满足要求的，必须采取相应的信息化手段，才可以更好地解决这些问题。对供应链进行信息化，可以为领导者对企业的发展进行科学决策提供有力的支撑。因此，为解决上述问题，伊利集团基于信息集成的基本思想，从整个供应链业务流程进行优化。伊利集团在发展的过程中，一直致力于打造全新的绿色产业链，真正实现企业的绿色发展，打造一条贯穿于上中下游的绿色供应链。伊利集团所倡导的绿色供应链管理理念，是社会所倡导的人类可持续发展理念，整个集团在发展的过程中，会充分结合自身的实际情况，从市场角度出发，以供应链各环节为基准，充分考虑环境与资源的问题，在最大限度地对现有资源进行利用的情况下力求减少对环境的污染。

(一) 访谈

本案例采用半结构化访谈方法。CEO 和 CFO 是伊利集团绿色供应链成本管理信息化实施的直接参与者，在对伊利集团探访时，特意与他们进行了多次深度的交流访谈。为了让被采访对象尽可能地多说话，在提问的过程中采取了引导式的提问方式，而非直接提问。在访谈之前，先对公开资料进行了收集。在这些公开资料整理的基础上，所提问的问题尽量都是公开资料中没有但又是研究中所关心的。每次访谈的时间大约是 1~2 个小时。本书研究目的是为找出绿色供应链成本管理信息化实施路径，因此在对访谈记录进行汇总时，侧重对 CEO 和 CFO 的访谈记录进行对比，以此来发现绿色供应链成本管理实施过程中所面临的挑战以及绿色供应链与信息化系统融合的创新路径，并将这些资料整理汇总。在半结构化访谈的基础上，还对伊利集团的会计人员进行了非正式的访谈，获得了很多有助于研究的素材与资料。这种非正式的访谈为半结构化访谈的内容提供了重要补充。

（二）现场观察

为了研究伊利集团的绿色供应链成本管理信息化实施路径，还进行了实地的观察。曾经全程参与了伊利集团举行的相关日常例会及其相关改革会议，也积极参与了伊利集团高层管理人员在内蒙古大学举行的有关管理讲座，从而为研究积累了丰富的素材。

（三）公司内部资料

在对伊利集团的 CEO 和 CFO 进行访谈的同时，也通过探访的方式获得了伊利集团内部报纸及内部期刊，还获得了集团 2008—2017 年的公司内部决策记录及相关年报资料。

（四）公开信息

通过浏览伊利集团的官方网站，获取了与研究相关的背景资料与信息。伊利集团是上市公司，公开的数据非常充裕。除了伊利集团的数据资料之外，还收集了乳品行业的公开数据。资料来源包括前瞻数据库、中国乳业信息网、中国食品科技网、上海证券交易所及大量的新闻报道。

扫一扫，查看相关案例。

扫一扫，查看相关资料。

练习与思考

一、名词解释

ICT；P2P 系统；库存管理系统；仓库管理系统；MIS；MRP；ERP；EDI

二、选择题

1. 信息与通信技术对商业和采购活动产生了哪些影响？（　　）

    A. 使人类更快速、精确和一致地工作，极大地提高了生产率

    B. 促进了产品技术创新水平，开辟了新产品市场

    C. 开辟了新的供应市场，降低了进入壁垒

    D. 改变了商业过程，使之更安全更便捷

    E. 改变了商业所需的劳动力数量和技能类型，以及组织和管理方式

2. 通信技术对采购带来的特别影响有哪些？（　　）

    A. 大大提高了通信和信息处理的速度

    B. 更方便地获取环境与供应市场信息

    C. 促进全天候全球业务发展

    D. 实现了无纸化沟通、无纸化交易，节省了管理时间

    E. 提供了更广泛的供应基础和精益化的流程，实现了更低的成本和价格

    F. 采购人员可以用更多的时间进行创造性的、战略性的和关系方面的活动

    G. 加强了信息沟通与管理

    H. 使协作无处不在，出现了虚拟的供应商关系、团队和组织

3. 哪些工具可以用来对库存进行跟踪，并获取数据？（　　）

    A. 电子销售点系统　　　　B. 条形码

    C. RFID 系统技术　　　　　D. 人工清点

4. 企业管理信息工具有哪些？（　　）

    A. 数据库和数据库管理系统　　B. 决策支持系统

C. 管理信息系统　　　　　　　D. ERP 等

5. 企业使用外部网系统可能带来哪些好处？(　　)

   A. 通过使用网上订购订单跟踪和库存管理，帮助实现改进的供应链一体化

   B. 降低运营成本，加快企业通信速度

   C. 过让合作方在线参与工作并使用共同的文档等途径，加强协作和改善关系

   D. 供应商可以直接获取经过授权的商业信息，使他们能够自行解决需要询问的问题

   E. 为合作伙伴之间提供一个统一的用户界面

   F. 提高通信的安全性

三、简答题

1. 库存管理系统主要执行哪些任务？
2. 一体化的仓库管理系统具备哪些功能？

四、论述题

阐述 ICT 对企业采购与供应链管理的影响。

第十二章

部门与行业环境

1. 了解各种不同的经济和行业部门
2. 学习如何分析政府公共部门对采购和供应链的影响
3. 熟悉影响采购与供应链运营的各种法规

公共部门；私营部门；非营利部门；第三部门；公众问责制

第一节 经济部门及其对采购的影响

一、经济部门的分类

1.经济部门的不同分类方式

（1）按结构和所有制分类：私营部门、公共部门、第三部门。有时候进一步细分为自愿自购和付费加入部门。

（2）按基本目标分类：以营利为目的的组织和非营利组织。

（3）按活动分类：原材料采掘业、发电业、制造业、零售业、保健业、信息技术业、媒体业等。

（4）按规模分类：中小型企业（SME）和跨国性企业（MNCs）。

2. 私营部门、公共部门与第三部门

（1）私营部门和公共部门的主要差异主要分为私营部门和公共部门两方面。

在私营部门中：组织的所有者是其投资者；活动的资金来源于投资、收益和借贷；组织的主要目的是要达到商业目标，为其所有者或为企业再投资获取最大利润；竞争是一个关键要素；企业服务的核心"选民"是股东、客户和雇员。

在公共部门中：组织是由政府代表国家拥有的，国家代表公众；组织的活动资金来源于国家（通过税收）以及组织自身活动所产生的收益；组织的主要目的是达到一定的服务水平；传统上公共部门很少或没有竞争；公共组织的利益相关者"选民"更加广泛和多样化。

（2）混合经济：混合经济是这样的一个经济体，其中的资源既不是完全由资本家控制，也不是完全由政府控制，而是由国家控制那些无法获得足够私有资本投资的基本公共服务和基础产业，同时在其他领域支持私营企业和开放市场。

（3）混合经济中公共部门的作用。

提供那些由于"市场失灵"且私营部门提供的基本货物和服务；通过税收措施，重新分配财富；为了公共利益，监管私营部门的活动；为了公共利益，在必要时帮助私营企业摆脱困难。

（4）第三部门：私营部门中的非营利性质（NFP）的组织，包括慈善组织、教堂、私立学校和医院、政党、博物馆、专业俱乐部和协会、利益/压力团体、工会以及像CIPS这样的专业团体等。

二、经济部门对采购的影响

公共部门与私营部门之间的差别如表12-1所示。

表 12-1　公共部门与私营部门采购之间的差别

差异的领域	私营部门	公共部门
目标	提高提润	达到一定的服务水平
责任	采购人员向主管负责	采购人员最终对一般公众负责
利益相关者	采购有需要考虑的一定利益相关者	采购必须为广大的一级和二级利益相关者提供价值
活动	组织的生产能力和资源用于生产货物/服务	通过供应外包的或采购的产品/服务创造增值
法律限制	受到公司法、劳动法、产品质量法等监管	这些法律也适用于公共部门
竞争	在很多企业之间存在激烈竞争	通常没有竞争
资金价值	以最低成本，获得竞争优势、客户价值和利润最大化	在价值/成本许可的条件下，保持和提高服务水平
物品的多样性	用于特定产品/服务组合的专业库存列表	提供多样化服务所需的品种广泛的物品/服务
公开性	供应商与采购方之间的交易有保密性	保密性有限，公众要求透明度
预算限制	投资受限于是否有好的投资机会	投资受到来自外部的开支限额的约束
信息交换	不得与其他企业交换信息	公共部门的采购愿意交换信息并使用共享电子采购平台，联合采购等
采购政策	各企业不同，如果需要采取迅速行动，可简化手续	需要遵守法定指南
供应商关系	在可能的情况下发展长期关系	强制性的竞争性招标

国际采购与供应环境

案例与思考

A 郡委员会（以下简称 ACC）是一个地方性政府组织，最近刚刚成立了一个专业采购小组（CPU），以发展和推动采购业务，从而促进本地经济的现代化和可持续发展。

1. 专业采购小组的角色

CPU 承担了一系列业务活动，包括确定和执行 ACC 的采购战略，提供采购政策和流程的详尽指导，并管理企业供应与服务方面的相关合同。由于这是一个新生部门，ACC 的高级经理计划引入绩效管理措施，参照类似的委员会实施标杆管理。

2. 法规

和所有公共部门一样，ACC 必须遵守政府的相关法律。在购买服务、商品、投资建筑和民用工程时按以下方式处理：

合同金额	ACC 政策
低于 1 万元（含）	直接下采购订单
1 万到 7.5 万元（含）	三方报价
7.5 万到 14.4 万元（含）	本地招标（通过地方报纸和贸易期刊）
14.4 万元以上	公开招标

3. ACC 的公司社会责任政策

ACC 面对的一个新的问题是公司社会责任。在征求其他委员会和专业团体的意见之后，CPU 制定出一套办法，将委员会在采购商品和服务中的信条、基本理念和特点结合起来。这套办法被视为 ACC 迈出的重要一步，它不仅会为委员会及其客户带来潜在的利益，而且可能产生其他影响。

ACC 的 CSR 政策受到了一部分利益相关者的欢迎，他们将其看作是一种进步。然而，仍有一小部分利益相关者认为，CSR 政策可能会束缚采购活动，最终导致采购成本的增加。

4. ACC 的采购

所有当地部门需要采购大批量、低价值的物品时，ACC 使用地区采购联合体的方式。采购联合体在电子目录中列出其所供应的所有产品。ACC 各部门的员工可以访问这个目录，选取所需的物品，并发送电子订单至该联合体。订单包括所需物品的明细、数量和交货要求。然而，由于该联合体提供的产品种类较少，经常有部门要求 CPU 采购目录以外的低价值的商品和服务。在这种情况下，管理成本相对于采购价格来讲，会不成比例地升高。

此外，ACC 总是购买价格最低的计算机和打印机，并不考虑全生命周期成本。

5. 公路问题

ACC 面临的另一个主要问题就是该郡的公路系统需要完善。超过 20% 的道路状况较差，需要不断维护和保养。ACC 相信，如果采用公私合营（PPP）方式，使私人部门能够介入到公共服务部门的运作之中，这样 ACC 就可以对公路进行必要的维修，确保一个现代化的、高效的公路运输系统。

思考问题：以下问题都与案例相关，请根据案例所给的信息内容回答。

（1）解释名词"标杆管理"，并论述 ACC 在实施标杆管理中可能会遇到的困难。

（2）指出标杆管理的优缺点，并分析 ACC 采购标杆管理来衡量 CPU 的采购绩效能否有效。

（3）采购计算机和打印机的时候，除价格外，ACC 还应该考虑哪些额外成本？请解释其中至少五个成本项。

（4）论述竞争性投标对于 ACC 的利和弊。

（5）ACC 要求其主要供应商遵循 CSR 政策，请说明这种做法为 ACC 带来的好处。

（6）解释 ACC 使用采购联合体采购大批量、低价值货物的优点和缺点。

（7）评估 ACC 采取公私合营（PPP）方式为其公路改善计划融资的好处和风险。

（8）指出四个在公路改善项目中的主要利益相关者，并描述他们对项目的兴趣、态度及可能产生的影响。

第二节　行业部门的分类及主要产业环境与特点

一、行业部门的分类

（1）第一产业是从事自然资源的采掘或原材料生产。这一行业包括石油和矿产的开采、农业和林业。

（2）第二产业是将原材料转化为最终部件、装配件或最终产品。该行业包括制造业、工程设计和建筑业等。

（3）第三产业是从事服务的开发和提供。该行业包括专业服务、金融服务、运输、酒店等。

二、第一产业

1. 第一产业的定义

第一产业是指从事自然资源的采掘，包括石油开采业、采矿业以及农业。

2. 采掘业中采购与供应链管理的目标和挑战

（1）该行业的采购支出一般很高，因为需要大型复杂的重型机械。

（2）需要不断使用易耗品和零配件的库存，这些供应对于企业日常运营至关重要。

（3）该行业内的很多供应品具有专业特性。

（4）采掘业的组织不能选择其作业设备的地点。

3. 农业企业的主要采购要求

农业企业中的主要采购要求一般包括：农业机械、农用化学品、繁殖种群、磁疗、易耗品、标准材料和容器以及支持性服务。农业部门中采购人员面临的突出问题包括以下几方面。

（1）保持供应的数量和持续性对于当地和国家食品安全的重要性。

（2）贯穿供应链的高度风险和不确定性，包括天气因素、病虫害等。

（3）农业企业有复杂的供应链，其中包括实物流、资金流和信息流。

（4）物流的挑战来自三个方面：①生产地点与使用地点之间的距离很远（在全球市场上）；②投入品和产出品的易腐性，及相关的健康与安全风险；③一些农用化学品具有危险特性。

（5）在机械设备和启动繁殖种群方面有可能需要高投资。

（6）在这类供应链中，生产者的市场能力一般较低。

（7）保护食品卫生、健康与安全的法规。

（8）环境可持续问题。

三、第二产业

1. 第二产业的定义

第二产业是指即由原材料和零部件"制造出"半成品的产业。

2. 制造业中采购与供应链管理的目标和挑战

（1）库存管理和采购过程很多已经实现计算机化，但采购运作依然十分复杂。

（2）运作管理是供应链的焦点，也是采购职能主要的内部客户。采购最重要的任务就是保证"五个合适"。

（3）生产设备"饥饿"。需求管理是保证生产设备持续运行的关键因素，如何最低程度保证库存可用，并在生产过程中保持连续供应，是采购职能保持对内部客户服务水平的关键。

（4）用于制造一个产品的部件可能数量庞大且种类繁多，增加管理压力。

（5）对于制造业而言，质量是非常重要的目标，因为有缺陷的投入品会损毁机器和造成浪费。采购人员需要管理整个供应链中的质量风险和问题。

（6）投入对于产成品非常重要，因此从新产品设计（材料选择）到规格确定（工艺要求）、库存控制等的整个过程中，都需要有采购专业人员的帮助。

（7）投入的成本占制造成本的比例很大，因此，采购人员的一个关键目标是成本最小化，同时要保持供应。

（8）制造业中，资本物品是主要的、专业的和昂贵的采购项目，需要具有投资评估、金融、租赁、供应商选择及合同等方面的专业采购知识技能。

3. 第二产业中采购的因素

采购中各因素的相对优先等级可能会根据生产制造的组织方式不同而稍有变化。

（1）项目工作：供应品必须按照精确的顺序安排，以便满足该过程的每个阶段的需要。一般在建筑和工程设计行业中是按项目进行工作的。

（2）单件生产：需要为频繁使用的物品安排持续的库存，还需要专门为每个单独订单订购专用的材料。一般在定制的、一次性的客户订单中使用。

（3）批量生产：采购人员必须预测需求，以便为每个批次提供合适数量的物料。

（4）大量生产：避免生产流的中断，因此最主要的工作是确保物料的不间断供应。一般在传统的生产线中使用。

（5）连续生产：与大量生产类似，保证标准化的投入供应。

4. 快速消费品行业采购的特点

（1）为了将自己区别于其他众多的竞争者，快速消费品（FMGG）生产商需要更加关注产品的质量和品牌。因此必须加强生产商的质量管理。

（2）FMGG行业的特点是产品生命周期很短，因为竞争十分激烈且消费者的时尚需求变化很快。对采购职能带来的影响是不断需要采购新设备和不同规格的材料,并要求很短的供应前置期。

5.建筑行业采购的特点

(1)建筑工地可能距离采购组织很远,甚至在不同国家。

(2)很多建筑供应品(如砖料、石材等),虽然相对价值较低,但数量和重量都很大。运输与装卸的成本很高,应尽量降低这些成本。

(3)可能由于缺乏仓储设施,安全保卫是建筑工地上的一个常见问题。

(4)因为采购经理可能不在现场,所以需要与现场工程师或项目经理协商确定库存管理的程序。

(5)供应品也有可能需要从一个工地或建筑项目转移到另外一个工地或项目,这会对精确的库存管理、跟踪和控制带来更大压力。

(6)建造师、现场工程师或项目经理可以酌情安排物料和服务的供应,同时需要与项目采购主管充分沟通、联络和协调。

(7)建筑供应品的规格常常采用"工程量清单"的形式,由工料测量师根据建筑师或工程师的图样和规格来准备的一份文件。

(8)采购职能在项目采购过程的早期就参与其中,为项目估算师提供有关材料和分包工作的价格信息,帮助确定报价是否过高或物有所值。

6.技术行业采购的特点

(1)外购材料的价值一般占总支出的比例较高。

(2)技术行业的特点是大规模的研究与开发,这意味着公司要有效竞争就必须投入大量资金。

(3)对于有些技术品牌而言,客户定制已经成为竞争优势的一个来源。

四、服务行业

1.服务行业采购的主要特点

(1)采购重点是资本采购、MRO供应品和服务以及人员和信息的采购。

(2)人员是服务交付和区别不同服务提供商的关键因素,培训、激励、授权和文化价值是服务供应中的重要因素。

（3）购入材料的价值一般占销售产值和总投入的比例很小，但有些物品（如房产和运输车队）的采购是重要的资本采购，需要具有专业采购技能。

（4）大量的服务通过外包进行管理，采购职能在分包和供应商管理中发挥作用。

（5）涉及大量的信息管理和提供，且随着自动化程度的提高，越来越基于自助服务。

（6）虚拟组织和服务网络的发展。

2.金融行业采购的特点

（1）投入和产出采用信息流形式的程度。

（2）在金融服务的采购与交付中使用ICT的程度。

（3）将金融服务委托或外包给一个供应网络的程度。

（4）为保护市场和消费者而进行监管的程度。

五、零售业

1.零售业采购的显著特点

（1）底线思维：采购人员必须集中于以较大利润空间购买所销售物品。

（2）丰富的品类：批发商和零售商的功能之一是向客户提供很多制造商提供的各式各样的货物，大量的产品类型和供应商数量会影响采购人员监控价格、质量和供应商条款。

（3）参照供应商的规格进行采购：零售商一般则是根据供应商的描述，购买市场上现有的产品。因此，零售商要更换供应商比较容易，供应商关系也较松散。

（4）反馈循环很短：在转售领域，购买产品然后再售出，时间不长。很快就可以看出哪些产品销售快，哪些销售慢，对这些信息迅速作出响应是对零售业采购职能的关键要求。

（5）技术复杂性：在零售业组织中，采购的物品通常技术复杂性不高。

2.零售业采购的其他特点

(1)采购人员负责选择能够吸引外部客户的产品,因此采购人员的工作重点是预测和满足外部客户而不是内部客户的需求。

(2)采购人员应当以"合适的价格"从供应商处采购。

(3)如果消费者需要的物品只由一个特定的制造商生产,那么零售商无法选择供应商,这会使零售商面临风险。

(4)库存控制,一方面要保证库存供应,另一方面还要避免持有过多库存带来的成本及空间占用,还要考虑食品的保质期等因素。

(5)配送也是库存管理中的重要因素。

(6)零售业中,采购方与供应商关系的一个特点是趋于各种形式的协作。

(7)零售供应是网络状供应,而不是链状供应。

3.零售行业中,采购职能的组织结构

(1)在一些情况下,采购职能作为一个独立部门。

(2)在另一些情况下,在组织结构采购、销售与营销更为密切地联系在一起,组成一个"商品推销"部门。

 实践指导

一、实践任务

通过本章学习,引导学生进一步了解经济部门的分类以及经济部门对采购与供应的影响,理解行业部门的特点对采购与供应的影响。通过案例的学习与讨论,加强对企业所在行业或产业的特点及环境的正确认识,从而更好地实现本章学习目标。

二、实践步骤

(1)分组讨论并进行交流,找到案例中的关键问题。

(2)确定是否还需要查找与关键问题相关的背景资料。

(3) 筛选并优化分析此案例的答题思路。

(4) 明确小组分析案例的逻辑与依据，展开思路整理。

(5) 小组形成文字报告并进行演示汇报。

三、实践要求

(1) 认真读懂案例。当小组分到或找到一篇案例时，成员需要对案例进行反复阅读，对案例中的重要信息进行消化理解。在阅读过程中对案例中的背景资料、主要事实、面临的难题及难点、重要论点、重要结论和针对性的对策建议等内容进行一一记录，以方便后面的讨论与分析。

(2) 分组交流讨论，大胆提出自己的看法。对案例中的主要角色或者问题进行分析，尝试对案例所给的背景资料进行仔细阅读、筛选分类和归纳总结，若需要引证资料佐证个人观点，可以通过电子资源、图书馆资源等，获取相关领域的多方面知识，保证分析的科学性与合理性。

(3) 全面正确地概括问题。在对案例认真阅读分析后，小组尝试根据案例的相关资料找出问题的症结所在，对需要解决的问题进行概括与凝练，注意概括的逻辑性与针对性。

(4) 撰写分析报告。报告中小组成员要对资料分析到位，依据所学理论，采用所学分析工具，全面合理地展开案例资料的客观分析。要求紧扣主题，结构清晰，层次分明，中心突出。除此之外，提交的报告要注意格式规范，用词准确，表达通顺。

四、实践内容——培育链主，提升产业链供应链自主可控能力

作为国家安全的重要组成部分，产业链供应链安全稳定日益成为世界各国高度关注的问题。在2020年12月召开的中央经济工作会议上，就特别强调"产业链供应链安全稳定是构建新发展格局的基础"，提出要把"增强产业链供应链自主可控能力"作为2021年的主要工作任务之一，并要求"统筹推进补齐短板和锻造长板，针对产业薄弱环节，实施好关键核心技术攻关工程，尽快解决一批'卡脖子'问题"。我国"十四五"规划纲要也明确提出，要打造具有生态主导力的产业链"链主"，发挥"链主"在产业链供应链的"牛鼻子"作用。鉴于此，对我国产业链供应链所面临的主要风险进行剖析，阐释了链主对产业链供应链自主可控能力提升的重

要性，提出了培育链主以增强产业链供应链自主可控能力的几点思考，希冀为提升我国产业链供应链安全稳定起到抛砖引玉的作用。

(一) 我国产业链供应链面临的主要风险研判

自2021年年初以来，汽车芯片短缺引发汽车行业危机，有观察人士预测中国汽车产量可能会因此而减产15%~20%。芯片"卡脖子"成为车企们的切肤之痛，也再次敲响"我国必须加快提升产业链供应链自主可控能力"的警钟。诚然，我国已拥有全球最完整的工业体系、规模最大的生产能力和完善的配套能力，部分领域产业链较为完备、产业配套能力也较强，但是产业链供应链总体大而不强、大而不优、大而不稳，存在风险隐患。综合来看，我国产业链供应链面临的主要风险具体表现在以下几方面。

第一，基础领域的核心关键技术仍然受制于人。以近年来引起密切关注的集成电路领域为例，尽管我国已成为全球最大的电子信息产品生产国，但在芯片光刻机、面板真空蒸镀机等产业核心工艺设备和材料方面高度依赖国外产品与技术却是不争的事实。基础领域是发达国家维护其全球竞争力和分工地位的关键所在，在基础领域，发达国家始终掌握着大量关键核心技术，牢牢把持产业发展的主导权和控制权。而我国产业发展所依赖的基础材料、基础工艺、基础零部件、产业技术基础、工业软件等能力不强，长期高度依赖进口。我国虽然持续加大攻关力度，并在一些领域取得突破，但是必须承认，依然存在诸多"卡脖子"短板，特别是在材料、设备、工业软件等基础领域的关键技术仍然受制于人，总体发展水平与发达国家相比差距还比较大。

第二，贸易摩擦造成部分高科技领域"断供"风险加大。近年来，随着美国对华战略的调整，美国不断筑高外国直接投资堤坝，企图阻碍甚至切断我国引进利用外部技术的渠道。同时，美国奉行"长臂管辖"，把我国一些机构和个人纳入管制实体清单，范围已涵盖机械、超级计算机、半导体、航空航天、光学仪器、专用软件等领域，且涉及数量和波及范围呈现扩大之势，意欲对我国企业"断供"关键技术和核心部件。欧盟、日本等发达经济体对我国关键领域的投资审查也日趋严苛。我国高科技产业发展的外部环境正发生深刻变化，所面临的风险和挑战明显增大。

第三，多因素叠加引发产业链外迁的风险不容忽视。受中美贸易摩擦不断升级影响，叠加国内人工成本上涨、资源环境压力等因素，一些沿海地区外资企业的加工组装环节加快向东南亚国家转移，未来可能会扩展到关键零部件，甚至整个产业链上下游企业链条式外迁。特别是受新冠肺炎疫情冲击，以及为避免美国高额关税和分散产业链风险，跨国企业正在谋划向东南亚国家转移产业链中的组装环节。部分在我国根植不深的跨国企业外迁，一旦带动产业链上下游企业链条式外迁，将破坏我国产业体系的完整性和竞争力，对我国产业链供应链安全稳定造成威胁。

（二）链主：产业链供应链自主可控能力的关键

1. 链主的定义与特征

一条完整的供应链，至少包括原材料供应商、制造商和销售商。"链时代"的市场竞争正从单个企业扩大到整个供应链。黄河把链主定义为供应链上具有支配地位和作用的企业。张建忠则强调，链主不仅能对主要供应商、消费者和竞争者的经营活动进行限制，而且还可以规定相互交易的市场规则。综合现有学者的研究来看，所谓链主，就是那些在产业链供应链中位居核心或主导地位，能够掌控整个价值链条中最有价值部分并拥有最终话语权的企业。从实践来看，链主既可能是掌握稀缺性原材料的供应商，也可能是产品具有不可替代优势的制造商，还可能是掌控营销网络体系和客户资源的分销商，甚至有可能是负责货物储运、信息流通，为整个供应链提供相关服务的物流企业。总之，产业链供应链上的每个企业都可能成为链主，只要它具备以下基本特征。

首先，在产业链供应链中具备核心竞争优势。"谁是链主谁做主。"作为链主，必须具备产业链供应链其他企业无法模仿的核心竞争优势。这一核心竞争优势，可以是对营销网络的绝对控制，可以源于对某种资源的绝对掌握，还可以是成本优势或者是对某项技术和专利的特权等。不管是哪种形式，链主必须至少具备一种超越产业链供应链中其他企业的能力。其次，在产业链供应链中具有不可替代性。链主应当是独一无二、无法被任何企业替代的领导者。最后，在产业链供应链中具备资源整合和协调共赢的能力。链主与链上企业深度耦合、形成稳定的分工协同关系后，应积极承担行业自律、服务、协同等责任，充分利用其在产业链供应链中的优势地位和较强话语权影响上下游企业，维护好多方利益关系，实现有利于产业链供应链稳定、有利于产业生态优化的"外部经济效应"。

2. 链主控制与产业链供应链自主可控能力

随着"链时代"的到来，产业间的竞争已经逐步从单一企业的竞争转向产业链供应链整体竞争力的较量。由于链主在产业链供应链中处于支配地位，具有足够的控制力和影响力，拥有最终话语权，并掌控价值链中最有价值的部分，它们可以有效地利用自身比较优势、充分统筹整合外部资源、凝聚和协调产业链供应链上下游主体、推动产业链供应链持续迭代创新。因此，链主不仅有助于产业链资源的整合，而且可以带动上下游企业共同成长。也正是由于价值链上链主和其他企业权力地位的不对等性，为链主控制产业链供应链提供了天然便利。从这个层面来讲，产业链供应链自主可控能力与链主息息相关。产业链供应链自主可控能力最本质的表现就是对链主的控制能力。对于一个国家而言，一旦产业链供应链的链主都是跨国公司或者国外企业，那么这个国家的产业安全必然会处处受到这些链主企业的制约。

要提升我国产业链供应链自主可控能力，应培育出足够多的本国价值链链主企业，借助链主的话语权有效引导资源优化配置，实现相关产业价值链在国际市场合理分工，从根本上保障国家的产业安全。不仅需要突破可能被技术"卡脖子"的关键领域，增强产业创新性，还须强化产业间联系的紧密程度，确保关键时刻"不掉链子"，在兼顾效率与安全平衡的同时，实现供求大致均衡，且区域间产业分工合作的协同性还应达到较高水平。链主的培育必须瞄准这些具体目标，创造支持链主在产业链治理中有效发挥应有作用的机制和环境。

五、实践范例——培育链主、提升产业链供应链自主可控的对策建议

（一）规范链主识别机制，建立标准、分类培育

选好、培育好链主是有效利用链主提升产业链供应链自主可控能力的前提。尽管我们对链主企业的典型特征有了比较明确的认知，但是，要科学识别出链主企业培育对象并不是一件容易的事情。这不仅需要独到的眼

光，更需要建立一套规范的识别机制，包括合理的选拔标准、选拔方式、评估办法等。如前所述，产业链供应链上的每个企业都可能成为链主。比如大家熟知的汽车、轨道交通、机器人等产业的链主企业往往为整机制造、系统集成企业，位于产业链供应链的中下游；原材料生产、纺织服装等产业的链主多为终端用户。而工业互联网平台、电子商务平台等产业的链主则由那些大型行业性平台企业担任。因此，在培育链主时，应结合不同类型产业链供应链的具体特点，设计具备针对性、差异化的遴选标准体系，建立链主企业候选库、培育库、示范库。

（二）利用"链长制"引导链主培育

"链长制"是地方政府在产业链招商实践中，强化政府官员建链、延链、补链、强链责任的一项制度创新。"链长"的主要职责是识别产业链中的薄弱环节或缺失环节，制定针对性的招商计划，并负责组织实施。而链主企业恰好在产业链供应链中处于核心地位，可考虑利用"链长制"引导链主企业的培育，把通过"链长制"建链、补链、延链、强链的战略设计"嫁接"到链主企业培育上来。有了链主企业的支持和参与，地方政府就可以利用链主企业的影响力和主导力，准确识别制约上下游企业的瓶颈和技术需求，编制补链、延链、强链图谱，设计产业链招商路线图并推动实施，工作效率和效果都将得到极大提升，产业链供应链自主可控能力的提升可谓水到渠成。

（三）进一步优化政府采购功能，扶持链主发展

我国《政府采购法》第九条规定，"政府采购应当有助于实现国家的经济和社会发展政策目标，包括保护环境扶持不发达地区和少数民族地区，促进中小企业发展等"。目前，我国已建立涵盖促进绿色产业、支持中小企业发展等内容的政府采购功能体系。当产业竞争主体由单个企业主体上升到整个产业链供应链的整体性竞争，我国政府采购功能政策也有必要作出相应调整，建议在政府采购活动中，通过倾斜性扶持措施支持和培育链主企业。鼓励链主企业在国内实现高质量发展，不仅可以带动中小企业协同发展，而且有助于提升产业链整体竞争能力，为国内产业链供应链自主可控提供可靠保障。具体而言，一方面，可考虑利用"揭榜挂帅"制度扶持科技型链主企业，提升链主企业动态创新能力；另一方面，完善链

主分包制度，明确链主责任、分包方式及监督机制等。此外，还可探索新型公私合作（PPP）模式，以满足产业链供应链关键需求为目标，整合创新资源和要素，支持龙头企业做强、做优，特别是着重抓好链主企业的培育和引进，实施链主企业培育工程。

（四）以链主培育为核心，构建价值链治理结构

链主的培育过程就是一个国家逐步实现工业化的长期竞争演变和集聚积累的过程。对于新崛起的发展中国家而言，要想在世界经济格局中拥有一定话语权，以链主培育为核心构建价值链治理结构是最基本的保障，也是增强产业链供应链自主可控能力的重要内容。要破解我国长期在全球价值链治理结构上话语权不足的窘境，一方面，应继续发挥新型举国体制优势，突破关键领域产业环节的技术障碍，鼓励引导产业链供应链上的骨干企业按照专业化分工做大、做强、做优，尽快成长为链主；另一方面，鼓励引导链主培育企业充分利用数字技术，对产业链供应链进行多角度、全方位改造，打造产业链供应链数字协同平台，增强产业链上下游合作能力。

扫一扫，查看相关案例。

扫一扫，查看相关资料。

国际采购与供应环境

 练习与思考

一、名词解释

经济部门；行业部门；私营部门；公共部门；混合经济；第三部门

二、选择题

1. 对货物和服务采购的组织进行分类，有哪些分类方式？（　　）

　　A. 按结构和所有制分类　　　　B. 按基本目标分类

　　C. 按活动分类　　　　　　　　D. 按规模分类

2. 混合经济中公共部门的作用有哪些？（　　）

　　A. 提供由于"市场失灵"且私营部门不提供的基本货物和服务

　　B. 通过税收措施，重新分配财富

　　C. 为了公共利益，监管私营部门活动

　　D. 为了公共利益，在必要时帮助私营企业摆脱困境

3. 根据执行过程的类型，将行业分为哪几个大的部门？（　　）

　　A. 第一产业　　　　　　　　　B. 第二产业

　　C. 第三产业　　　　　　　　　D. IT 业

4. 采掘业采购具备哪些特点？（　　）

　　A. 采掘业的采购支出一般很高，需要大型复杂的重型机械

　　B. 需要不断适应易耗品和零配件的库存

　　C. 该行业内有很多供应品具有专业特性，要求采购人员仔细与供应商、工程师和用户联络，以便确保规格正确，在必要时供应商应能够提供支持和服务。

　　D. 采掘业的组织不能选择其作业设备的地点，这使得合适的地点供应合适的物品变得更加困难。

5. 农业部门的采购与供应链管理需要处理哪些问题？（　　）

　　A. 保持供应的数量和持续性对于当地和国家食品安全的重要性

　　B. 贯穿供应链的高度风险与不确定性，风险包括不可预测的天气和气候因素、病虫害、生物过程特性等等

C. 农业企业有复杂的供应链，其中包括实物流、资金流和信息流

D. 物流、运输和仓储面临多方面挑战

E. 在机械设备和启动繁殖种群方面有可能需要高投资

F. 在农业部门供应链中，生产者的市场能力一般较低

G. 要遵守食品卫生、健康与安全法规

H. 要关注环境可持续问题

三、简答题

1. 为什么社会中要有私营部门和公共部门？
2. 公共部门和私营部门采购之间存在哪些差异？

四、论述题

阐述制造型组织中采购与供应链的主要目标和面临的主要挑战是什么？

第十三章

公共部门中的采购

学习目标

1. 了解政府公共部门对采购与供应链的影响
2. 理解政府公共部门机构的目标以及法规
3. 掌握竞争、公众问责和资金价值的必要性

基本概念

公共部门组织；法规；竞争；公众问责；资金价值

第一节 公共部门组织及其采购的职责

一、公共部门组织

公共部门组织的类型有以下几方面。

(1) 国家政府部门；(2) 地方政府；(3) 准自主性国家政府机构；(4) 国有企业；(5) 市属企业。

公共部门组织有以下几方面的目标：(1) 按一定的可接受水平或质量，提供必需的公共服务；(2) 鼓励国家和社会发展；(3) 追求社会经济

目标,追求可持续发展、生产与消费、环境保护等。

二、公共部门采购的职责

中央政府采购是指政府商务办公室对中央政府采购进行集中协调。

政府商务办公室有三个主要目标:(1)通过与各政府部门合作,帮助他们达到其效率目标,从而改进公共服务;(2)在中央政府的非军事采购中实现节约;(3)提供关键项目的成功率。

地方政府采购与中央政府不同,地方政府的采购没有一个中央直辖机构。职能部门和委员会有很大的影响力,采购的作用通常局限于对程序提出建议以及管理事务性工作。

第二节 公共部门采购的有关法规及其特点

一、公共部门采购的有关法规

1. 公共部门监管者可能负责的问题
(1)强调最佳实践、服务标准及服务水平并对此提出建议。
(2)评审与评估政府战略。
(3)接收绩效报告和申报,发布基于证据的结果。
(4)监控和审计组织活动遵守标准的情况。
(5)帮助客户做出明智的选择并在必要时提起申诉。
(6)向公众介绍和推广本行业的工作。

2. 法规对公共部门采购的影响
(1)要确保购进的材料、货物和服务符合一定的公共标准与规格。
(2)要确保所有采购行为符合公共政策、现行法令和法定程序,目的是保证竞争性的供应、资金价值和合乎道德的采购。
(3)要确保所有供应链运作符合一定领域的法律、规章和标准,如健

■ 国际采购与供应环境

康与安全、环境的可持续性、就业权益、数据保护和信息自由等。

3. 公共部门采购的法律监督

公共部门采购还需要受下列法律的限制和监督：（1）采购指令；（2）反腐败法律；（3）信息自由的法律；（4）国家审计部门委员会。

案例与思考

在实施国际工程项目采购管理的过程中，不可避免地会遇到一些问题。下面以某中东国际工程项目为例，对采购管理中存在的主要问题进行分析。

1. 项目背景

某中东国际工程项目位于阿联酋的迪拜，工期为16个月。该项目是二手工程，由欧洲馆、非洲馆、印度亚洲馆、阿拉伯馆、远东馆、美洲馆、服务楼、大卖场、主入口和3个次入口组成。项目总建筑面积为17万平方米，为框架结构、钢结构、木结构、局部剪力墙结构。工作范围包括结构、建筑、机电安装、室外工程、内部装饰以及景观工作。新建部分占58 174平方米，现存建筑115 329平方米，室外区域115 000平方米，合同总价6.55亿迪拉姆（约12亿元人民币）。项目部部门设置有商务部、施工部、设计部、技术部、采购部、计划部、机电部等。在施工现场一共有十余个大型分包，现场高峰时劳工总数为2 700余人。

2. 项目采购管理存在的主要问题

某中东国际工程项目采购方面存在一些问题，具体如下：

（1）该项目是承包商承接当地项目中总价最高、最复杂的国际工程项目之一。项目管理者缺乏此类大型项目的采购经验。在建筑材料的采购和机电设备的购置方面缺乏相关经验，无法有效协调和沟通设计方和施工方之间的需求。同时，建设工程项目的一次性和所处环境的特殊性，决定了各方在项目组建初期缺乏了解，非常容易在流程管理和内部沟通等方面产生矛盾，对于项目内部的责任划分和工作进度安排方面也易产生误解。

（2）在技术与施工方案方面，施工方与监理方多次产生不同意见，给项目采购带来极大难度。在技术审批方面，监理方对施工图确定慢、多次延迟批复，延迟了工程进度，耽误了建筑材料的购置。在施工方面，由于新建项目施工图与已建好的实际情况存在多处矛盾。同时，监理提供的施工图都是概念图，很多都要进行二次设计。以上种种问题给项目的采购管理带来困难，影响了项目进度。

（3）阿联酋当地材料供应商存在沟通效率低、时间观念差等问题。由于部分供应商提供的材料基本参数不完全、提交周期较长，项目采购部门无法按照业务要求对购置材料进行提前审核。同时，由于机电设备的参数说明都是用当地语言编制的，采购部门需要将相关资料提交给业主复审，延长了采购部门的工作完成时间。

（4）国内材料供应商和阿联酋当地材料供应商存在生产标准差异。在进行项目采购时，由于业主要求按照欧标、美标、英标和当地标准针对不同原材料进行审核，因此部分国内材料供应商无法满足业主对于生产标准的要求，在项目中出现二次采购的现象，严重耽误整个项目的生产进度。

二、公共部门采购的主要特点

1. 公共部门供应链的驱动因素

公共部门供应链的驱动因素有以下几方面。

（1）与私营部门关注利润相反，公共部门的组织的基本导向是达到一定的服务水平。

（2）公共部门组织中的利益相关者更加多样化，包括资助者和用户团体。

（3）公共部门的采购人员必须具有很强的责任心。

公共部门采购面临有以下几方面的挑战。

（1）公共部门采购人员一般有达到一定服务水平的总体目标。

（2）他们最终对一般公众负责。

（3）他们必须满足更加广泛的利益相关者。

（4）他们的活动更加宽泛，采购的要求也更广。

（5）他们要遵守已经建立的采购程序和法律指令。

（6）他们常常受到预算、现金限额和/或效率目标的限制。

强制竞争性招标有以下几方面的优点。

（1）强制竞争性招标是为了确保公平、非歧视和竞争性的供应商选择，基于平等使用招投标信息，供应商选择基于明确的价格标准，决策的公众问责制；（2）竞争性招标也有助于通过提高和保持供应的竞争力，实现资金价值采购和采购的成本节约。

强制竞争性招标有以下几方面的缺点。

（1）限制性地或死板地使用竞争性程序可能产生一些不利后果；（2）阻碍更多创新的方法；（3）强化回避风险的文化；（4）为缺乏专业技能和职业精神提供借口；（5）限制通过采购取得更广泛社会经济目标的机会；（6）为发展紧密的供应商关系设置了障碍。

2. 资金价值与公私合作伙伴关系

资金价值取得的途径有以下几方面。

（1）提高交易处理效率，降低交易处理的管理成本；（2）为采购的货物和服务获得更好的资金价值；（3）与供应商直接谈判；（4）协作采购或团体采购；（5）提高项目、合同和资产的管理水平；（6）基于长期价值进行采购决策；（7）将竞争与新的采购方法结合起来；（8）使用电子采购和其他好的采购实践；（9）使用各种工具提升和测量资金价值。

公私合作伙伴关系（PPP）项目有以下几方面的形式。

（1）"设计—建设合同"是指私营合作伙伴设计并建设一个设施，建设完成后由政府公共部门负责运营。

（2）"建设—运营合同"是指私营合作伙伴建设一个设施并运营一段时期以便收回其投资，然后将所有权转移给公共部门机构。

（3）承包运营：公共部门为设施提供资金并拥有设施所有权，但由私营合作伙伴设计和建设,并在一段时期内负责运营。

(4)运营与维护合同是指通过招投标,将一个公共设施的运营与维护承包给私营合作伙伴。

(5)私人融资计划,一般是指一个私人财团为一个公共部门项目提供融资。

公私合作伙伴关系项目有以下几方面的优点。

(1)它可以降低公共部门费用;(2)它可以确保较高水平的资本支出和现金流;(3)它可以开发创造性、技术和现有能力、私营部门组织的能力和技术;(4)它可以取得很好的资金价值;(5)可以使公共部门机构能够更快地完成项目、升级设施、改进公共服务。

公私合作伙伴关系项目有以下几方面的缺点。

(1)公共部门可能由此失去对项目的控制;(2)私人融资计划合同可能带来不良的资金价值;(3)这种融资方案也许是不可持续的和不灵活的;(4)一些工会和英国公共部门工会声称一些PPP结构导致服务低劣;(5)在由私营部门运营的公共设施中,清洁工、餐饮及安保人员的工资和工作条件一般比在公共部门中做同样工作的人员差。

实践指导

一、实践任务

通过本章学习,引导学生进一步了解公共部门中的采购职责,理解公共部门采购的相关法规及其特点。通过案例的学习与讨论,加强对公共部门采购的特点及职责的正确认识,从而更好地实现本章学习目标。

二、实践步骤

(1)分组讨论并进行交流,找到案例中的关键问题。

(2)确定是否还需要查找与关键问题相关的背景资料。

(3)筛选并优化分析此案例的答题思路。

(4) 明确小组分析案例的逻辑与依据,展开思路整理。

(5) 小组形成文字报告并进行演示汇报。

三、实践要求

(1) 认真读懂案例。当小组分到或找到一篇案例时,成员需要对案例进行反复阅读,对案例中的重要信息进行消化理解。在阅读过程中对案例中的背景资料、主要事实、面临的难题及难点、重要论点、重要结论和针对性的对策建议等内容进行一一记录,以方便后面的讨论与分析。

(2) 分组交流讨论,大胆提出自己的看法。对案例中的主要角色或者问题进行分析,尝试对案例所给的背景资料进行仔细阅读、筛选分类和归纳总结,若需要引证资料佐证个人观点,可以通过电子资源、图书馆资源等,获取相关领域的多方面知识,保证分析的科学性与合理性。

(3) 全面正确地概括问题。在对案例认真阅读分析后,小组尝试根据案例的相关资料找出问题的症结所在,对需要解决的问题进行概括与凝练,注意概括的逻辑性与针对性。

(4) 撰写分析报告。报告中小组成员要对资料分析到位,依据所学理论,采用所学分析工具,全面合理地展开案例资料的客观分析。要求紧扣主题,结构清晰,层次分明,中心突出。除此之外,提交的报告要注意格式规范,用词准确,表达通顺。

四、实践内容——试析政府采购需求和采购实施计划审查要点

按照财政部《关于发布〈政府采购需求管理办法〉的通知》(财库〔2021〕22号)的要求,采购人对采购需求和采购实施计划的审查,分为一般性审查和重点审查。值得注意的是,重点审查中列举的非歧视性审查、竞争性审查、采购政策审查,实际上是针对所有采购项目都适用的刚性审查。项目审查的复杂性与项目金额大小并非线性相关关系,有的中小型项目可能因为性质特殊、技术复杂、供应商有限,采购需求的指标设定难度更大,从而使审查难度加大。

审查主体构成《政府采购需求管理办法》(以下简称《办法》)第三十二条规定了审查组成员构成:"审查工作机制成员应当包括本部门、本单位的采购、财务、业务、监督等内部机构。采购人可以根据本单位实

际情况，建立相关专家和第三方机构参与审查的工作机制"。《办法》同时规定了回避机制，即"参与确定采购需求和编制采购实施计划的专家和第三方机构不得参与审查"。

审查组成员的构成应当符合本部门、本单位的采购内控管理制度。必要时，可邀请内部法制机构或外部法律顾问参加，协助对采购需求和采购实施计划的合法性进行把关。尽管《办法》第三十二条规定了回避机制，但笔者认为，基于审查专业性以及提高效率的需要，审查组在认为需要时，可以向参与确定采购需求和编制采购实施计划的专家和第三方机构了解咨询有关技术问题和市场主体竞争情况。

采购需求审查要点：①采购标的归类是否准确，具体细项分类是否符合政府采购品目分类目录。②供应商资格条件和实质性要求是否列示完整准确。

① 是否正确列明供应商范围及其组织形式（法人、其他组织或者自然人），此处应特别注意合伙制的律师事务所和会计师事务所属于非法人的"其他组织"。

② 是否了解并执行了国家标准、行业标准、地方标准等强制性标准规范。

③ 是否列明采购标的所需要的行政许可类市场准入证照，以及行政许可的归属持有人，如食品卫生许可证、涉密档案数字化加工资质证书（各行业对总公司和分支机构的管理规则不尽一致。如食品卫生许可证、涉密档案数字化加工资质证书，需要现场实地生产经营场所，由分公司申办，总公司如只作结算功能，不直接介入生产经营环节因而不能申办，工程建设领域的施工、勘察、设计、监理企业只有总公司能够评定资质）。

④ 是否列明国家法定对该行业供应商的强制性资质等级和标准要求，包括工程建设项目所对应要求的施工企业资质等级、电器产品"CCC"安全认证、机动车的排放标准限制。

⑤ 要求提供的财务状况报告的要素是否清晰合理，税收和社保证明的相关种类和期限要求是否清晰合理。

⑥ 对列入《信息安全产品强制性认证目录》的强制性信息安全产品，

应当限定采购中国信息安全认证中心认证的信息安全产品,是否遵循《含有密码技术的信息产品政府采购规定》有关要求。

⑦ 是否遵循《办法》规定,"采购需求客观、明确的采购项目,采购需求中客观但不可量化的指标应当作为实质性要求,不得作为评分项"。

⑧ 是否不恰当地将国家明令取消的资质作为资格条件。质量管理认证证书、环境管理认证证书、职业健康安全体系认证尽管不是国家强制,如与项目存在关联性,也可以作为资格条件。

⑨ 合同业绩作为供应商资格条件是否合理。按照《办法》要求,"业绩情况作为资格条件时,要求供应商提供的同类业务合同一般不超过2个,并明确同类业务的具体范围。涉及政府采购政策支持的创新产品采购的,不得提出同类业务合同、生产台数、使用时长等业绩要求。"

⑩ 根据项目特点和市场实际,是否该允许分公司(其他组织的分支机构)投标。

⑪ 对需求中供应商不能满足或响应将导致投标(响应)无效的实质性条款(关键性内容),是否已作醒目标明(通常以"*"标注)和集中列示。

⑫ 是否按《办法》规定进行了需求调查;调查是否充分,结果是否可信,有无重大遗漏;公共服务项目是否可以采取征求社会公众意见的方式来进一步明确需求。

⑬ 采购需求是否做到"清楚明了、表述规范、含义准确",是否尽可能客观量化。

⑭ 是否涉及进口核准。如是,应作出相关安排。

⑮ 是否涉及节能产品和环境标志产品。如是,应作出相关安排。

⑯ 是否落实促进中小企业发展(包括支持监狱企业和残疾人福利企业)政策功能。首先,落实支持中小企业政策的项目,是否列明采购标的对应的中小划分标准所属行业,并且提示供应商在《中小企业声明函》中按照列明的行业来申报(同一家企业按照不同行业来进行规模划分,可能产生不同的结果)。应注明如供应商未按照规定行业申报的,其《中小企业声明函》无效。其次,在《中小企业声明函》范本中,如所属行业为工

业，应删去"资产总额"指标申报要求。最后，是否列明中小企业在投标保证金、履约保证金、款项支付、代理服务费方面的优惠。

五、实践范例——采购实施计划审查要点

（1）是否属于建设工程招标项目。

（2）是否错误适用《招标投标法》及其实施条例。

（3）是否属于限额以下自行采购项目。如是，采购方式是否符合经济性原则和比例原则。

（4）采购代理机构选择是否合规，是否符合专业性要求。代理服务费标准和支付方式是否合理。

（5）评审专家选择是否合规，专家回避情形设置是否合法合理。

（6）是否按照规定完成了政府采购意向公开。公开采购意向要素是否齐全；意向公开时间是否达到30日；不公开采购意向的，是否合理说明理由。

（7）是否符合行政事业单位资产配置标准。

（8）是否履行了采购最高限价审核程序（如需要）。

（9）是否应履行资格预审程序。根据现行法律制度，邀请招标、PPP项目采购必须实行资格预审。

（10）是否把应当在评审阶段审查的因素，前置到采购文件购买阶段，即在获取采购文件时不恰当地设置审查环节，构成"以不合理的条件对供应商实行差别待遇或者歧视待遇"。

（11）采购组织形式、采购方式、评审方法和定价方式是否符合规定。集中采购目录内项目是否委托给集中采购代理机构；如达到公开招标数额标准，因特殊情况需要采用公开招标以外的采购方式的，是否获得了财政部门的批准；采购合同包划分是否合理，是否切合市场实际，是否有利于扩大竞争。

（12）采取推荐供应商方式的，是否合规。

（13）等标期安排是否合法、合理、公允。是否合理考量了样品制作和技术检测所需时间。

（14）投标有效期设定是否合理、公允。

■ 国际采购与供应环境

① 通常约定 90 或 120 天。是否考量了项目实施可能引发的质疑投诉带来的进程拖延及市场行情变动情况。

② 采购人通常应在投标有效期截止之日之前完成合同签订工作，如因特殊情形来不及，在投标有效期截止之前至少 30 天作出延长投标有效期的意思表示。

③ 可在采购文件中约定：特殊情况下招标人、招标代理机构可于投标有效期满之前，书面征求投标人是否同意延长投标有效期，投标人应在规定的期限内以书面形式予以答复。投标人可以拒绝延长投标有效期，投标保证金按规定予以退还。投标人答复不明确或者逾期未答复的，均视为拒绝。对于同意延长投标有效期的投标人，既不要求也不允许其修改投标文件，但要求其相应延长投标保证金有效期，有关退还和不予退还投标保证金的规定在投标有效期延长期内继续有效。

（15）是否确有必要要求供应商提供样品，是否有必要提供集中实地考察答疑。

（16）涉及非单一产品或集成产品的货物类采购，所列明核心产品是否合理。政府采购竞争是不同品牌之间的竞争，应在采购文件中规定，多家供应商之间，只要有一个核心产品是同个品牌，就认定为按照一家供应商计算。按照《政府采购货物和服务招标投标管理办法》（财政部第 87 号令，以下简称"87 号令"）第三十一条规定列明对同品牌的供应商投标家数计算方式以及中标人推荐方式。

（17）是否合理考虑到采购标的配套性兼容性一致性的要求；涉及原有系统对接时是否提供了系统接口的技术参数指标；是否考虑了产品全生命周期的影响。

（18）评审因素是否合法合理。

① 是否把资格条件设定成评审因素。

② 是否严格落实评审因素与采购需求"相关性"原则。《办法》规定"参与评分的指标应当是采购需求中的量化指标，评分项应当按照量化指标的等次，设置对应的不同分值"。

③ 合同业绩是否不恰当地限制于特定区域、特定行业。

④ 是否不恰当地将经营年限、特定金额的合同业绩作为评审因素。

⑤ 是否不恰当地将信用等级、信用名单作为资格条件或评审因素。

（19）电子化采购文件是否对87号令"视为串通"情形及没收保证金的后果作出具体规定，包括诸如系统客户端所赋予的投标（响应）文件项目内部识别码相同、计算机网卡MAC地址相同、混用数字证书加密或混用电子印章、同一个IP地址上传投标文件，以便为后续处理提供依据。

（20）合同类型应按照《民法典》典型合同来确定。按照《民法典》，政府采购领域可能涉及的典型合同有：买卖合同，供用电、水、气、热力合同，租赁合同，承揽合同，建设工程合同，运输合同，技术合同，保管合同、仓储合同，委托合同，物业服务合同。

（21）合同文本是否完善。是否使用国务院有关部门制定的标准文本；条款是否完备，合同权利义务设置是否合理，采购人权利是否得到保障；履约验收方案是否完整明确，符合《办法》第二十四条的相关要求；属于《办法》第十一条范围的采购项目，合同文本是否经过采购人的法律顾问审定。

（22）合同年限是否合法合理。如房屋租赁不能超过20年；采购需求具有相对固定性、延续性且价格变化幅度小的服务项目，在年度预算能保障的前提下，采购人可以签订不超过三年履行期限的政府采购合同。

（23）对采购过程和合同履行过程中的风险，是否已经有充分的评估，并准备了相关处置预案。

案例分析

扫一扫，查看相关案例。

■ 国际采购与供应环境

拓展阅读

扫一扫,查看相关资料。

练习与思考

一、名词解释

公共部门组织;政府采购;公共部门供应链;公众问责;资金价值;公私合作伙伴关系

二、选择题

1. 公共部门组织中一般包含哪些类型?(　　)
   A. 国家政府部门　　　　　　B. 地方政府部门
   C. 国有企业　　　　　　　　D. 其他由当地政府运营的部门

2. 公共部门组织的基本目标是(　　)
   A. 按一定的可接受水平或质量,提供必需的公共服务。
   B. 鼓励国家和社会发展,如发展教育与技能培训、技术与基础设施、国家安全,保护国家和社会遗产、支持多元化和社会包容等。
   C. 求社会经济目标,如支持小型企业和少数民族企业,保障基本人权、公民权和劳动者权益的立法,促进工作、生活平衡和公共卫生,追求可持续发展、生产与消费,保护环境等。
   D. 获得多样化的和各种竞争性的供应商,实现持续改进,实现社会效益,激发创新。

3. 公共部门中还有一些监管机构,负责教育标准和医疗卫生。这些监管者的目的是保护公众的福利和国家利益,确保遵守制度化的标准,并确保纳税人的钱花得物有所值。监管者可能负责下列哪些职责?(　　)

A. 强调最佳实践、服务标准及服务水平，并对此提出建议

B. 评审与评估政府战略

C. 接收绩效报告和申报，发布基于证据的结果

D. 监控和审计组织活动遵守标准的情况

E. 帮助客户作出明智的选择并在必要时提出申述

F. 向公众介绍和推广本行业的工作

4. 法规对公共部门采购有哪些影响？（　　）

A. 要确保购进的材料、货物和服务符合一定的公共标准与规格

B. 要确保所有采购行为符合公共政策、现行法令和法定程序，目的是保证竞争性的供应、资金价值和合乎道德的采购

C. 要确保所有供应链运作符合一定领域的法律、规章和标准，如健康与安全、环境可持续性、就业权益、数据保护和信息自由等

D. 公共部门采购还要受到其他法规的限制和监督

5. 公共部门采购与供应链管理面临的独特挑战有哪些？（　　）

A. 公共部门采购人员一般有达到一定服务水平的总体目标

B. 最终他们对一般公众负责

C. 必须满足更加广泛的利益相关者，包括经理、客户、服务的受益人、纳税人、社区等

D. 活动更加宽泛，采购要求也更广

E. 要遵守已经建立的采购程序和法律指令

F. 为了使公共财政资金所获得的价值最大化，常常受到预算、现金限额或效率目标的限制

三、简答题

1. 为什么公共部门的货物或服务采购几乎都采用竞争性招标的方式？

2. 公众问责制对公共部门采购带来了哪些深刻的影响？

四、论述题

阐述公共部门采购中如何取得资金价值？

第十四章

私营部门的采购

1. 了解私营部门组织的目标
2. 学习影响私营企业采购与供应链运营的各种法规
3. 掌握品牌的重要性和作用

私营部门组织目标；品牌；采购监管

第一节 私营部门组织的目标

一、私营部门组织的组成

1. 私营部门的组织分类

（1）可以根据所有权和控制权进行区分，如个人经营企业、合伙企业、有限公司。

（2）可以根据规模进行区分，如中小企业、大型跨国企业。

（3）可以根据商务活动进行区分，如从事原材料采掘的第一产业、从事制造业的第二产业和从事服务业的第三产业。

2.私营部门的组成形式

（1）个人可以作为"个人经营企业"进行经营活动。

（2）一组个人可以通过法律协议一起建立"合伙企业"。

（3）很多个人可以根据特定的法律要求"设立公司"。

3.个人经营企业和合伙企业

（1）个人经营企业的优缺点如表14-1所示。

表14-1 个人经营企业的优缺点

优 点	缺 点
成立个人经营企业的成本及法律要求低	企业所有者个人承担本企业债务的责任
没有公众问责	很难为企业融资
企业所有者控制所有的经营决策，并享有所有的经营利润	资源有限，仅局限于企业所有者个人能够获得的

（2）合伙企业的优缺点如表14-2所示。

表14-2 合伙企业的优缺点

优 点	缺 点
合伙人贡献资金和技术	必须共同/协商进行决策
合伙人分担管理责任、财务责任和债务	合伙人分享利润
与个人经营企业相比，有更大的资产支持，获得贷款也较容易	合伙人一般对合伙企业的债务负个人"无限责任"
适合一些专业领域，因为合伙人不允许像有限公司那样可以更换	

4. 有限公司和中小企业

（1）有限公司的优缺点如表 14-3 所示。

表 14-3　有限公司的优缺点

优　点	缺　点
有限责任可以保护公司所有者对合同与债务承担有限的个人责任	成立公司有一些费用和手续规章，并受到书面章程约束
股份是稳定的资金来源；资金量不受交易的影响，也没有财务成本	受法规约束，如关于信息披露的规定
董事提供企业需要的专业知识，而无需"稀释"所有权	股票交易有可能导致所不希望的所有权变化

（2）中小企业采购与供应链职能面临以下几方面的挑战。

① 中小企业采购人员拥有的支出预算有限，成本控制很紧；需要严格管理现金流；需要发展供应链，以便能够对新的、短产品生命周期和小批量、快速周转的需求迅速作出响应。

② 中小企业的采购主管，应当考虑到这些企业有限的能力、潜在的财务不稳定性及其现金流问题。

（3）私营部门中组织资金有以下几方面的主要来源。

①企业所有者的初始资本投资或风险投资商的资本投资；②股本，即出售公司股份获得的收入；③从企业活动中所产生的利润中提取的"留存利润"（retained profits）；④贷款；⑤出售不必要的资产；⑥政府补助金。

二、私营部门组织的目标

私营部门组织的目标有盈利性、市场份额、股东价值和企业社会责任。

第二节　私营部门采购的相关法规及其特点

一、私营部门采购的相关法规

1.政府如何影响私营部门组织

（1）政府影响组织的运营，企业可以和不可以生产什么，以及如何生产。

（2）政府影响组织的成本和收益。

（3）政府为达到宏观经济目标而采取行动，从而影响组织。

（4）政府可以影响国民文化中被视为可接受的价值观和行为规范，从而间接影响组织的产出和行为方式。

2.私营部门组织受到法律与政治约束的表现

（1）限制那些可能抑制竞争的行为；（2）保护少数群体在平等就业机会和多样性方面的权益；（3）保护雇员在工作场所和雇佣关系上的权益；（4）保护消费者权益与安全；（5）强制执行环境保护标准和承诺；（6）限制企业供应的产品类型；（7）限制企业对个人信息的使用；（8）加强落实良好的公司治理机制；（9）防止腐败。

二、私营部门采购的主要特点

品牌是用以识别一个产品或服务，并在客户的认知中与其他竞争者的产品或服务相区分。

品牌重要性是提升客户对品牌价值的认知从而支持采购决策并培育客户忠诚度。

新的供应链方法有以下几方面。

（1）采购的早期参与；（2）供应商的早期参与；（3）使用电子采购；（4）主动的合同管理。

"一致化"的含义是将采购方与供应商的利益整合，是私营部门创新

国际采购与供应环境

采购的一个主要特征。(1) 采购方与供应商的利益是潜在"一致的",目标相同的;(2) 采购方与供应商是关键协作者;(3) 采购方与供应商是更长期的、协作性的关系、伙伴关系。

供应链管理通常用于追求互利的途径是:(1) 供应商开发;(2) 通过供应链,协作降低浪费与成本;提高所有合作方的效率;(3) 通过供应链或持续改进计划,协作改进过程与质量,提高所有合作方的绩效;(4) 通过供应链,协作提高劳动力与环境管理标准。

在私营部门中发展出来的很多供应链方法被认为是新的最佳实践,可以用于公共部门采购。(1) 采购的早期参与;(2) 供应商的早期参与;(3) 使用电子采购;(4) 主动的合同管理;(5) 在使用竞争时的灵活性。

实践指导

一、实践任务

通过本章学习,引导学生进一步了解私营部门中的采购职责,理解私营部门采购的相关法规及其特点。通过案例的学习与讨论,加强对私营部门采购的特点及职责的正确认识,从而更好地实现本章学习目标。

二、实践步骤

(1) 分组讨论并进行交流,找到案例中的关键问题。
(2) 确定是否还需要查找与关键问题相关的背景资料。
(3) 筛选并优化分析此案例的答题思路。
(4) 明确小组分析案例的逻辑与依据,展开思路整理。
(5) 小组形成文字报告并进行演示汇报。

三、实践要求

(1) 认真读懂案例。当小组分到或找到一篇案例时,成员需要对案例进行反复阅读,对案例中的重要信息进行消化理解。在阅读过程中对案例中的背景资料、主要事实、面临的难题及难点、重要论点、重要结论和针对性的对策建议等内容进行一一记录,以方便后面的讨论与分析。

（2）分组交流讨论，大胆提出自己的看法。对案例中的主要角色或者问题进行分析，尝试对案例所给的背景资料进行仔细阅读、筛选分类和归纳总结，若需要引证资料佐证个人观点，可以通过电子资源、图书馆资源等，获取相关领域的多方面知识，保证分析的科学性与合理性。

（3）全面正确地概括问题。在对案例认真阅读分析后，小组尝试根据案例的相关资料找出问题的症结所在，对需要解决的问题进行概括与凝练，注意概括的逻辑性与针对性。

（4）撰写分析报告。报告中小组成员要对资料分析到位，依据所学理论，采用所学分析工具，全面合理地展开案例资料的客观分析。要求紧扣主题，结构清晰，层次分明，中心突出。除此之外，提交的报告要注意格式规范，用词准确，表达通顺。

四、实践内容——制造企业采购内控管理的关键控制点

（一）采购内控管理概述

采购是购买物资或接受服务及支付款项的相关活动。采购是生产经营中的重要环节，是企业生产和销售的基础，是成本管控的源头之一，决定着产品成本，产品质量，资金使用，生产经营一系列的问题。鸿海精密集团下属子公司，著名的制造业巨头富士康，就曾经因为采购贪腐案而让管理者和股东头痛不已。在腐败案曝光当年，富士康 SMT（表面贴装技术）高达四五百亿元的采购金额中 2.5% 的回扣，表面上看是 SMT 拥有设备和生产资料供应商的资格审核及采购审批的至高权力，但主要内因还是采购内控的漏洞和失效。而关注的富士康正是和某公司均处于几年来国内较为热门的手机行业，同样拥有高科技的领先技术和较大的制造业物料采购需求，非常具有学习借鉴作用。在一次包括整个集团各子公司的全面采购与付款业务内控审计中，针对供应商的选择到付款端到端流程的制度设计及执行情况，对其涵盖 8 个业务和 50 余个控制点进行审计。

（二）制造企业采购内控的关键控制点风险

在制造业的采购活动中，采购计划的不合理，市场趋势预测的不准确，供应商选择的不恰当，招标机制的不科学，验收及付款程序审查不严都有可能招致风险。故而清晰地制定采购内控流程的关键控制点非常重要。以

国际采购与供应环境

下结合自身工作体会谈一谈采购环节最容易疏忽和出错的关键控制点。

1. 购买环节重要的关键控制点风险

(1) 体系权限分配不明或岗位设置不当。企业每一项活动的展开都需要完整可行的方案来支撑,制造企业庞大的采购体系更是如此。购买环节岗位设置不当可能导致采购者"不熟悉而错之",业务权限不明可能导致"错之而不能担之",更有甚者被有心人加以利用落得"明知不可为而为之"。富士康的案例,权力过于集中、裙带关系,都是采购岗位的设计缺陷。此外,制造企业由于产品品种过多,专业分工过细或采购部门分散,采购业务环节复杂,程序烦琐,权力过分下放又缺乏控制等,容易导致重复采购或多头采购,增加采购的实际成本,加大了集中采购和信息共享的难度。各部不一样的采购途径,采购资料,采购价格容易混淆信息,出现采购失控库存积压,更有严重者出现舞弊或者造成欺诈。综上,采购权力的过分集中和过分分散,都有可能造成风险,对公司的采购业务甚至生产经营造成重大影响。

(2) 采购的预算和价格控制不严格。企业的采购计划一般都是按照销售计划和生产计划编制的,市场的变化,销售的变动,需求的变更都会影响采购预算的执行和采购价格的变动。在变化过于频繁或者变动幅度过大时,相关部门如果事前计划安排不合理、缺少沟通或者沟通不利,就会出现采购的预算偏离实际生产经营的轨道,流于形式或者造成库存短缺和积压。采购人员不进行市场调查和跟踪,以市场变化为借口任由其涨价而不进行任何措施,也会造成成本高于计划,预算松弛和缺乏有效的科学管理。例如市场需求变化较大的手机供应链制造商,产品更新换代比较快,如果制造,采购,销售相关部门沟通不密切、信息不共享,一旦产品停产相关备料都会失去价值。

(3) 采购的过程管理无迹可寻。笔者在日常的财务工作中也经常碰到类似的问题,采购业务员需要查询付款、票据信息或者经手人工作交接时经常到财务部门申请查询原始凭证和单据,而采购部门对自己的流程记录和采购进度细节掌控不及时,甚至缺失。制造业采购环节中的事项又多又杂,光靠手工台账很难记录全面,过程管理涵盖一整个从信息的收集,供应商的选择到款项支付、采购退货管理等，什么时间段哪些员工必须做什么事情都得有制度规范并且记录在案。采购过程管理制度的缺失和记录的无迹可寻也同时反映出内控的风险，缺少监督管理和考核的依据，正是采购业务中舞弊频发的温床。

2. 支付环节重要的关键控制点风险

（1）缺乏严格审查的支付管理。一般情况下和金钱涉及的事项天然带着风险，采购的支付环节中，重复付款，付款金额错误；付款时间的提前降低资金的利用率，付款时间的拖后影响公司声誉或者造成额外的违约支付；付款方式选择的不当，票据和资金的不合理使用，监管不严的付款审批流程都可能造成支付风险。同时，商业折扣和销售折扣的使用与比较分析，预付账款的减少控制，供应商信用支付的天数及方式，也是支付环节可以考虑的问题。另一个问题，如行业比较盛行的银行承兑汇票的使用，毕竟银行承兑汇票相比现金来说接受度比较低，如何在收到客户的汇票和支付供应商的汇票之间做好平衡，有效和合理地配置公司资金使用，也是值得关注的地方。

（2）退货管理的不到位。退货管理的不到位甚至缺失，采购部门和制造部门对不良采购的沟通不顺畅，勉强接受不需要的产品，接受质量不佳的产品，占用了公司的资金，造成了公司的损失；对判定不合格的采购没有及时上报或联络，堆积在仓库不做处理或者产品已经退回，但后续缺乏管理和供应商的良好沟通，迟迟没有收回货款，造成资金的流失；再或者是供应商频繁发生质量问题而采购方放任之不采取任何惩处措施。以上都会因为不当的管理而带来企业的采购风险。

五、实践范例——企业采购内控管理建议

（一）制造企业采购内控流程设计与控制建议

结合上述情况，针对采购内控流程设计与控制提出以下建议。

1. 完善岗位设计，明确职责权限，合理分权集权

企业的采购岗位的设置应该确保相关职责分离控制，制约并形成有效的监督。企业的请购与审批，采购合同拟定与审批，采购验收与记录，付款申请与记账等相互分离。把工作责任用详尽的文字规范下来，形成岗位说明

书和责任书,使相关人员明确自己的工作和职责范围并报送人事管理部备案并参与业绩考核。对于关键岗位的采购人员要有专业知识和胜任能力,不符合要求坚决撤换。而且借鉴富士康事件,拆分过于庞大的事业群和过于集中的采购权力,重大的采购采取连签制度,并设计重要岗位的轮岗制度。而对于过分分散的采购权限,如某子公司各制造部设置采购组织负责各自的采购,久而久之造成采购各自为派,机构臃肿,后在公司的改革中一并撤了制造部的采购权限合并设立新的采购部门,统一管理,共同监督。

2. 加强对采购的预算管理和成本管理

在确保各类物料供应不短缺,质量有保证的情况下以符合市场价格并且能在大量采购时同供应商达成协议低于市场价格进行采购,即企业应当建立采购定价机制。定价机制有很多种类型,协议采购、招标采购、谈判采购、询比价采购等加以把控,在不同采购物料,不同的数量规模间做好选择和平衡。此外,培养采购人员充分了解采购物料的结构并进行价格分析,了解供应商产品的源头数据,抢占先机同供应商洽谈价格,降低采购成本。重视和绩效考核的相互关联,预算的完成情况,降价指标的完成情况,都可以作为考核的内容也是对预算和成本管理的促进。同时,积极建立和借助信息化系统,形成采购预算的预警机制,采购价格的成本管控机制。

3. 借助信息系统做好采购业务环节的记录

企业应该加强物资采购供应过程的管理,做好采购业务环节的记录,确保采购业务的可追溯性。及时跟踪合同履行的情况,对有可能影响生产或工程进度的异常情况,应出具书面报告并及时提出解决方案。而采购的全流程管理,最高效最全面的方式是借助信息系统加以管理,从采购供应商的评价与选择,询价过程,包括升级为合格供应商后的各项资料,订单的情况,请购审批支付的相关责任人,款项的时间线和支付进度都进行信息化管理,有错可查,有证可询。另外,作为信息化管理的另一个重要的作用体现在事业部间,或者采购职能分离的各子公司通用或相近材料较多的情况下既作为集团内部价格查询参考的应用,也可以互相监督。

4. 完善采购付款流程,加强应付账款和预付账款的分析和管理

首先,应该加强票据审核,票据审核实行业务审核和财务审核两个部

分。审核内容：采购订单和入库单数量，品名是否一致；采购订单和采购发票的金额，税额是否正确等。如果发现异常，资料退回并落实更正。其次，完善支付审批程序，严格区分货到付款、信用付款、预付账款的标准，在不影响生产的情况下尽量使用和供应商友好协商下的信用付款，并做好信用管理期限和付款计划。对于支付审批根据自身情况设置 N 级审批制度，若使用信用付款的大额支付采取分管领导，财务负责人，公司负责人连签的制度。

5、加强退货管理制度

如果采购物品和服务的质量不良，容易造成生产影响或不必要的时间和资金浪费。为恢复正常生产，缩短处理周期应及时做出相应的改善措施。首先，退货管理制度要分别区分各类退货情况和退货时间线，确定不同退货方式。例如，对于外协购入料件，按照购入检验不良或生产不良区分来源，区分对生产的影响程度，对于情节影响较轻或不影响生产的，给予退换货处理，根据情况记入合格供应商的年度考核。影响产品和生产经营的，对供应商启动相应的赔偿机制和合格供应商资格再复核。其次，对退款和赔偿的处理，由专人跟踪处理，不浪费公司的资金及其时间价值。

（二）结语

采购内控管理是构建企业整体内部控制的重要组成和长效机制，而采购也是构建价值链体系和成本利润挖掘的重要一环，面对日趋激烈的全球化竞争，加强采购内控势在必行。同时，基于采购岗位的特性，响应国家号召，开展道德和法律层面的宣传教育，树立廉洁从业的良好作风。

扫一扫，查看相关案例。

■ 国际采购与供应环境

 拓展阅读

扫一扫，查看相关资料。

 练习与思考

一、名词解释

　　私营部门组织；中小企业；私营部门组织的目标；企业社会责任

二、选择题

1. 私营部门组织可以怎样分类？（　　）

　　A. 根据所有权和控制权区分

　　B. 根据规模进行区分

　　C. 根据商务活动进行区分

　　D. 根据注册资金额度进行区分

2. 中小企业近年来越来越受到关注，原因有哪些？（　　）

　　A. 他们是经济的重要贡献者

　　B. 他们需要财务指导和支持，以克服与大型企业竞争时缺乏经济实力的弱点

　　C. 尤其在中国，中小企业融资渠道、信用机制尚不健全

　　D. 中小企业在应对危机与变化中更加灵活，更有优势

3. 私营部门中组织资金的主要来源有哪些？（　　）

　　A. 企业所有者的初始资本投资

　　B. 股本，即公司股份出售的收入

　　C. 从企业经营活动所产生的利润中提取"留存利润"

D. 贷款，如银行透支、银行借贷和企业债券

E. 出售不必要的资产

F. 政府补助金

4. 私营部门组织的目标一般有哪些？（   ）

   A. 盈利性　　　　　　　　　B. 获取市场份额

   C. 保证股东利益最大化　　　D. 实现企业社会责任

5. 私营部门采购的主要特点有哪些？（   ）

   A. 品牌对于私营部门非常重要，因此，私营部门的采购需要关注质量价值，树立品牌的核心价值

   B. 私营部门创新采购的一个主要特征是将采购方与供应商的利益整合，做到"一致化"

   C. 私营部门中不断创新出新的供应链方法，成为新的最佳实践，公共部门往往会参照

   D. 私营部门注重盈利性，追求利润最大化

三、简答题

1. 列举私营部门组织建立公司的优缺点。

2. 政府如何影响私营部门组织？

四、论述题

即使对于追求利润最大化的采购方而言，成本最低的方案并非总是最优方案，为什么？

参 考 文 献

1. Cooper. 轻度剖析跨国公司的"道德采购"[J]. 中国外资，2021（3）：46—47.
2. 白雪，王连春，张丽虹. 落实降本增效背景下对采购方式的研究与探讨[J]. 中国商论，2021（8）：133—135.
3. 陈剑，肖勇波，朱斌. 大数据视角下的采购风险评估——基于某服务采购企业的案例分析[J]. 系统工程理论与实践，2021，41（3）：596—612.
4. 董红永. 改革开放以来供应链形态演进研究[J]. 商业经济研究，2021（5）：31—34.
5. 范江燕. 软硬件混同，但采购类别划分不能混淆[N]. 中国政府采购报，2020-2-18.
6. 胡雯莉，唐华军. 供应链关系对银行借款的影响机制研究——商业信用的中介作用和行业环境的调节效应[J]. 企业经济，2021，40（3）：33—44.
7. 黄镜池，廖吉林. 传统制造业绿色供应链利益相关者博弈研究[J]. 物流科技，2021，44（5）：145—148.
8. 焦洪宝. 欧盟《公共部门采购指令》与我国《政府采购法》的比较与启示[J]. 中国政府采购，2020（11）：34—39.
9. 李博，林森，高亮. 从优化和稳定产业链、供应链到供应链战略[J]. 供应链管理，2021，2（3）：35—44.
10. 李刚，樊思呈. 面向智能制造的智慧供应链研究述评与展望[J]. 供应链管理，2020，1（4）：69—80.
11. 李辉辉. 利益相关者与绿色创新研究[J]. 合作经济与科技，2021（11）：144—145.

12. 李敏，杜鹏程，刘晗. 国际化背景下的环境创新：演变、热点与前沿——基于共词网络的可视化研究 [J]. 华东经济管理，2021，35（6）：121—128.

13. 刘丹. 层次分析法在煤炭企业供应商绩效评估中的应用 [J]. 内蒙古煤炭经济，2020（12）：64—66.

14. 刘俊华，刘亚洲，王福，卫铭. 基于 Web of Science 数据库供应链物流领域热点与前沿分析 [J]. 技术经济，2021，40（1）：49—58.

15. 刘伟华，金若莹. 国内外智慧供应链创新应用的比较分析与经验借鉴 [J]. 物流研究，2020（1）：17—26.

16. 刘伟华，王思宇，贺登才. 面向国际产能合作的智慧供应链绩效影响因素——基于多案例的比较 [J]. 中国流通经济，2020，34（9）：3—20.

17. 刘志彪，凌永辉. 论新发展格局下重塑新的产业链 [J]. 经济纵横，2021（5）：40—47.

18. 柳林. 基于供应链一体化的国际工程项目采购管理问题及对策——以某中东国际工程项目为例 [J]. 项目管理技术，2021，19（2）：131—135.

19. 罗建军，陈静漪，罗细飞. 新常态下采购供应链隐性收益形成路径及增值研究 [J]. 物流工程与管理，2020，42（9）：95—98.

20. 戚金洲. 运用 SWOT 分析法对某工程公司经营战略的研究 [J]. 经济研究导刊，2021（15）：13—15.

21. 宋荣军. 卡拉公路项目国际绿色供应链案例分享 [J]. 国际工程与劳务，2020（11）：22—24.

22. 宋耘，王婕，陈浩泽. 逆全球化情境下企业的组织韧性形成机制——基于华为公司的案例研究 [J]. 外国经济与管理，2021，43（5）：3—19.

23. 王子诚. 全球产业链重塑对国际贸易的影响分析 [J]. 天津经济，2021（5）：12—16.

24. 夏志勇."政府采购品目分类"在政府采购过程的作用 [J]. 中国招标，2020（12）：49.

25. 谢莉娟，毛基业. 信息技术与"产品—供应链"匹配机制变革——自有品牌零售情境的案例研究 [J]. 管理学报，2021，18（4）：475—485.

26. 徐向宇，吕美静，李新，于伟.集约化、电商化采购环境下央企总部采购部组织架构设置[J].通信企业管理，2021（4）：72—73.

27. 严蕾.基于人工智能技术的招标采购全流程管理体系建设[J].招标采购管理，2021（1）：22—24.

28. 杨金晖，王玉刚.国内制造业企业刀具采购管理模式创新研究[J].铁路采购与物流，2020，15（12）：43—44.

29. 袁志刚，郑志伟，葛劲峰.全球经济增长面临的困境与出路[J].学术月刊，2020，52（8）：67—82.

30. 张厚明，关兵.基于问题导向的中国制造业国内国际双循环新发展格局构建[J].湖湘论坛，2020，33（6）：64—69.

31. 张衍晗，周虹颖.国内外供应链管理研究热点与前沿——基于2013—2018年文献的CiteSpace可视化分析[J].经营与管理，2020（7）：112—115.

32. 赵珊珊，李红.供应链视角下新疆果蔬农产品出口物流模式研究[J].新疆大学学报（哲学·人文社会科学版），2021，49（3）：10—18.

33. 周慧丽，孙双双.增值服务将成团餐未来发展新趋势[J].中国食品工业，2021（5）：102—105.

34. 周雷，陈善璐，张子涵.区块链赋能供应链小微企业融资研究——以蚂蚁集团"双链通"为例[J].长春金融高等专科学校学报，2021（2）：49—56.

35. 周师佳，张千缘，汪丽媛."互联网+"背景下家电制造业采购模式优化研究[J].商业经济，2021（5）：58—60.

36. 周英.基于管理学和国际经济学视角的制造业企业全球采购研究[J].中国流通经济，2018，32（10）：71—79.

37. 周志鹏.青岛地铁运营生产性物资电子采购平台建设初探[J].招标采购管理，2021（4）：53—55.

38. 朱晓乐，黄汉权.全球供应链的演变及其对中国产业发展的影响[J].改革，2021（4）：60—67.

图书在版编目(CIP)数据

国际采购与供应环境/蒋君仙主编;黄春副主编. —上海:复旦大学出版社,2022.1
(复旦卓越. 国际采购与食品进出口系列)
ISBN 978-7-309-16030-7

Ⅰ.①国… Ⅱ.①蒋…②黄… Ⅲ.①国际贸易-采购-高等学校-教材 Ⅳ.①F740.4

中国版本图书馆 CIP 数据核字(2021)第 248881 号

国际采购与供应环境
GUOJI CAIGOU YU GONGYING HUANJING
蒋君仙　主编　黄　春　副主编
责任编辑/谢同君

复旦大学出版社有限公司出版发行
上海市国权路 579 号　邮编:200433
网址:fupnet@fudanpress.com　http://www.fudanpress.com
门市零售:86-21-65102580　团体订购:86-21-65104505
出版部电话:86-21-65642845
上海丽佳制版印刷有限公司

开本 787×1092　1/16　印张 18.75　字数 278 千
2022 年 1 月第 1 版第 1 次印刷

ISBN 978-7-309-16030-7/F·2856
定价:49.00 元

如有印装质量问题,请向复旦大学出版社有限公司出版部调换。
版权所有　侵权必究